ものと人間の文化史　104

下駄

神のはきもの

秋田裕毅

法政大学出版局

目次

第一章　はきものの歴史　1
縄文時代のはきもの　2
弥生時代のはきもの　6
古墳時代のはきもの　14
奈良・平安時代のはきもの　19
わらじとぞうり　26
第二章　考古学からみた下駄　43
下駄と足駄　43
下駄のルーツ　48
祭祀品としての下駄　56

石製の下駄と木製の下駄　62
遺跡から出土した下駄　70

第三章　下駄と井戸と便所　93
井戸に投入された下駄　96
聖なるはきものとしての下駄　102
神の通路としての井戸　111
便所で下駄をはく風習　113

第四章　絵巻物にみる下駄をはく人物　127
聖なる人物のはきもの　127
絵巻物に描かれたかぶり物と持物　140
扇と団扇の聖性　147
聖なるかぶり物——笠と傘　154
市とはきもの　168

第五章　下駄の使用法を探る　177
下駄の使用痕　177
「カランコロン」――鳴り響く下駄の音　188
大地を踏み鳴らす下駄　193
宗教行事における下駄　198
一本歯の下駄　203
小人と下駄　208
念仏踊りと下駄　216
第六章　庶民化する下駄　219
ハレのはきものからケのはきものへ　220
生活様式の変化と下駄の普及　230
下駄に記された刻印・焼印　236
さまざまな下駄――その分類　242
下駄材の樹種　255

注　259
あとがき　293

第一章　はきものの歴史

はきものとはいったい何なのか。どんな理由から誕生したのか。

地球上には、いまだにはきものをはかないで裸足で暮らしている人びとが大勢いる一方、どこかの国の元大統領夫人のように、何百足ものはきものを所持していた人物がいることを考えると、ふと、そんな疑問にとらわれる。

わが国でも、子供がはきものをはくようになるのは、明治時代に義務教育が実施され、ヨーロッパ風の生活習慣の指導が行なわれるようになってからのことと考えられるが、一九七二年（昭和四十七）に総理大臣に就任した人物が、小学生の頃はまだ裸足で学校生活を送っていたというから、農村地帯の子供の多くは、昭和初期にはいまだ裸足で過ごしていたことになる。

十二〜十五世紀（平安時代末〜室町時代）に描かれた各種の絵巻物をひもとくと、子供だけでなく、大人の多くも裸足であるから、時代を遡れば遡るほど、裸足の人びとが多かったとみてさしつかえないであろう。六世紀末葉〜七世紀初頭（古墳時代末期）のわが国の政治や社会状況を記した『隋書倭国伝』(1)には、

履は屨形の如く其の上に漆《ぬ》り、之を脚に繋《か》く。人庶多くは跣足《せんそく》、……

と、支配階級の豪族たちは漆塗りの（木）沓《くつ》をはいているが、被支配階級である庶民の多くは裸足であったと伝えている。この記述をそのまま信じると、はきものとは階級性を有するものであったことになる。はきものが、階級社会の所産だとすると、はきものの出現は、階級社会の成立や展開と密接にかかわることになる。ここで、はきものの階級性を論ずる力量は、今の私にはないので、ここでは、わが国のはきものの歴史的展開を簡単に述べ、その趣意にかえることにする。

縄文時代のはきもの

日本列島に居住した人びとの生活が具体的に知られるようになるのは、いまから約一万二千年前頃から始まったとされる縄文時代草創期からである。縄文時代は、その後、約一万年ほど続くが、その間、人びとは、シカやイノシシなどの動物を獲ったり、クリやドングリやトチやクルミなどの木の実を採ったり、タイやスズキ（コイやフナ）やハマグリ（シジミ）などの魚介類を捕ったりしていたから、人びとは、野や山を駆け巡り、海や川や湖に入って生活を営んでいたことになる。そうした人びとが、はたしてはきものをはくことがあったのであろうか。

縄文時代を代表する遺物としてよく知られているものに、女性をかたどった土偶とよばれる彫像がある。その土偶のなかに、鎌倉市東正院遺跡から出土した土偶のように、(2)足の甲や足首にはきものの紐のような文様が刻まれていたり、長野県伊那市手良遺跡からは、爪先が大きくふくらみ、まるで長ぐつのような大型土偶の足が出土していたり、(3)さらには、樹皮や植物繊維で編んだはきものを模したくつをはいたような土偶の足部が、長野県飯島町尾越遺跡から出土していたり、(4)青森県八戸市是川遺跡からは、雪上歩行具の

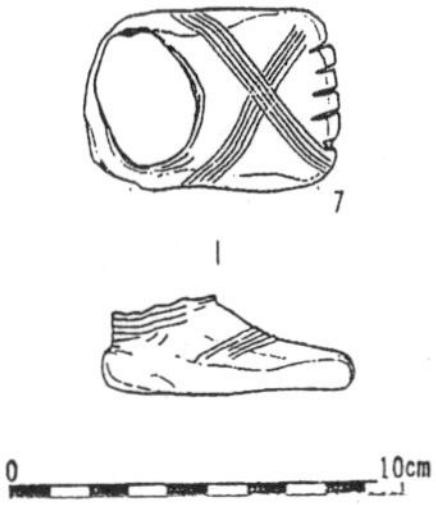

2

1

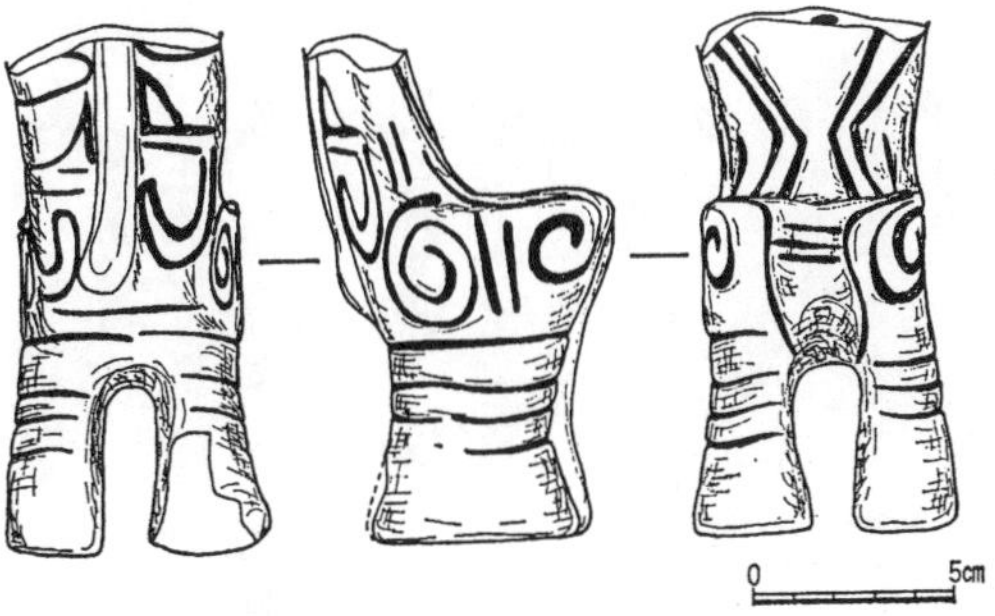

3

1　土偶の足　鎌倉市・東正院遺跡出土（『東正院遺跡調査報告』より）
2　同右実測図（『東正院遺跡調査報告』より）
3　土偶実測図　長野県上伊那郡飯島町・尾越遺跡出土（『長野県史　考古資料編』より）

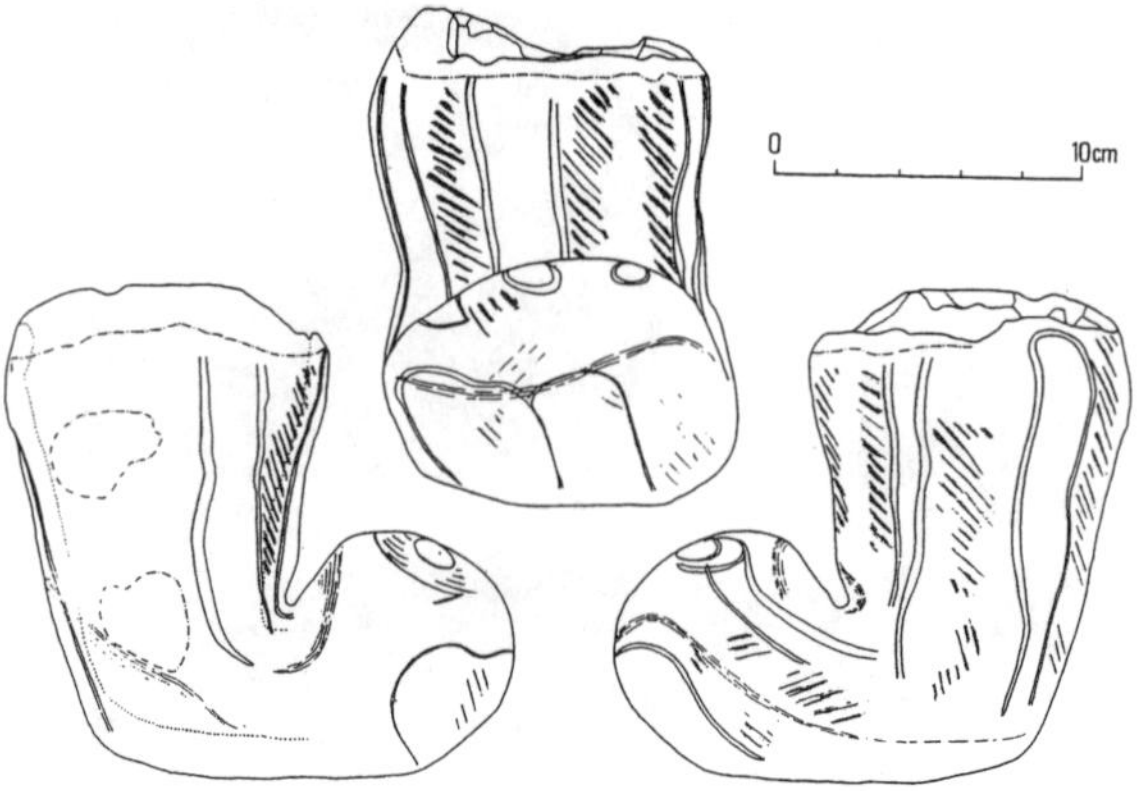

4　くつ形土製品実測図　長野県伊那市・手良遺跡出土（『縄文時代の知識』より）

カンジキの外枠と思われる蔓製の編物が出土していたりすることなど[5]から、縄文人、とくに雪国の人びとは、冬季、樹皮や植物繊維で編んだはきものをはいていたと考える研究者が多い。しかし、これらの遺物は、本当にはきものなのであろうか。

土偶の性格に関する議論はさておくとして、一般に、土偶に刻まれた文様は、服装などの具体的な姿・形を表現したものではなく、なんらかの呪術的表現、ないしは抽象的な身体表現と考えられている。近年、縄文時代の織物が復原されたことをきっかけに、土偶の文様から縄文人の服装を復元する試みが行なわれているが[6]、土偶の文様表現の研究が進展していない現状では、いささか冒険にすぎる感が強く、今ひとつ信憑性に欠けるといわざるをえない。それはともかく、土偶に施された文様が、具体的な「かたち」を表現するものでないとすれば、足部に施された文様も、はきものやはきものの紐という具体的な「かたち」を表現したものではないとみるのが妥当である。また、くつ形土製品とよばれている大型土偶の足も、これだけをみれば長ぐつとしかいいようがないが、全国各地の遺跡から出土した土偶の実測図をみると、くつ形土製品と同じように足の爪先がふくらんだ形態の土偶をいくつも見いだすことができる。これら土偶の足部をくつとみる人はいないから、この表現は、土偶の足部を表現するさいの一つのテクニックとみるべきである。とすると、手良遺跡出土のくつ形土製品も、大型土偶の単なる足とみるのが妥当なのではなかろうか。なお、このくつ形土製品には、ヘビの顔を思わせる眼と口が表現されているが[(7)]、これも、この土製品が、具体的な「かたち」、この場合であればはきものをあらわしたものではなく、呪術的な意味をこめた抽象的な「もの」であることを示す証左と私は考えている。

最後に、是川遺跡出土のカンジキの外枠とされる蔓製編物についても、はたして本当にカンジキの外枠なのかどうか私は疑問に思っているが、ここでとりあげているはきものとは少し性格を異にするうえ、現時点では、その当否を判断する材料をもちあわせていないので、ここでは留保しておく。

縄文時代のはきものについて、今ひとつ問題なのは、仮に、縄文時代にはきものが存在したとすれば、その後、そのはきものが、どのように展開したのかである。縄文時代のはきものが、雪国の人びとの積雪期のはきものであったとしても、はきものが、寒冷地や温暖地を問わず、利便性のきわめて高い日常生活用具であることを考えると、時代を経るにしたがって、雪国以外の地域にも広がり、改良が加えられ、より多くの人びとがはきものをはくようになっていったはずである。それは、近年まではきものを知らなかったアフリカや東南アジアの人びとが、経済的・軍事的侵略をうけ、いわゆる文明に接すると、たちまちはきものをはくようになったことをみても明らかである。しかし、現時点では、弥生時代以降、朝鮮半島や中国大陸のはきものの影響をうけたと考えられるはきものは数多く出土しているが、縄文時代のはきものの系譜を引く、ある意味ではわが国固有と思われるはきものは出土していないし、平安時代以降の文献資料にも、それとおぼしきはきものはみえず、縄文時代のはきものは、まったく孤立した存在となるのである。

縄文時代にはきものの存在、とくに雪国でのはきものの存在を主張する人は、氷点下にまで下がり、凍傷の危険すらある雪のなかでは、はきものをはかずに裸足で行動することは不可能であるとする現代的感覚から、まずはきものありきという姿勢で考察を行なっているようにみうけられる。しかし、人間は、厳寒の氷河期を、寒さに強い体質や体型のもと、衣服といえるかどうかというような衣類を身にまとって生活していたと想像されていることを考えると、縄文人がはきものを使用せず、雪のなかを行動していたとしてもなんら問題はないはずである[8]。いずれにしても、縄文時代のはきものについては、十分論証されているとはいいがたく、現時点では、その存在をみとめることはできない。

弥生時代のはきもの

稲作が、北海道を除く日本列島各地で行なわれるようになった弥生時代には、縄文時代とは比較にならないほど、大陸との交流が活発に行なわれ、さまざまな文物がもたらされた。北部九州の弥生時代の遺跡から出土する銅鏡・銅剣・銅鉾、さらには絹織物など、さまざまな大陸製の遺物はその交流の過程でもたらされた文物であった。

弥生時代の遺跡から出土したはきものと考えられる遺物は、現在のところ、全国各地の一〇遺跡から一一点に及ぶ[9]。しかし、そのうち福岡市拾六町ツイジ遺跡から出土した弥生時代前期後半の遺物[10]、同市那珂久平遺跡から出土した弥生時代中期後半〜後期にかけての遺物以外は[11]、はきものであるかどうか疑問であることと[12]、たとえはきものであるとしても、本稿の考察の対象外である田下駄の可能性もあることから[13]、

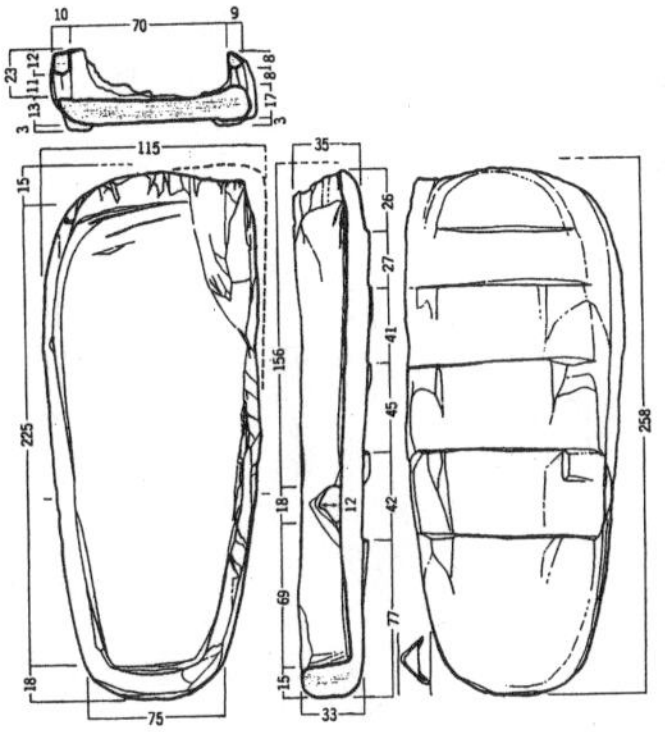

6

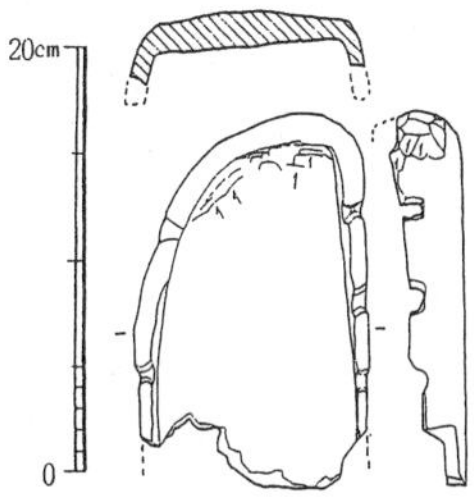

5

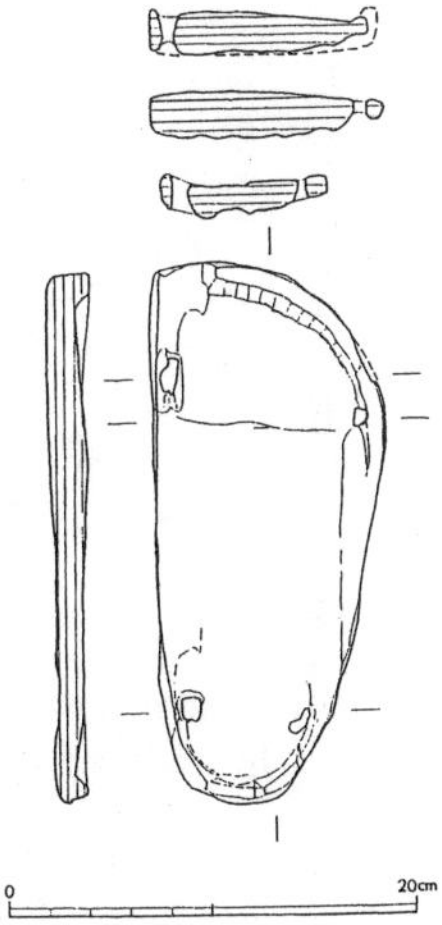

8

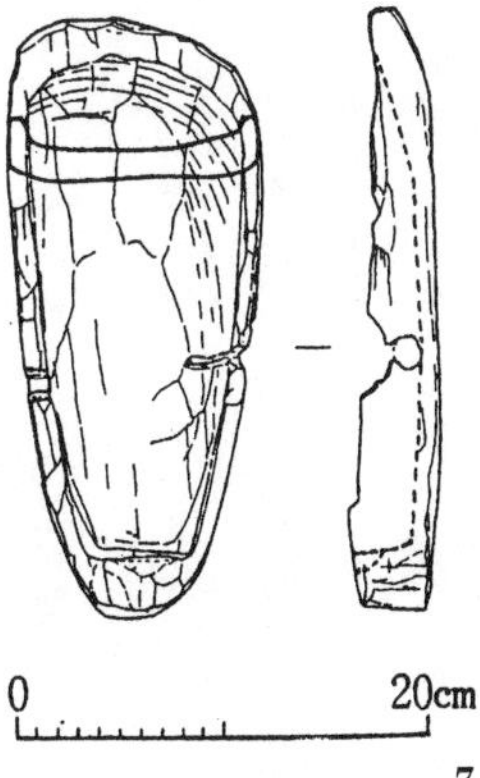

7

5　木沓実測図　福岡市・拾六町ツイジ遺跡出土（『拾六町ツイジ遺跡』より）
6　木沓実測図　福岡市・那珂久平遺跡出土（『那珂久平遺跡』より）
7　木沓実測図　佐賀県小城郡三日月町・石木遺跡出土（『石木遺跡』より）
8　木沓実測図　島根県出雲市・姫原西遺跡出土（『姫原西遺跡』より）

ここでは除外する。

弥生時代の遺跡から出土した二点の木製品は、いずれも長円形で、内側を浅く槽状に刳っており、那珂久平遺跡のものは、底に歯をつくり出すなど、足先の被甲部は失われているもの[14]の、奈良・平安時代の遺跡から出土する木沓とほぼ同じ形態であり、私は、この二点は木沓とみて問題ないと判断している。この木沓が、奈良・平安時代の木沓と異なる点、それは、二点の木沓とも、側板の部分に穴が穿たれていることである。これは、報告書にも記されているように、この穴に紐を通し、足首や足の甲に縛ったものと考えられる。側板に穴を穿った木沓は、佐賀県三日月町石木遺跡で古墳時代のものが出土してお[15]り、計三点となる。

なお、島根県出雲市の姫原西遺跡から、上記三点と同じ形態の弥生時代後期の木沓と考えられる遺物が出土してい[16]る。この「木沓」は、上記三点と異なり、紐を通す穴が側板ではなく、足板の底部四カ所に穿つという特異な形式をとっている。はきものを足に固定する紐穴が、足底にあれば、当然地面との摩擦で紐は擦り切れたり、砂や水が沓のなかに入ったりするので、はたしてはきものとして機能しえたかどうか疑問が残る。しかし、上記三点以外の木製品に比すれば、木沓といっても過言でないほど木沓に似ているため、若干の問題は残るものの、ここではとりあえず木沓として扱うことにする。

いま、ここで問題になるのは、これら木沓のルーツである。わが国の弥生時代に相当する時期に朝鮮半島から出土したはきものとしては、朝鮮半島北部の楽浪、現在のピョンヤン（平壌）近郊に築かれている南井里第百十六号墳（彩篋塚[17]）、貞柏里第百二十七号墳（王光墓）、石巖里第二百五号墳（王旴墓）、石巖里第二百五十七号墳など[18]で発見された漆塗革履が知られている。このうち、彩篋塚から発見された革履について、報告書は、其の作りは底と甲部との薄い獣皮から出来ていて、各部は型打ちで形を整え、上側部に於いて両者を縫い合わせたものである。……なお底の内側には高さ六センチ餘の木製の入底があり、其の中央部には深い長方形の孔が開いている。この内部の作りから見ると、もと此の木底の上には更に柔らかな質の下敷があったものであろう。

と、記している。(19) この革履が、中国からもたらされたものか、中国の革履を模して朝鮮半島でつくられたものかは明らかでない。しかし、いずれにしても、三世紀代以前に、朝鮮半島からわが国にはきものがも

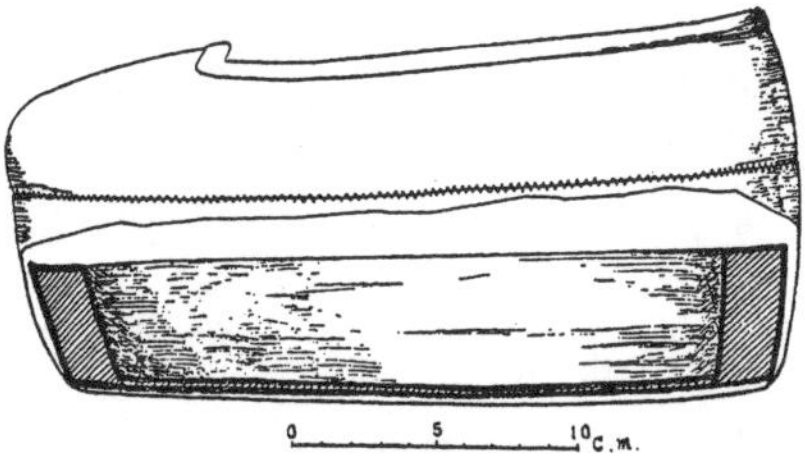

9

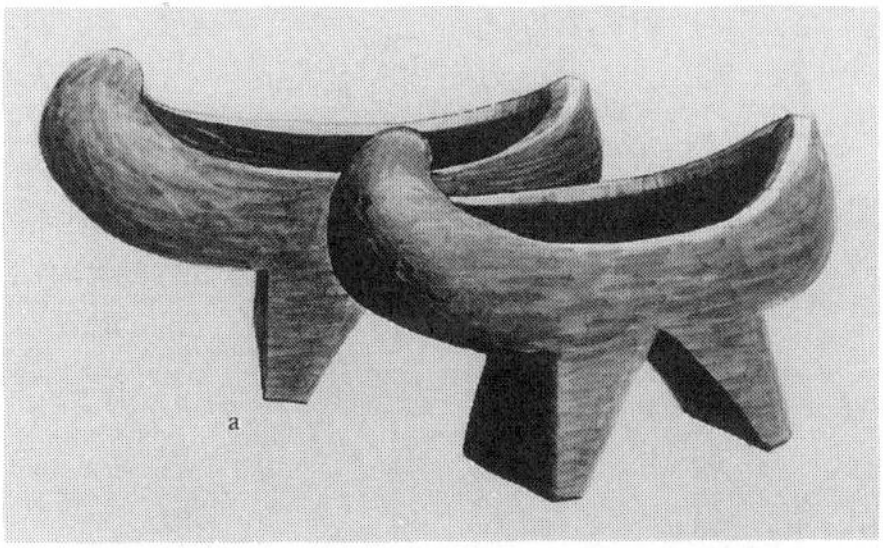
10

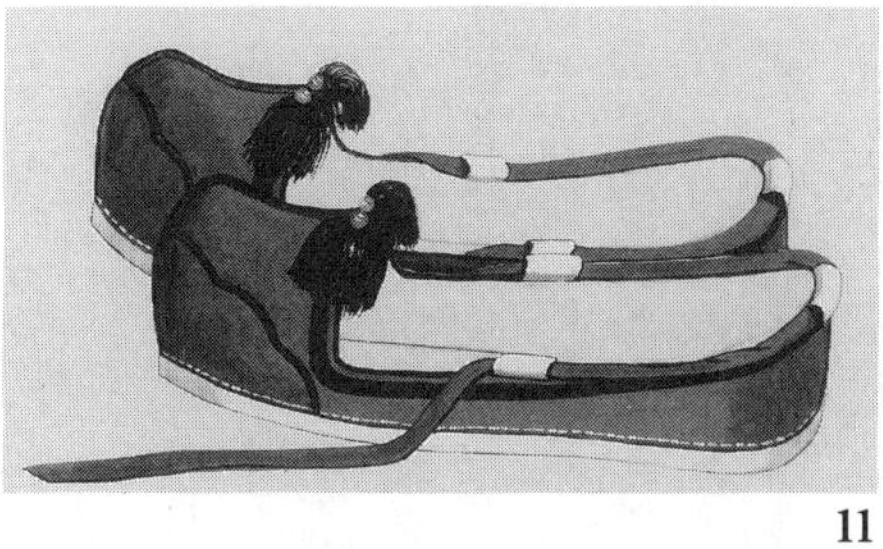
11

9　漆塗革沓と入底実測図　朝鮮・楽浪彩篋塚第1号棺出土（『朝鮮考古資料集成　補巻1』より）
10　ナマックシン（『朝鮮王朝　韓国服飾図録』より）
11　赤舃（チックソック）（『朝鮮王朝　韓国服飾図録』より）

たらされたとすれば、朝鮮半島内で他にはきものの出土例がない現時点では、この種の革履がもたらされたと考えるしかなく、それを前提に論を進めたい。

弥生時代の木沓と、楽浪の古墳から出土した革履を比較すると、紐の有無を別にすれば、全体的な形態はそれほど変わらないので、その形態だけを木という材質で模造したり、履のなかの履ともいえる木沓そっくりの底板（入底）[20]を手本に製作したと考えられないこともない。しかし、弥生時代の木沓が、三点とも紐を通す穴を穿っていることからすると、三点の木沓の手本は、ともに紐を装着する穴が穿たれていたとみるべきであろう。ところが、楽浪出土の革履には紐が装着されていない。すなわち、はきものの後方側部に紐を取り付ける穴（結束点）がないのである。この紐および紐穴の有無から判断する限り、弥生時代の紐付きの木沓は、楽浪出土の革履を手本につくられたものではないとみなさざるをえない[21]。しかも、朝鮮半島からは、現在までのところ、十六世紀末頃に出現したとされるナマックシンとよばれる木靴以外[22]、木製のはきものの存在は知られていない。また、紐付きのはきものも、靴の上端周縁に紐をまわして、足の甲で縛るはきものは存在するが、足首まで縛る靴は知られていない[23]。朝鮮半島では、木製品の出土が少ないうえに、はきものの研究も十分行なわれていないので、まだまだ不明な点が多いが、現時点では、弥生時代の木沓のルーツを朝鮮半島に求めるのは無理であろう。

一方、中国大陸のはきものについては、漢代を中心に、文献や出土品などから研究が行なわれているが[24]、管見の限りでは、四世紀以前に屐《げき》、あるいは木屩《きょう》とよばれる開放性の木製はきものは存在したようであるが、屨《く》あるいは履《く》とよばれる木沓のような木製の被甲はきものは知られていない。ただ、中国のはきものを概観すると、後述する下駄もそうであるが、長沙馬王堆一号墓から出土した履や[25]、臨潼秦始皇陵の俑坑出土の兵士に表現された屨や絡鞮[26]、陽楊家湾出土の前漢彩絵俑の足部に表現された鞋《かい》など[27]、はきものに紐

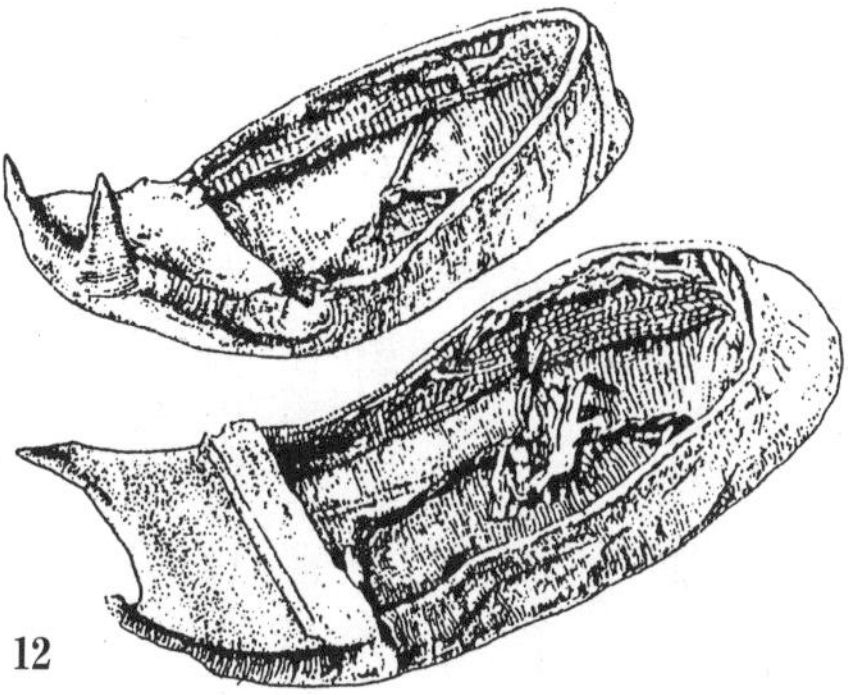

12

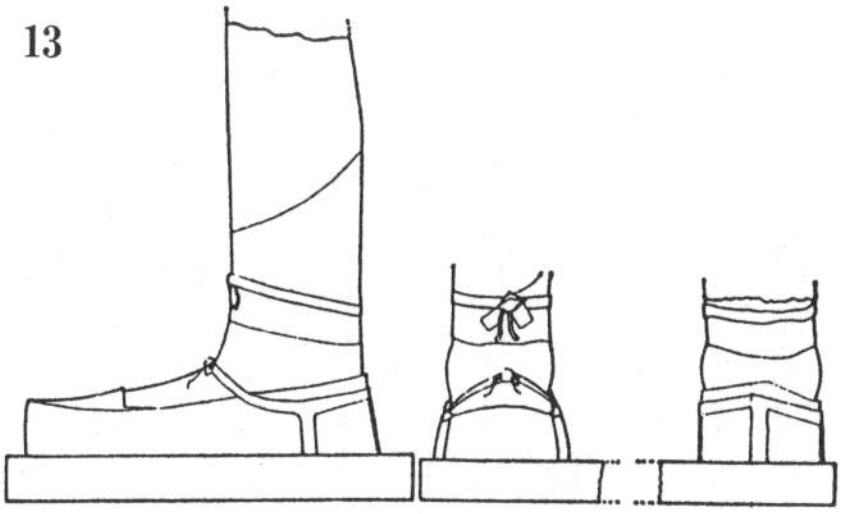

13

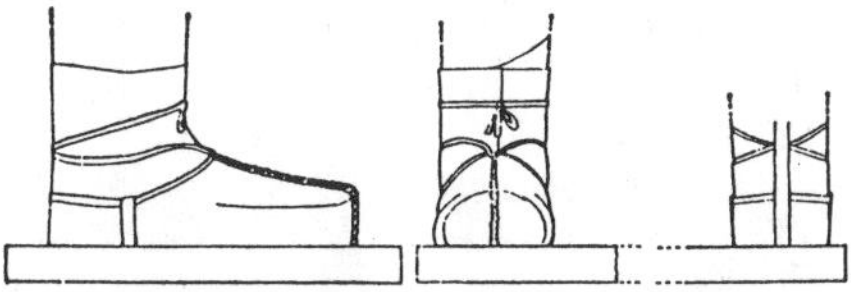

14

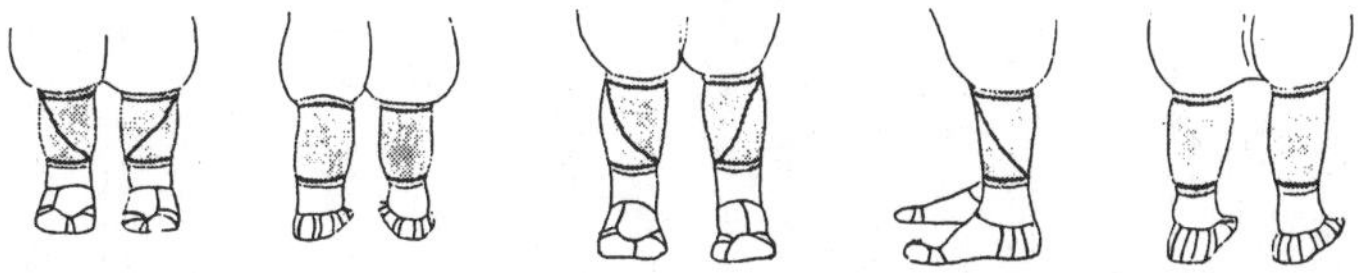

15

12　履（句履）　中国・長沙馬王堆１号墓出土（『漢代の文物』より）

13　陶俑に表現された履　中国・臨潼秦始皇陵出土（『漢代の文物』より）

14　陶俑に表現された絡鞮（？）　中国・臨潼秦始皇陵出土（『漢代の文物』より）

15　陶俑に表現された鞋　中国・咸陽楊家湾出土（『漢代の文物』より）

を付け、足首や土踏まずで固定するはきものがしばしばみうけられる。

わが国のはきもので、足首に紐を縛るはきものといえば、大足や田下駄などの農作業用のはきものと、奈良時代以降に出現したと考えられるわらじぐらいで、わが国ではあまり例がない。それだけでなく、奈良時代から平安時代にかけての遺跡から数多く出土する木沓にも、紐を装着する穴は穿たれていない。このようにみると、弥生時代の遺跡から出土する木沓は、わが国では例外的なはきものということになる。この事実と、出土した木沓が、中国のはきものとはその形態だけでなく、足首を固定する紐を有するという点でも共通することを考えあわせると、弥生時代の木沓は、具体的にどのようなはきものであったかは明らかでないが、中国のはきものを真似てつくられた可能性がきわめて高い。

それでは、被甲はきものとしては中国では例のない木という材質の問題はどのように考えればよいのであろうか。中国のはきものは、一般に、絹・革・皮・羊毛・麻・藁・草（苧麻）などでつくられている。木沓が手本とした中国のはきものが、どのような材質のどのような形態のはきものであったのかは明らかにしがたいが、被甲部の浅い紐付きの履であったことは間違いないであろう。弥生時代には、わが国でも、麻はもちろん、絹も生産されていたが(28)、誰もが手に入れられるものでなかったことはいうまでもない。藁も、穂刈りをしたあと、根刈りをして利用していた可能性もあるが、はきものまで製作していたかどうかは疑問である。このような原材料の問題を考えると、もたらされたはきものを材質ごと模造することはとうてい不可能であった。そのはきものをなんらかの理由で模造する必要に迫られたとき、当時の人びとが真っ先に手にしたのは、加工が容易で、日頃から農具や日常雑器の材料として扱い慣れた「木」であったことは想像にあまりある。木沓の製作が、それほど難しいものでなかったことは、木沓と同じ刳り抜き製品である盤や槽が、すでに早く弥生時代から数多く作られていることや、ときには、槽や盤が木沓と見誤られたりすることからもうかがうことができる。[29]

それでは、この紐付き木沓は、どのような目的、すなわち、日常のはきものとしてつくられたのか、それとも祭祀品としてつくられたのか、どちらなのであろうか。これら三点の木沓が出土した遺構は、河川の堰跡や、性格が明確でない水利施設跡、大溝で、遺構からは出土品の性格を窺い知ることはできない。共伴の木製遺物も、姫原西遺跡からは農具、漁具、容器とともに、琴板や高杯・盾などの祭祀品も出土しているが、他の二遺跡では、遺物の量も少なく、しかもそのほとんどが農具で、この点からもその性格を推し測ることができない。しかも、この三点の木沓は、六百年に及ぶとされる弥生時代の全期間を通じて出土した数字で、単純に計算すれば二百年に一点の割合でしか出土しておらず、考察の対象とするにはきわめて問題が多いのである。

このように、弥生時代の木沓については、情報量が少なく、その使用目的を明らかにしえないが、姫原西遺跡の木沓のように共伴した祭祀品を重視すれば祭祀品とすることもできる。しかし、後述するように、木沓が祭祀品として使用されていた時期が、奈良時代から平安時代に限られていることを考えるとそれも問題が残る。といって、実用品とするには判断材料に乏しく、いずれにしても現時点では、その使用目的については留保せざるをえない。

弥生時代後期になると、各地に小国家が発生し、たがいに覇権を競うようになる。三世紀中葉のわが国の政治状況や風俗を記した書物として有名な『魏志倭人伝』には、[30]

倭国乱れ、相攻伐すること歴年、乃ち共に一女子を立てて王と為す。名づけて卑彌呼と曰う。

と、内乱が何年も続いたのち、卑彌呼という女性を王として共立し、内乱は治まったと記している。その『魏志倭人伝』に、はきものに関する注目すべき一節がある。すなわち、当時の人々は

皆徒跣

と、裸足であったと記しているのである。この「皆」に、支配階級を含むのか含まないのかが問題となるが、前後の文脈からすると、支配階級を含むと思われる。とすると、いわゆる「邪馬壹国」の時代には、被支配階級だけでなく、支配階級すらも日常的には裸足であったことになる。[31]『魏志倭人伝』のこの一節は、先に述べた弥生時代の紐付き木沓の問題や、次に述べる古墳時代のはきものの問題を考えるうえで大きな意味をもつものであり、注目される。

古墳時代のはきもの

古墳時代になると、本稿のテーマである木製の下駄が遺跡から出土するほか、古墳からは石製の下駄や、金銅製飾履が出土する。さらに、埴輪には革履と思われるはきもの、靴下と足袋をあわせたような襪《しとうず》とよばれる下履きが表現されるなど、前代と比較してはきものの種類が一挙に多様となる。このうち、下駄については、後に詳しく述べることにして、ここでは履（沓）について考えてみることにする。

金銅製飾履は、現在までのところ、熊本県菊水町江田船山古墳、滋賀県高島町鴨稲荷山古墳、奈良県斑鳩町藤ノ木古墳など、一六カ所の古墳から一七足しか出土していないきわめて珍しい副葬品で、[32]なかには、

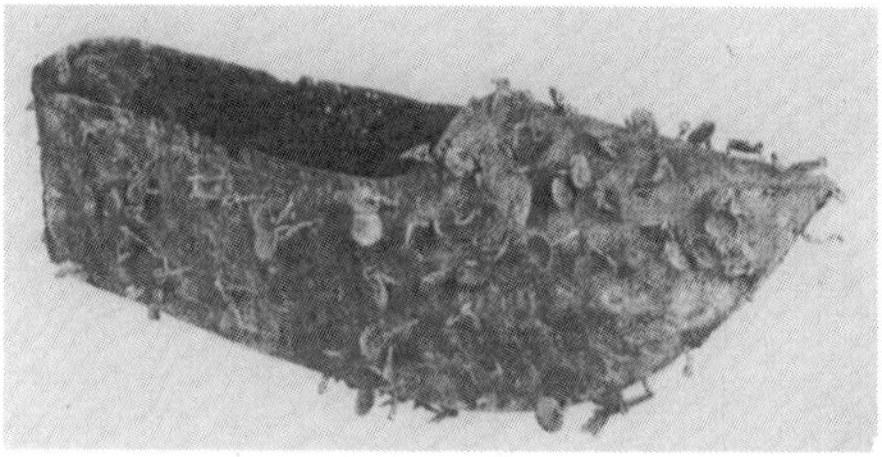

16

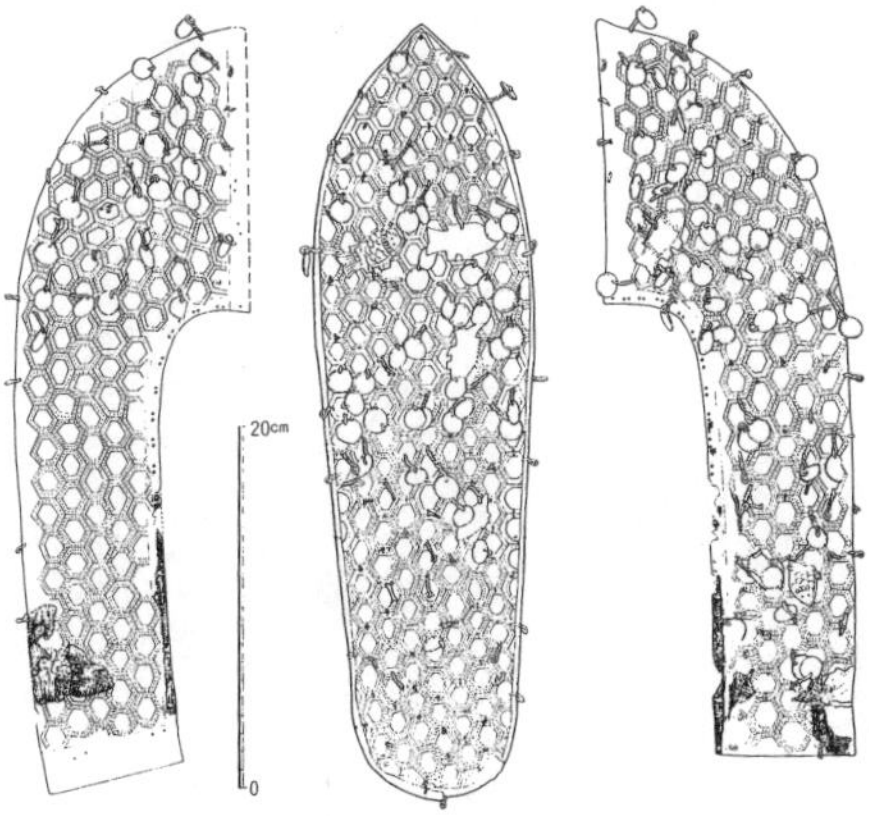

17

16　金銅製飾履　奈良県生駒郡斑鳩町・藤ノ木古墳出土（『斑鳩藤ノ木古墳　第１次調査報告書』より）
17　同上実測図（『斑鳩藤ノ木古墳　第１次調査報告書』より）
18　錦襪（『奈良朝服飾の研究（本文編）』より）
19　線鞋（『日本はきもの博物館　総合案内』より）

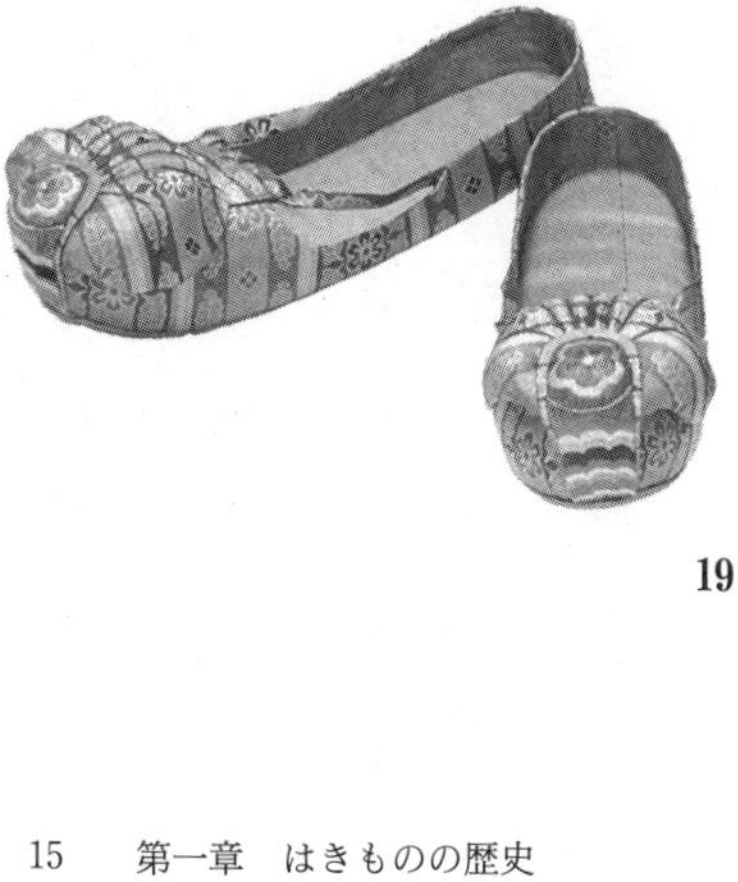

19

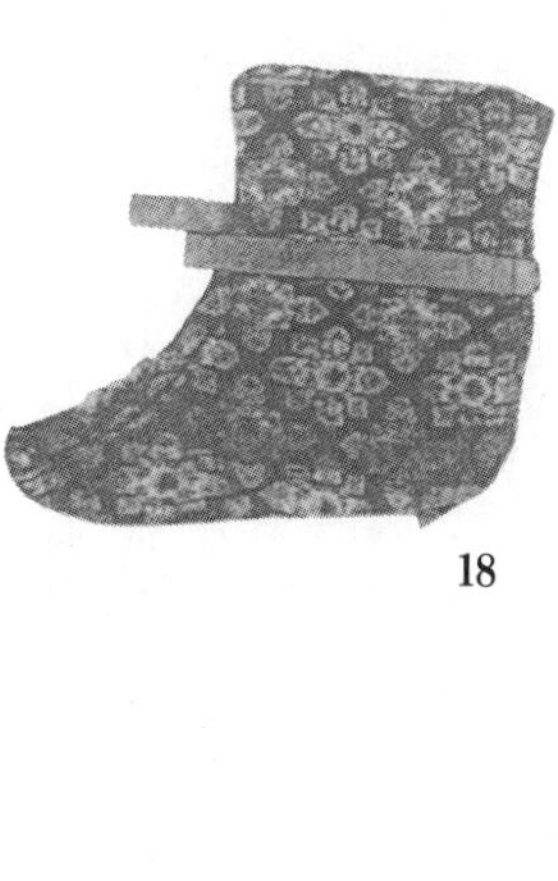

18

朝鮮半島からもたらされた舶載品もある。しかし、国産・舶載を問わず、いずれの金銅製飾履も金銅の薄板でつくられていて、足を乗せればたちまち損壊するとしかいいようのない脆弱なつくりであることから、日常用のはきものでも、儀礼用のはきものでもないとみて問題ないであろう。馬目順一は、金銅製飾履を呪具とみなし、仮埋葬の儀式の際に死者にはかせたのではないかとしている[33]。興味深い説であるが、履が呪具であるかどうか議論の余地があり、さらなる検討が必要であろう。

古墳時代になると、古墳の墳丘や裾にさまざまな埴輪が立てられるが、その埴輪のなかに、足元のはきものを表現した人物埴輪がいくつか存在する。埴輪の人物がはくそのはきものについて、日野西資孝は、

履は足に襪（したぐつのなまり）という指のない足袋をはき、履をはく、その履は船形の浅沓で、革または植物繊維製のものであった。埴輪などから見ると外縫のようである

と、述べている[34]。埴輪のような大雑把な彫像から、はきものの材質を特定するのは難しいが、革履が存在したとすれば、当然、絹や麻のはきものも存在したと判断してよいであろう。もし、これらの材質のはきものが実際に使用されていたとすれば、古墳時代には、朝鮮半島や中国大陸で使用されていたほとんどのはきものがもたらされていたことになる。これが事実だとすると、問題は、これらのはきものが、どのような経緯のもとに、わが国にもたらされたのかである。

古墳時代になると、朝鮮半島や中国大陸との関係は、政治的・軍事的に、大きな緊張感を孕みながらも、ますます緊密化していった。このような状況のもと、大和王権は、国家としての基盤を整えるため、さまざまな制度を施行し、地方豪族の統制を強化していった。その制度の一つとして、中国のはきものの制度

を組織的にとりいれ（この場合、当然、はきものとセット関係にある衣服制度の導入をともなっていたはずである）[35]、はきものを支配階級の表象とするとともに、支配階級内の序列化をはかった可能性がまず指摘される。しかし、この説の弱点は、『日本書紀』などにそのような事実や、それを窺わせるような記事が記されていないこと、もし施行されていたとすれば、律令制施行の際、なぜ、あらためて中国からはきものの制度をとりいれる必要があったのかという疑問に答えられないことである。大和王権が組織的に導入したのでなければ、考えられる理由としては、独自に朝鮮半島や中国大陸と交渉を持っていた豪族が、その権威を飾るため個別にとりいれたはきものが、全国的に広がっていったとみるか、あるいは、大和王権が、朝鮮半島や中国大陸と接触する過程で下賜されたり、持ち帰ったりしたはきものや、模倣したはきものを、地方豪族たちが、権威を誇示するはきものとして模倣し、使用するようになったとみるなどの理由しか考

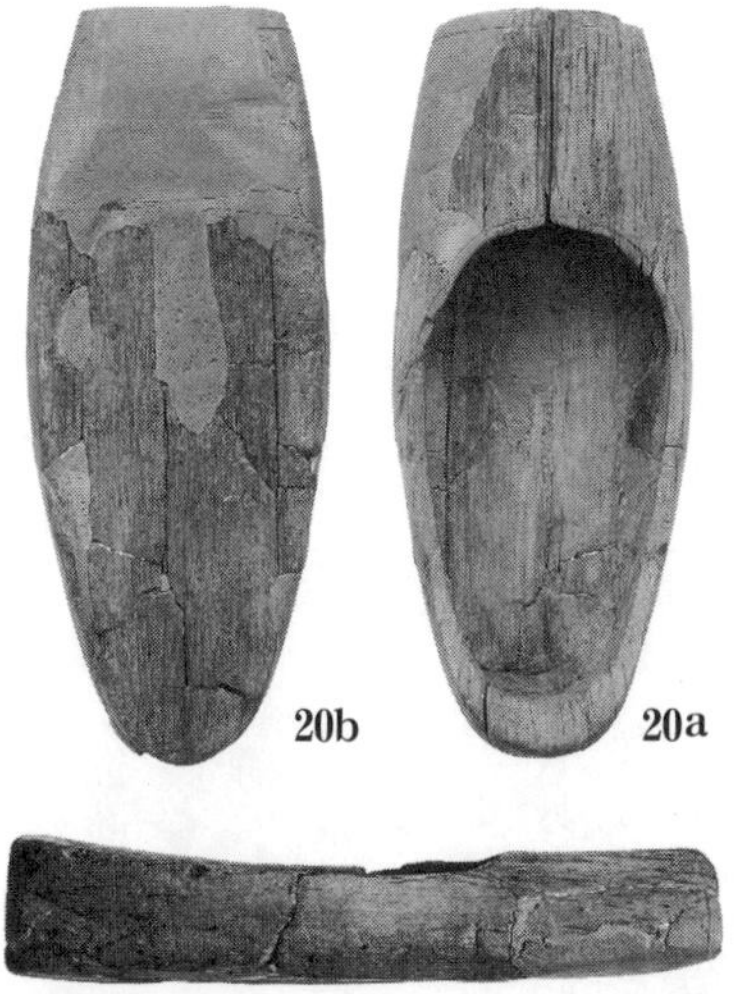

20b　20a

20c

21

20　木沓　a：表，b：裏，c：側面　大津市・南滋賀遺跡出土

21　木沓の歯（下端の凸起が歯の部分）　右：大津市・野畑遺跡出土，左：草津市・御倉遺跡出土

えられない。しかし、いずれにしても、埴輪にあらわされたはきものについての資料が乏しく、埴輪のはきものをめぐる問題は、今後の研究課題である。

古墳時代のはきもので今一つ問題となるのは、木沓である。古墳時代の木沓といえば、先に述べた石木遺跡出土の紐付き木沓だけで、埴輪にも木沓は表現されていないとみられている。ところが、『隋書倭国伝』に記されているように木沓は、飛鳥時代（古墳時代末期）には、すでに、支配階級の日常のはきものとなっているのである。木沓が、飛鳥時代になって突然、支配階級の日常的なはきものになったとは考えられないので、木沓は、それ以前、すなわち、少なくとも古墳時代中期には、支配階級の日常的なはきものとして存在していたとみるべきであろう。[36] しかし、古墳時代の木沓は、石木遺跡の遺物だけで、他に木沓に関する手掛かりはまったくないのである。今後は、人物埴輪のはきものを詳しく検討するなどの方法で、古墳時代の木沓の手掛かりをみつけるか、奈良時代の木沓の研究のなかで、解明の糸口をつかむしかないであろう。

なお、奈良県橿原市新沢千塚一二六号墳の被葬者の足元から、ガラス玉がまとまって出土したことから、この被葬者は、ガラス玉を取り付けた革製のブーツ状のはきものをはいていたと想定されている。[37] 本体は残存していなかったため形状や材質については不明であるが、この古墳には、大陸的色彩の濃い副葬品が数多く納められていることから、この革履も、朝鮮半島か中国大陸からもたらされたと考えられている。しかし、いまのところ、朝鮮半島や中国大陸で、ガラス玉などで装飾された革履は発見されていないので、はたして本当に革履をはいていたのかどうか疑問がないわけではなく、今後、さらに究明される必要があろう。

以上、古墳時代になると、朝鮮半島や中国大陸から、さまざまな文物とともに各種のはきものももたらされ、支配階級にとりいれられていったことが知られるが、残念ながらその実態はまったく明らかでなく、その解明は、今後の調査・研究に委ねざるをえない。

六四五年、大化の改新によって律令制度が確立し、隋・唐の制度に倣って政治が行なわれるようになると、はきものも中国のはきもの（舃・履・靴・鞋）が導入され、礼服には錦襪に烏皮舃《くりかわのくつ》、朝服には白襪に烏皮履、制服には白襪に皮履《かわのくつ》または草鞋《わらくつ》などと規定されたほか、皇太子、親王、諸王、諸臣と、身分や位階の違いによっても使用するはきものと下履きなどが規定された。はきものに関するこの規定は、鎌倉時代以降の武家社会にも、部分的ではあるが引き継がれ、わが国のはきものの展開に大きな影響をあたえた。

はきものが、身分や位階によって、その形態だけでなく、材質や色まで規制されるこの事実は、はきものが、まさに階級社会の所産であることを如実に物語っている。ただ、この種のはきものは、有職故実の世界に属することなので、詳細はそちらに譲ることにする。

古墳時代にはまったく出土しなかった木沓であるが、なぜか奈良時代になると、平城京跡などの遺跡から数多く出土するようになる。しかし、出土した木沓は、『隋書倭国伝』に記されている漆塗りの木沓ではなく、漆を塗らない素木のもので、『隋書倭国伝』の記述とは異なっており、その理由が問題となる。(38)

奈良・平安時代のはきもの

全国の遺跡から出土した木沓の総数は明らかでないが、現時点では、おそらく六〇点を越えるものと考えられる。(39)その木沓のほとんどが、平城京跡や長岡京跡、平安京跡から出土したものである。それ以外の木沓も、国庁や郡衙、駅家、貴族の邸宅など、官衙や官衙関連の遺跡から出土したものである。これら出土地と、『隋書倭国伝』の記述を考えあわせると、出土した木沓は、貴族・官人たちの日常的なはきものとみなすことも可能である。しかし、日常的なはきものならば、『隋書倭国伝』に記されているように、漆塗りの木沓であるはずである。ところが、出土する木沓は、すべて漆を塗らない祭祀的要素の濃い素木の木沓なのである。[40] しかも、木沓の出土する遺構が、旧流路や溝だけでなく、井戸というきわめて祭祀的性格の濃い遺構からも出土すること、共伴遺物に、斎串《いみぐし》、人形《ひとがた》、形代《かたしろ》、土馬、人面墨書土器など、さまざまな祭祀品が数多く含まれていること、木沓を出土した遺跡が、古代における祭祀の執行機関である官衙や官衙関連の遺跡にほぼ限られることなどから、これらの木沓は、祭祀に使用されたものと考えられている。

　出土した木沓を集成し・考察した木下保明は、出土遺跡の性格や遺構、共伴遺物などを検討して、つぎのように結論づけている。[41]

> 上記諸点から考えると、木沓は祭祀と密接にかかわった物と考えられる。それは、木沓が出土する遺跡・遺構が極めて祭祀と関連していること。祭祀用具を伴って出土することからも窺えるが、木沓そのものの特徴からも言えることができる。絵巻物を見ると日常着用される木沓には黒漆が塗られているのが常であるが、出土した木沓はすべて白木のままであり、日常に着用されたものではなく特殊な時・場で使用されたのではないかと考えられる。また、出土した木沓が履き古したものであることから、日常性を越えたものとして、非日常の祭祀に着用されたのではないだろうか。あるいは、木沓を履いていた人の身代わりとして祓い流されたものかもしれない。

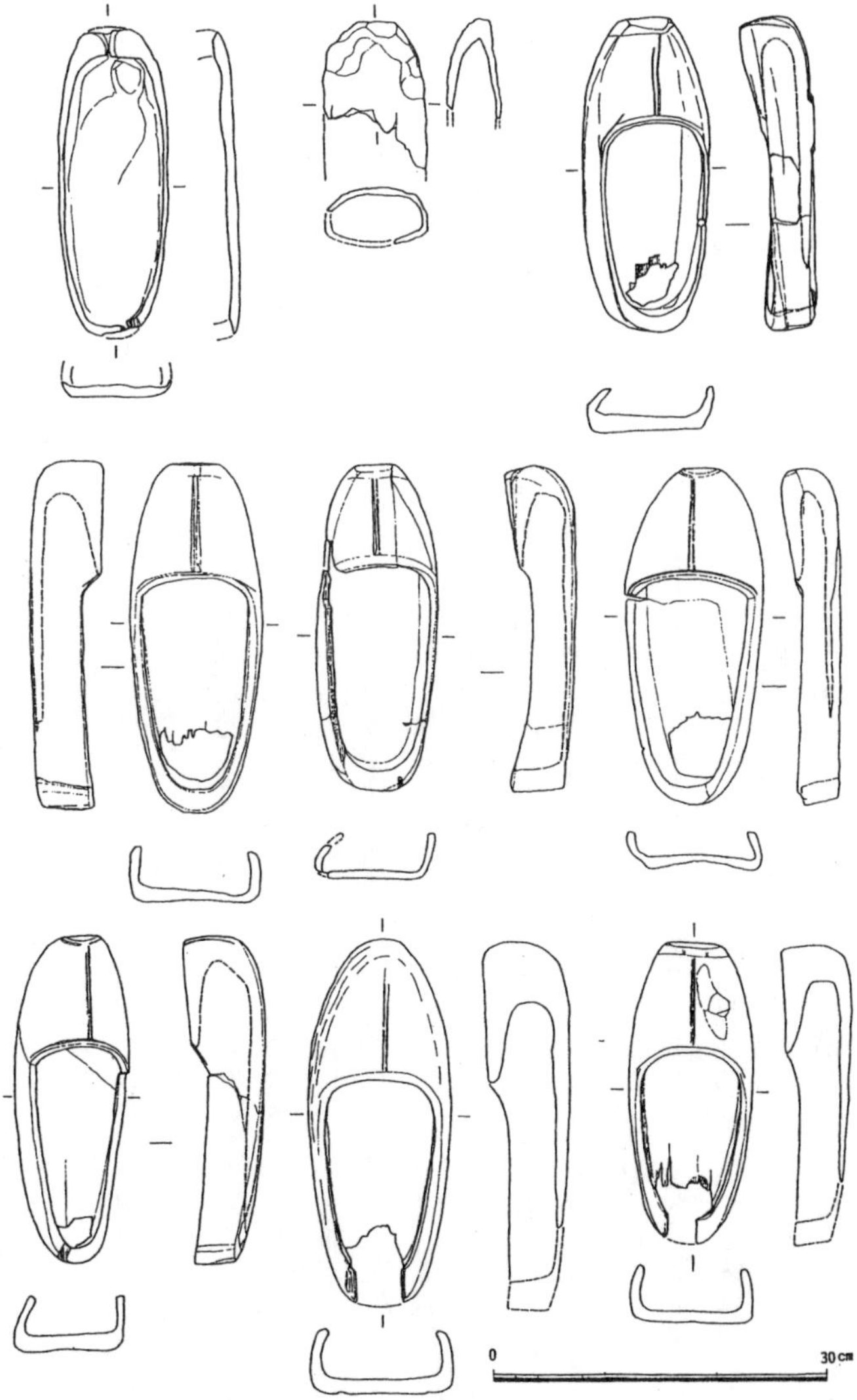

22　遺跡出土の木沓実測図（『考古学論集　第４集』より）

木沓は官衙かそれに準ずる遺跡で、祭祀品そのものとして使用されたのか、祭祀の執行人が着用したかのどちらかであろうと思われる。

この結論には若干の疑問点や、意味不明な点があるほか、論証が十分でないなどの問題点もあるが、大略としては賛意を表するものである。

木沓が祭祀品だとすれば、その使用法も普段のはきかたとは異なっていたのであろうか。後述するように、下駄は、地面に踏み付けて音をたてたと考えられるが、木沓は、鼻緒はきものでないので足に固定することはできない。足に固定できなければ大きな音をたてることはできないので、木沓が、音をたてるために使用されたとは考えにくい。出土した木沓の多くは、踵の部分が大きく磨り減り、穴があいている。これは、木沓をただズルズルと引きずって履いて歩いたために穴があいた結果で、何か特別な目的をもってはいたためにあいた穴ではないと一般には考えられている。しかし、木沓のなかには、内面底部に足指の圧痕を有するものや、滋賀県草津市矢倉口遺跡出土の木沓のように(42)、沓の上端の幅が六センチほどしかなく、大人の足が入らないような木沓でも、踵が磨り減り穴があいていることを考慮すると、単に、ズルズルと引きずって歩いていただけとはとても考えられない。後述するように、下駄も前緒の左右に足指の圧痕を有し、前歯よりも後歯のほうが磨り減りかたが大きいことを考えると、木沓も、足全体に力を入れ、故意に踵を磨り減らすような歩きかたをしたとしか思えないが、その具体的な方法や意味については、現時点では何の手掛かりもなく、今後の研究課題である。

木沓という遺物そのもので注目されるのは、出土木沓のおよそ半数に歯がつくりだされていることである。歯といっても下駄のように何センチもあるものではなく、高くとも三ミリ前後、幅は五センチ前後で、

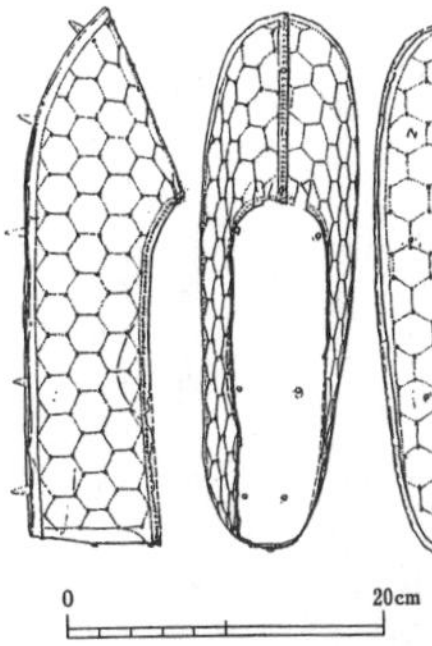

24

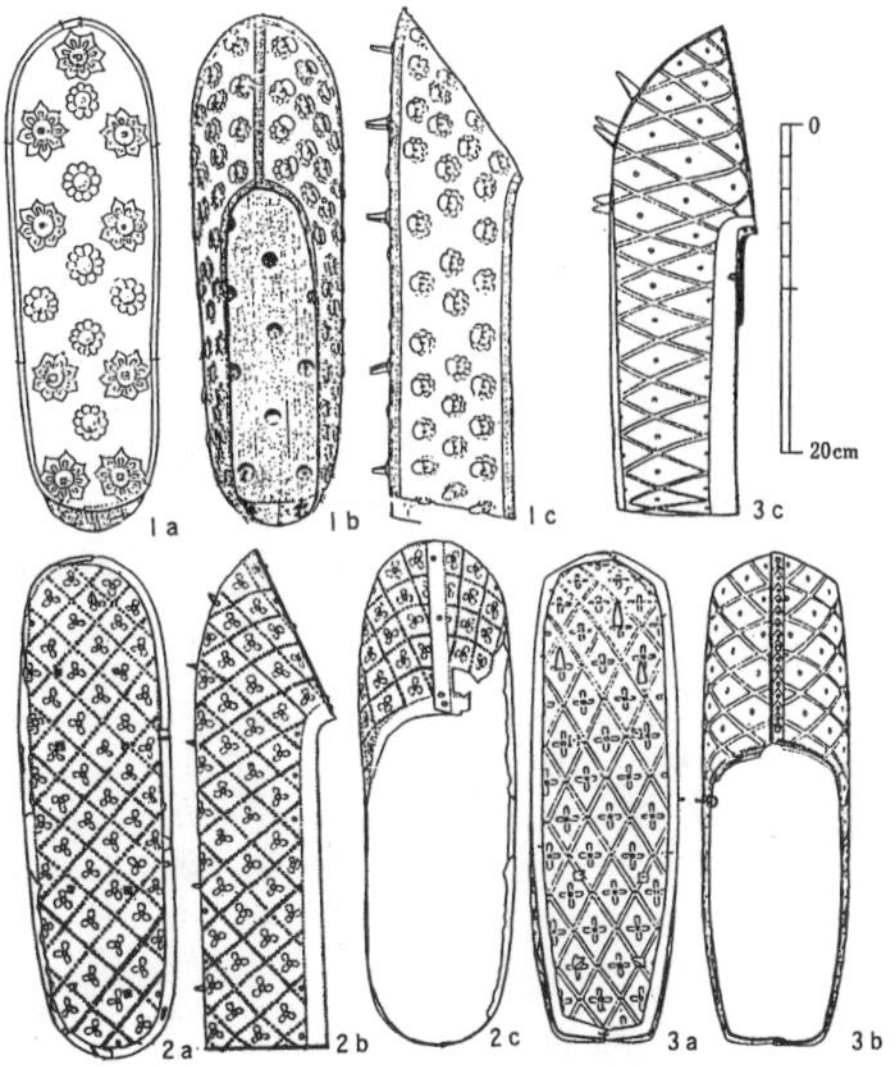

23

26

25

23　朝鮮三国時代出土の各種金銅製飾履実測図（『橿原考古学研究所論集　第12』より）
24　金銅製飾履実測図　熊本県玉名郡菊水町・江田船山古墳出土（『橿原考古学研究所論集　第12』より）
25　綱貫沓（『日本はきもの博物館　総合案内』より）
26　兵士俑布履の履底（３段になっている）　中国・臨潼秦始皇陵出土（『中国秦・兵馬俑』より）

多くの場合、手にとって観察しなければわからないようなわずかな高さと幅の歯である。ただ、出土した木沓の多くが、踵の部分が穴のあくほど磨り減っているものが多いことを考慮すると、当初は六ミリ前後の歯がついていた可能性も否定しきれない。

それにしても、沓に歯をつけるということは、どういうことなのであろうか。弥生時代の木沓のなかにも歯をもつものともたないものがあるので、木沓には、当初から歯をもつものともたないものが併存していたことになる。履（沓）の歯といえば、わが国で出土した金銅製飾履一七点のうち三点が履底にスパイク状の釘を植え込んだ履である。このうちスパイク状の歯をもつ三点の金銅製飾履はいずれも朝鮮半島からの舶載品とみられ[43]、国産品と考えられている金銅製飾履にはすべてスパイクがつけられていないのである。朝鮮半島出土の金銅製飾履のなかにもスパイクをもたないものもあり、スパイクがすでに形式化していたこともあるが[44]、基本的には、わが国ではスパイクの意味が理解されず、必要性も感じられなかったために、装着されなかったとみてよいであろう。このように、木沓の歯と、金銅製飾履の歯（スパイク）とは、その形態がまったく異なることを考えると、木沓の歯と、金銅製飾履の歯は、一応無関係とみてよいであろう。

なお、このスパイク状の歯をもつはきものは、近年まで朝鮮半島や中国で、雨天時の滑り止めのはきものとして、あるいは、冬季の防寒用のはきものとして使用されていたようである。わが国でも、江戸時代に、履底の前と踵に鉄鋲を打った朝鮮沓とよばれるはきものや、踵だけに鉄鋲を打った綱貫《つなぬき》とよばれるはきものがあったことが知られている[45]。

木沓の歯に関して私が注目するのは、秦始皇陵[46]の俑坑から出土した兵士俑の一つに表現されている刺子《さしこ》のような密な縫い目をもった布履の履底である。この履底は、縫目の仕法が、爪先部分と土踏まずの部分、蹠部分の三カ所で異なっていて、履底に滑り止めの歯が施されたようになっているのである。このはきものと木沓とを比較すると、木沓は、歯の位置が爪先部分だけにあるもの、爪先部分と蹠部分にあるもの、土踏まずの部分だけにあるものと一様でないが、その幅や区分の仕方は兵士俑の履底の区分とまったく同じなのである。中国では、履底の滑り止めの突起を歯と呼んでいるようであるから、刺子も一種の滑り止めの歯とみなすこともできる。木沓に、刺子の厚みほどの平面的な突起をつくりだせば、木沓の歯となる。これならば、木沓の歯の高さの問題も、木沓の歯の有無も説明できるのではないだろうか。このような解釈が許されるならば、木沓は、中国の布履（突起を有する履と、平底の履の二種類）を模して作られたことになる。弥生時代の木沓と、奈良・平安時代の木沓とが直接結びつくかどうかは明らかでないが、歯をもつという点からみれば、弥生時代の木沓も履底に突起をもつものと、もたない布履を模した可能性がある。なお、奈良・平安時代の木沓に、足首を縛る紐が取り付けられていないのは、内と外を区別するわが国の住空間や気候風土に、紐が適合しなかったためと考えられる。

木沓に関しては、この他にも、官人・貴族の日常のはきものであった木沓が、なぜ祭祀に使用されるようになったのかとか、なぜ八世紀に突然祭祀遺物として出現し、十一世紀になって、これまた突然姿を消すのかとか、おなじく祭祀に使用されていたと考えられる下駄と木沓が一緒に出土した場合、下駄と木沓は、どのような関係（役割分担）になっていたのかとか、まだまだいくつかの疑問点を挙げることができる。しかし、これらの問題も資料不足で、現状では解明の糸口すらつかめていないため、ここでは留保せざるをえない。

近代以前におけるわが国のはきもので、庶民のはきものといえば、ほとんどの人が、下駄と草鞋（わらじ）と草履（ぞうり）を挙げるであろう。下駄についてはのちに詳述することにして、ここでは、わらじとぞうりについて述べてみる。

わらじとぞうり

そもそも、わらじとぞうりは、いつ頃出現したのであろうか。わが国の文物の多くは、朝鮮半島や中国大陸からもたらされたものを改変・工夫、いわゆる国風化して成立したものである。わらじやぞうりに類するはきものは、朝鮮半島や中国大陸にみられないことから[47]、わが国で考案されたものと考えられているが、もちろん、何の手本もなしにまったく独自に考案されたわけではなく、他の文物と同じように朝鮮半島や中国大陸のはきものを手本にして考案されたことはいうまでもない。それでは、どのようなはきものを手本にしたのであろうか。

わらじは、平安時代には、「わらくつ」（『倭名抄』）、「わらうづ」（『栄華物語』）、「わらんづ」（『平家物語』）などとよばれていた。現在でも、地方によっては、「わらくつ」・「わらくち」・「わらんづ」・「わらんじょ」・「わらんじ」・「わろうじ」などとよばれていることから、「わらじ」という言葉は、「わらくつ→わらうづ→わらんづ→わらんじ→わらじ」と転訛して生まれたものと考えられている[48]。

わらじは、「草鞋（そうあい）」と書くが、これは、律令体制成立にともなって導入されたはきもののうち、衛士などの下級官人がはいていた鞋《かい》というはきものの一種で、麻や藁などの植物繊維で製作されていた。鞋には、足の甲と側面を覆った閉塞性被甲はきものと[49]、甲や側面の被覆部がなく、足底に固定されている紐を、甲や足首に縛っただけの簡略な開放性鼻緒はきもの[50]の二種類があった。このうち、鼻緒はきものには、前緒をもつものともたないものがあった。鞋は、衣服令に定められた公式のはきものであったから、出仕する際には、当然、被甲はきものの草鞋をはいたことはいうまでもない。しかし、公式の閉塞性被甲はきものよりも、略式の開放性鼻緒はきもののほうが、湿潤なわが国の気候風土に適するはきものであったため、特別な場合を除いて、次第に略式の鼻緒はきものが、日常的に用いられるようになっていったようである。(51)

略式の草鞋のうち、前緒を有する草鞋の構造は、中国の絵画や壁画に描かれている図をみると、ほとんど、わらじと同じ形態であることが知られる。(52) この事実は、この前緒を有する草鞋が、形態的にみて、わらじの原型である可能性がきわめて高いことを示唆している。問題があるとすれば、草鞋（そうあい）を、なぜ、わらくつと呼ぶようになったかである。これは、元来、麻や藁などの草（植物繊維）でつくられていた草鞋が、わが国では、藁を中心につくられるようになったため、藁（わら）でつくった鞋（くつ）という意味で、わらくつとよばれるようになったと解釈するのが、最も妥当であろう。

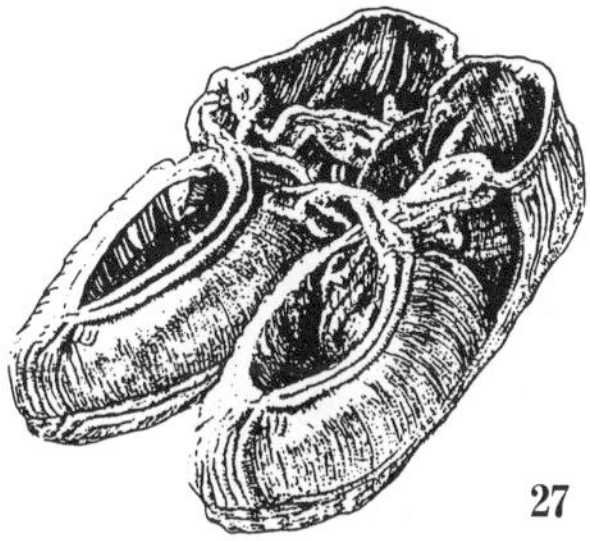

27

28

27　麻製の鞋（?）　中国・トゥルファン出土（『漢代の文物』より）
28　笈を背負い払子を手にする行脚僧　中国・西安慈恩寺大雁塔石刻（『中国古代の服飾研究』より）

わらじは、草鞋から生まれたものと、私を含め多くの人がそのように考えているが、『倭名抄』には、草鞋の語はなく、

屩 居灼反、與脚同、字亦作屩、和良久豆、 草扉也、

と、屩《きょう》の語をもって「和良久豆」と訓んでいる。屩が、どのようなはきものであったかは明らかでないが、中国では、木や縄（麻・苧麻）や帛（布）などで作ったはきものとされているので、足底を木や縄や布でつくり、その足底に固定されている紐で、甲や足首を縛ったものと考えられている[53]。中国の書物のなかには、屩を鞋と解しているものもあるので、鞋と構造的にはほとんど変わらなかったことが知られる。しかし、いかに似ていても、この屩の語からは、どのように読み替えても、わらくつの言葉は派生しえないこと、わが国の文献資料に、屩と称されるはきものがまったく見いだされないことから、屩は、わらくつ（わらじ）の祖型ではないと考えられる。それでは、『倭名抄』は、なぜ、屩を、わらくつ（わらじ）の祖型としたのであろうか。その理由は、今ひとつ明確でないが、『和名抄』が成立した十世紀前半には、わらくつ（わらじ）の祖型が、草鞋であることが忘れ去られていたため、縄でつくったはきものを屩と呼んだ中国の書物をそのまま引用した結果ではないかと、私は考えている。

それでは、もう一つの庶民のはきものである草履（ぞうり）は、何を手本にして生まれたのであろうか。「草履」の語は、すでに早く中国魯時代の書物『爾雅』や『後漢書韓伝』に記されている[54]。仮にこの字句をぞうりと解釈すれば、ぞうりは、すでに早く弥生時代以前に出現していたことになる。しかし、草履は、漢和辞典では「わらくつ」と訓まれていることや、ぞうりに類するはきものが朝鮮半島や中国大陸でいまだ出土していないだけでなく、俑や画像石などにも表現されていないことなどから[55]、草履の字句は、ぞう

りを意味するものではないとみるべきであろう。

関根真隆は、『正倉院文書』に記されている「扉」および「菲」の文字を「ぞうり」と解釈し、八世紀後半に、藁や麻や苧麻のぞうりの存在を指摘している。[56] この扉は、『倭名抄』の草扉の扉と同じであるから、草扉とは、ぞうりを指していることになる。おそらく、ぞうりの語は、この草扉の音読みである「そうひ」が訛って、「ぞうり」となったのであろう。草履の語は、その音が、ぞうりと同じであったことに加えて、その文字が、草（植物繊維）でつくられた履（はきもの）であるぞうりの実態をあらわす語であることから、便宜的に用いられるようになったと考えてよいであろう。

ぞうりが、わらくつ（わらじ）に装着されている足首を縛る紐を省略したより簡便なはきものとして成立したことは、その形態の類似性から判断してまず間違いないであろう。先に述べたように、草鞋が、藁を主たる材料とすることによって、わらくつ（わらじ）とよばれるようになったとする解釈が妥当であるとすると、草扉の語は、藁以外の草（植物繊維）、すなわち、麻や苧麻あるいは藺草を主たる材料とするようになって生まれたはきものとみてよいであろう。扉の文字を使用したのは、鞋よりも簡略化されたはきものをあらわす語とした中国での用例を参考に用いたと考えられる。[57] 十世紀において、わらくつ（わらじ）とぞうりの語が未分化であったのは、材質の違いによる名称の区別が十分理解されていなかったか、わらくつ（わらじ）に麻を使用したり、ぞうりに藁を使用したりすることが、いまだ行なわれていたためと考えられる。中世の絵巻物をみると、ぞうりは、緑色に表現されていることが多い。これは、ぞうりが、藺草でつくられていたことを示している。また、現在でも、藁でつくったぞうりは、単にぞうりといわず、「わらぞうり」と、わらの語を冠しているが、これは、元来、ぞうりは、わら以外の材料でつくるものであり、わらでつくるのは例外であったことを示唆するもので、わらくつ（わらじ）とぞうりの区分が、材料にあったことを窺わせている。

ぞうりは、出現間もない平安時代に、「ぞうり」（『西宮記』）、「浄履（じょうり）」（『貞観儀式』）とよび分けられていたことから、「ぞうり」と「じょうり」は別のはきものとみる説がある(58)。しかし、「ぞうり」は、草履の音読みである「そうり」が転訛したものであり、「じょうり」は、その「ぞうり」がさらに転訛したものと考えられるので、両者は、同一のはきものとみて問題ないであろう。それは、現在でも、じょうりの語を使用している地方のはきものと、ぞうりの語を使用している地方のはきものとが同一形態であることからも明らかである。

いずれにしても、ここまでの考察からみて、わらじもぞうりも、その出現は、律令体制成立以降、すなわち、早くとも七世紀後葉以降、ほぼ同時期に出現したとみて問題ないであろう。それは、わらじかぞうりかは明らかでないが、この種のはきものが、平城京跡や長岡京跡、山田寺跡など、八世紀代の遺跡から出土しはじめること(59)、「草履」の語の初見が、七八〇年（宝亀十一）に成立した『西大寺資財帳』であること(60)、「わらくつ」の語の初見が、九三六年（承平六）頃成立したとされている『倭名抄』であること(61)などからも証される。

ところが、考古学では、東京都町田市多摩ニュータウンNo.949遺跡の粘土採掘坑から出土した三点の藁製品(62)や、静岡県焼津市宮ノ腰遺跡第二号住居跡から炭化状態で出土した植物遺体(63)、神奈川県厚木市登山古墳から出土した「行脚僧埴輪」のはきもの(64)を、わらじないしぞうりとみなし、すでに早く五〜六世紀には出現していたとみている。

多摩ニュータウン遺跡出土の藁製履物は二種類ある。一つは、草鞋か草靴の台部とされる一足のはきもので、復元長が約二六・五センチほど、乳《ち》や鼻緒の編まれた痕跡はなく、わらじの確証はないとされている。今一つは、復元長が約一九センチほどの半足のわらじで、左側に前乳と後乳および緒の一部、さらに芯縄が、縁に沿って左右一本、中央部に二本確認されている。これら二種の出土品は、足型のその形態だけからみると、わらじかどうかは別にして、なんらかのはきものの可能性は否定しがたい。しかし、問題もある。第一は、前者のように鼻緒の痕跡がない遺物を、はきものとみなすことができるのかどうか。第二は、成立当初のわらじは、乳がいまだ装着されていなかったと考えられているにもかかわらず[65]、後者のわらじには四個の乳がついていること、第三に、二種の出土品ともに材質が特定されていないこと、第四に、粘土採掘のような労働にわらじをはけば、滑り止めにはなるかもしれないが、逆に粘土にわらじがめり込んだり、粘土がくっついて労働効率が著しく低下する可能性が高いこと、第五に、古墳時代に、わら

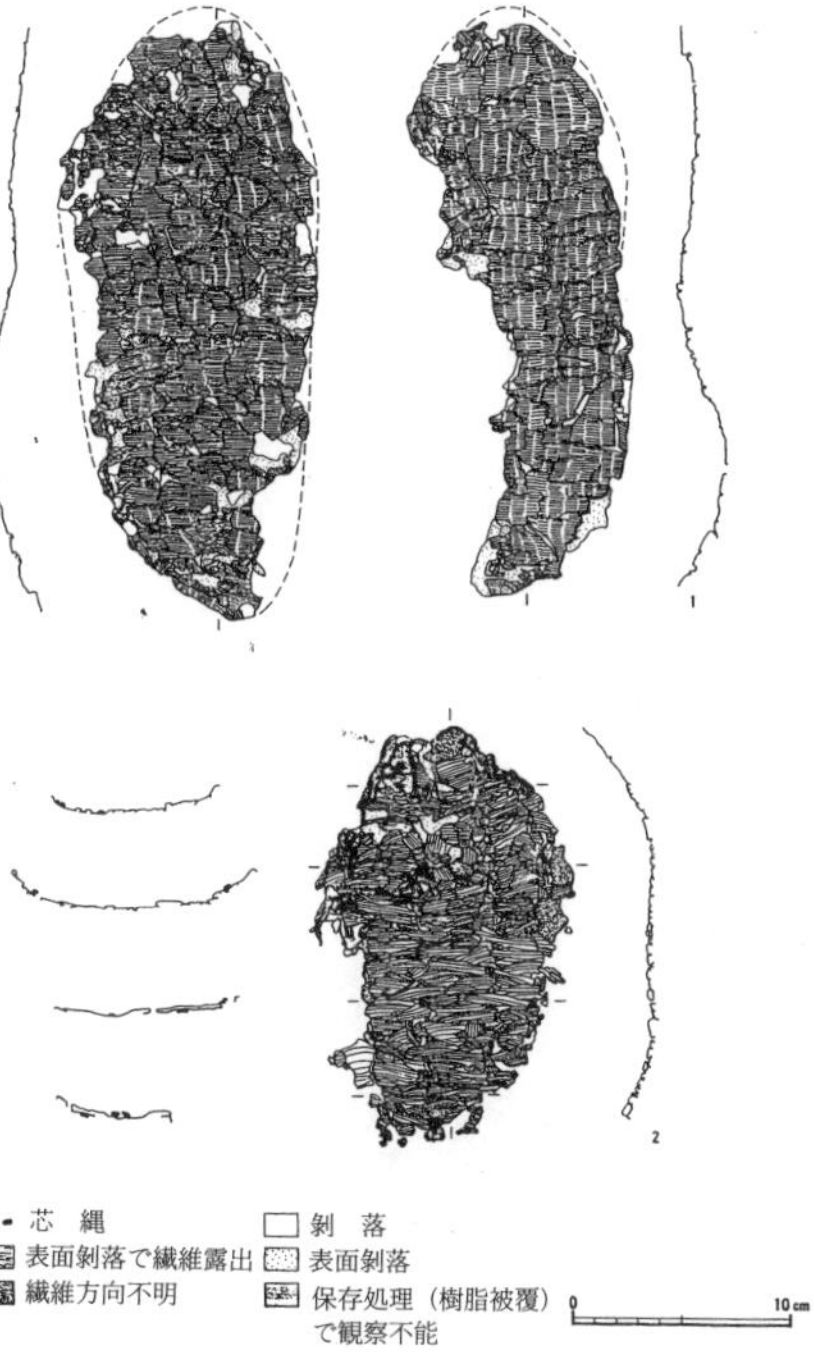

29 藁製品実測図　東京都町田市・多摩ニュータウン遺跡出土（『多摩ニュータウン遺跡　先行調査報告 9』より）

じをつくるほどまでに藁の利用が進んでいたのかどうかいまだ証明されていないことなどである。一点目は、鼻緒がない以上、いわゆる鼻緒はきもの、すなわち、わらじでないことは明らかである。では、鼻緒はきものでないとすればどんなはきものかということになるが、現時点では予想もつかない。はきものでない可能性もあるが、仮にそうだとしても、その実態を明らかにすることはできない。二点目は、このはきものが平安時代以降の遺物とすれば問題はないが、あくまでも古墳時代の遺物とすると、わらじの歴史的展開と齟齬をきたすことになる。この矛盾を解決する手立てはいまのところなく、留保せざるをえないが、わらじの歴史的展開に関しては、先述した論考を変える必要性を認めないので、この問題の解明のためには、材質の問題や、粘土採掘場でわらじをはく必要性の有無、古墳時代における藁の利用実態の解明などを含め、わらじに関する詳細な検討が望まれる。

宮ノ腰遺跡の植物遺体は、写真でみる限り、わらじかぞうりのような楕円形をしており、材質が、藁あるいは麻だとするとわらじかぞうりといえないこともない。しかし、出土した植物遺体は、ススキと同定されているのである。(66) わが国のはきものの材料は、多種多様であるが、いまのところ、ススキを材料としたはきものの存在は知られていない。このことは、この植物遺体が、はたしてわらじ(ぞうり)であるかどうか今一度問う必要のあることを示している。仮に、わらじ(ぞうり)だとしても、材料に、藁(麻)でなく、なぜ、例のないススキを使用したのかとか、住居跡からの出土ならば、当然一足揃って出土してもよいはずなのに、なぜ半足しか出土しなかったのかという疑問点が残る。

多摩ニュータウン遺跡出土のはきものにしても、宮ノ腰遺跡の植物遺体にしても、仮に、はきもの(わらじ・ぞうり)とするならば、そのルーツや、その後の歴史的展開までをも含めて説明されない限り、そのまま無条件にはきもの(わらじ・ぞうり)と認めることはできない。

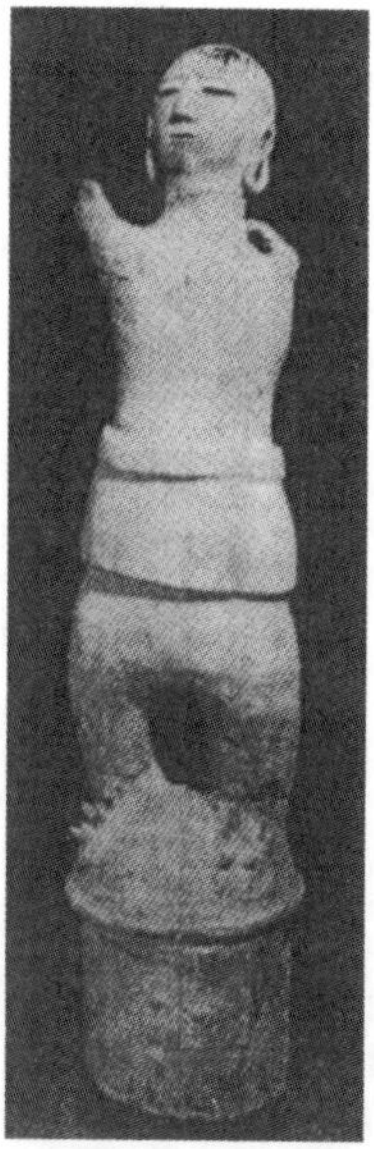

30

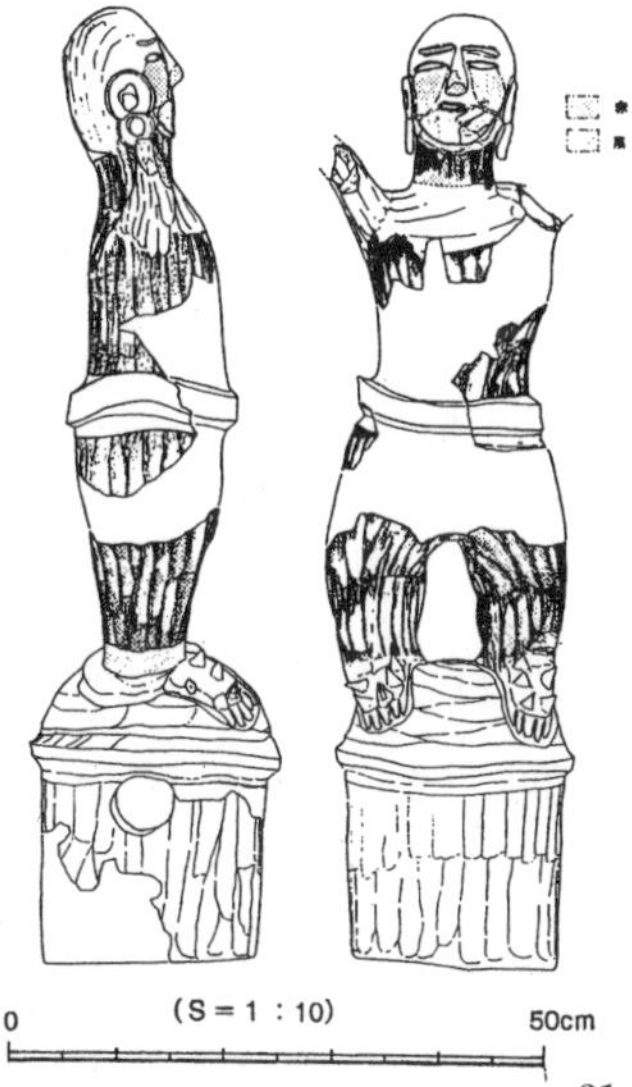

31

30　力士（行脚僧）埴輪　神奈川県厚木市・登山古墳出土（『厚木市文化財調査報告書　第8集』より）
31　同右実測図（『三河考古　第7号』より）

さらに、行脚僧埴輪のはきものも、写真や実測図をみると、足の甲の部分に、わらじとはまったく無縁な五〜六個の突起が表現されているうえ、そのはきものの上端は踝にまで達していて短靴のようにみえ、とてもわらじとは思えないのである。しかも、この埴輪は、鈴木徹[67]によれば、力士像であるというからなおさらである。

両腕、腹部及び腰部などを欠損するが、ほぼ全形の分かる復元高八五・五センチの双脚立像である。右腕を斜めに挙げているが、左腕は付け根から欠損しており、肩の状況からやはり斜め上に挙げ、すなわち万歳の格好であったと考えられている。腰には幅広の偏平な突帯を巡らしている。たてみつ部分は前後ともに不明瞭であるが、臀部のわずかに遺存している部分に縦方向のナデの痕跡が認められることから、たてみつは存在していたと考えられ、本例も褌を締めた力士像であると判断される。

本例の特徴の一つは、坊主頭である。このため僧形と称されていた訳である。耳には耳環のような飾りを垂らしている。もう一つは足の甲である。左右それぞれ五つの突起が貼付されている。これは先の酒巻第一四号墳例とよく似ているが、本例には指の表現がある。つまり沓を履いているのではなく何らかの当て具（防具？）を装着しているのであろう。

この埴輪は、坊主頭であったため僧とされ、しかも裸足ではきもの（？）をはいているようにみえるため、そのはきものをわらじとしたのであろう。しかし、力士だとすると、力士ははきものをはかず裸足であるから、当然、足には、わらじなどのはきものをはくことはない。ただ問題は、足の甲に表現された突起をどうみるかである。鈴木は、古代の相撲は、キックボクシングのように蹴ることも許されていたと考え、足の甲にはめて相手を蹴る装具と想定している。埴輪には、足指も表現されているから、もしそのような武器であったとすれば、突起の付いたサポーターのような密着性のより強い装具を装着したとせざるをえない。もっとも可能性のあるのは、革製品であるが、どれだけ密着性の強い装具を作りえたかどうか大いに疑問である。とするならば、既存のなんらかのはきものに、そのような突起をつけて装具とした可能性もあるが、本来は裸足である力士がはきものをはくということになり、問題が残る。いずれにしても、行脚僧埴輪が、力士埴輪である以上、そのはきものが、わらじでない可能性のほうが高い。

以上、考古学的見地から、古墳時代における鼻緒はきもの（わらじ・ぞうり）の存在について検討してきたが、その当否については、私は否定的である。しかし、多摩ニュータウン遺跡出土の藁製品が、実際に古墳時代のものであれば、古墳時代に、植物繊維を使用したなんらかのはきものが存在した可能性も十分考えられる。その場合は、人物埴輪の足元に表現されたはきものとあわせて、改めて、古墳時代のはきものについて、律令体制成立以降のはきものの歴史的展開を念頭におきながら、さらなる研究が行なわれる必要がある。

わらじとぞうりが、出現後、どのくらいの時間で一般庶民に広がっていったのかは明らかでないが、七七三年（宝亀四）におけるぞうりの値段は、当時の女性の一日の賃金の三倍もしたというから[68]、誰もが買えるものでなかったことだけは確かである。それにしても、どうしてこれほど高価であったのか、材質や構造の問題をふくめて興味あるところである。それはともかく、わらじ（ぞうり）が、金銭で購入しなければならなかったものとすれば、この値段では、急速な普及は困難であったであろう。しかし、十一〜十二世紀代の各種文献や、絵巻物をみると、わらじやぞうりをはく一般庶民の姿が所々に登場する。このことは、遅くとも平安時代中頃には、わらじやぞうりが、一般庶民のはきものとして普及していったことを示している。このように、わらじとぞうりが、一般庶民に比較的速く広がっていったのは、わらじとぞうりが、湿潤なわが国の気候風土に適した開放性の鼻緒はきものであったこと、十一〜十二世紀にかけて、わらじやぞうりの材料である藁や藺草が、前代に比して比較的容易に入手できるようになり安価になったこと、原料安によって庶民みずからも作ることが可能になったこと、律令体制の崩壊によって、公式の場では用いない略式のわらじやぞうりが、位階制に縛られないはきものとして広く普及していったことなどの理由が考えられる。

わらじといえば、人間だけでなく馬や牛もはいていたことを知っている人は少なくない。戦国時代の末期、キリスト教布教のためヨーロッパからわが国に渡ってきた宣教師の一人、ルイス・フロイスが著した『日欧文化比較』には[69]、われわれの馬はすべて釘と蹄鉄で装鉄する。日本のはそういうことは一切しない。その代わり、半レグアしかもたない藁の沓をはかせる。

と、記されている。わが国で、馬の足に蹄鉄を本格的に装着するようになったのは、明治時代になってからで、それまでは、馬用のわらじと、牛用のわらじの両方を作って足にはかせ、蹄を保護していた。なかには、昭和の二十年代まで、馬や牛にわらじをはかせていた地方もあったようである。わが国で蹄鉄が普及しなかったのは、日本の在来馬の蹄が、アラビア馬の蹄よりも堅かったので、蹄鉄を打ってまで蹄を保護する必要を感じなかったためと考えられている(70)。

それでは、いつ頃から馬や牛にわらじをはかせるようになったのであろうか。十三世紀末に制作された『一遍聖絵』に、わらじをはいた牛が、十四世紀初頭に制作された『春日権現験記絵』には、わらじをはいた馬が描かれていると指摘されていることから(71)、遅くとも十三世紀後半には用いられるようになったと考えられている。それより遡る時代については、資料がないので明確でなく、今後の研究課題である。

わらじは、材料が藁であるため耐久性に乏しく、すぐに切れたり、磨り減ったりする。フロイスは、馬のわらじは、半レグア（約二キロ）しかもたないとしているが、これは少々オーバーだとしても、道路事情が悪ければせいぜい四キロ程度、道路事情が良くても八キロ程度とみられている(72)。このため、遠距離を馬で行くときは、はき替え用のわらじを多量に用意する必要があった。『日欧文化比較』には、

われわれの間では馬丁が手綱をもって先に進む。日本では、進んで行く道に従って、馬丁が馬のための藁の沓を担ってついて行く。

33

32

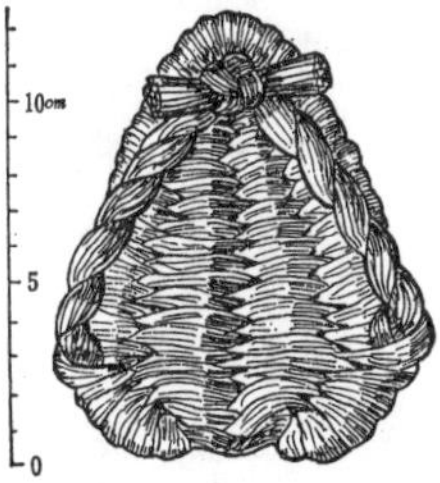

36

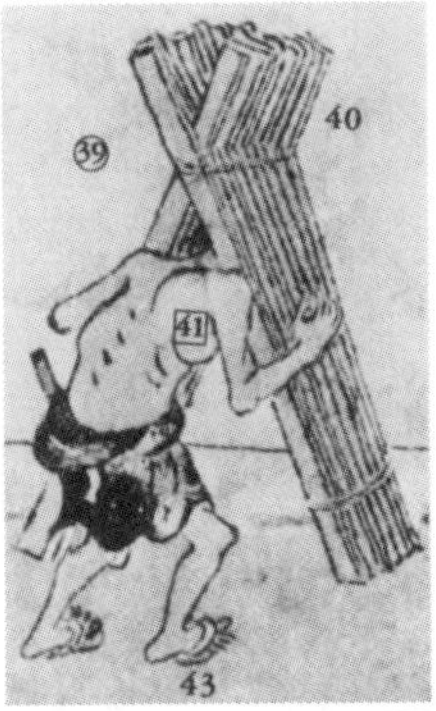

35

34

32　わらじをはいている馬（『廣重名所江戸百景　新印刷による』より）
33　馬のわらじ　馬の博物館（『旅——馬と人　浮世絵にみる東海道と木曾街道の旅』より）
34　足半をはく雑兵　『慕帰絵詞』（『絵巻物による　日本常民生活絵引　第5巻』より）
35　足半をはく大工　『春日権現験記』（『絵巻物による　日本常民生活絵引　第4巻』より）
36　足半実測図（ものと人間の文化史8　『はきもの』より）

と、記されている。遠距離の場合、馬だけでなく、人間のはくはき替え用のわらじも必要であったから、かなりの数のわらじを持ち運ぶことになる。大規模な軍事行動の際には、その補給が大きな問題であったことは想像するにかたくない。

ぞうりには、さまざまな種類があるが、そのなかでも注目されるのが、足半《あしなか》である。足半とは読んで字のごとく、足の半分しかないはきものである。『日欧文化比較』には、

ヨーロッパではわずかに足の中程しかない履物を履いていたら物笑いになる。日本ではそれは立派なことで、完全なものは坊主と婦人と老人のものである。

われわれの間では足を全部地につけて歩く。日本では、足の半分の履物の上で足の先だけで歩く。

などと、記されている。足半は、十三世紀末から十四世紀初頭に制作された『一遍聖絵』や『男衾三郎絵詞』・『春日権現験記』などに描かれていることや、足半の語が、一四四四年（文安元）に成立した『下学集』であることから、十三世紀後半以降に出現したと考えられている。なお、『日本常民生活絵引』には、十二世紀後半に制作されたと考えられている『伴大納言絵詞』に、足半が描かれていると記されているが(73)、カラーの刊行本で(74)、私が、その部分の描写を確認した限り、その人物の足元は裸足としかみえず、足半とするにはやや無理があると思われる。

足半は、その製作技法のゆえに、爪先に多少の力がかかっても鼻緒が切れたりせず、水に濡れても、ぬかるみを歩いても滑ることがなく、ハネが上がることもなかった。しかも、着脱が簡単で、軽く、動きやすかったため、騎馬による一騎打ちから、歩兵を主体とする集団戦へと戦闘形式が変化するにともない、

戦場での武士のはきものとしての性格を強めていった[75]。しかし、安土・桃山時代頃になると、なぜか武士の着用は次第に薄れてゆき、代わって庶民の日常のはきものとして普及していった。とくに、農・山村では、田や畑、山や川での作業に大変便利であったため、地下足袋が普及するまで日常的に使用されていた。

　わらじやぞうりの普及によってあらたに生まれたはきものがある。足袋である。足袋は、わらじやぞうりの鼻緒ずれや紐ずれ、あるいは、冬季の防寒や保温のために用いられていた甲掛や草鞋掛とよばれる足底のない装具に、足底を縫い合わせたもので、一二九三年（正応六）に制作された『蒙古襲来絵詞』に描かれていることから、十三世紀後半には出現していたことが知られる。足袋は、沓の下履きである襪《しとうず》と同じく、わらじやぞうりの下履き、あるいは、室内のはきものとして用いられたもので、地上を歩くはきものではなかった。足袋は、鹿や猿・熊などの皮をなめして作られ、基本的には武士のはきもので、その

37

38

37　板草履（2枚で半足）　滋賀県近江八幡市・柿木原遺跡出土
38　板草履復元品（『民具マンスリー　第21巻10号』より）

着用には襪と同じように厳格な規定があった。しかし、江戸時代になると、経済力のある町人を中心に庶民にも広がっていった。その傾向を決定的にしたのが、木綿足袋の出現である。木綿足袋は、安価で軽快であったため、冬季の保温用はきものとして一気に普及していった[76]。

遺跡から出土するはきものとしては、木沓や下駄以外に、草履状木製品とか板草履とよばれるはきものが知られている。出土した遺物は、先端の一カ所に小さな孔をあけ、側縁中央付近に方形の切り込みを入れた薄板で、中央で半裁されている。出土した薄板に、藁状の植物繊維が付着していることから、この薄板に藁や藺草や麻などを巻き付けたり、編み込んだりして製作したものと考えられている[77]。近年、全国各地の遺跡から出土しているが、とくに、鎌倉市内の遺跡や、広島県福山市の草戸千軒町遺跡からは多量に出土している。時代は、十二世紀末から十六世紀初頭までの、いわゆる中世の遺跡からしか出土しない。一般庶民の日常のはきものの一つと考えられるが、はきものの形態を含めて、詳細は明らかでない。

わが国のはきものは、雪沓、藁沓など、雪国の一部のはきものを除いて、そのほとんどが開放性の鼻緒はきものである。そのうち、「乱緒」、「舌地」、「金剛」、「下々」、「裏無」、「緒太」、「尻切」とよばれるはきものは、すでに早く平安時代の文献にみられるのである。これは、わらじやぞうりが、平安時代に普及することと規を一にするものであり、わが国のはきものの画期の一つが平安時代にあったことを窺わせている。はきものの今一つの画期は江戸時代で、下駄を中心に、実にさまざまなはきものが出現する。江戸時代における下駄については、第六章であらためて述べることにして、遺跡から出土する下駄以外のはきものの概説は、このあたりで終えることとする。

これまで述べてきた概説によって、はきものの階級性を証明しえたわけではないが、少なくとも、古代社会において、はきものが、支配階級のステータスシンボルの一つであったことは理解していただけたと思う。今後は、そのはきものが、階級や階層分化が急速に進む中世、さらには近世において、そのシンボル性をどのように保ちながら展開していくのか、はきものというあらたな視点から、歴史の真実に迫る研究が行なわれることを期待するものである。

第二章　考古学からみた下駄

下駄の論考をはじめる前に、まず、お断りしておくことがある。下駄は、江戸時代の始め頃までは、「足駄（あしだ）」とよばれていた。下駄の語が出現したのは、戦国時代頃とされているが明確でない。その下駄の語が、足駄にかわって全国的に普及するのは、地域によって異なるが、一般的に、江戸時代の末期から明治時代にかけてのことである。したがって、明治時代以前の下駄の論考を試みる本稿では、足駄の語を用いるのが本来の姿であるが、研究論文などでも下駄の語が一般的に用いられていることや、本論の記述において足駄と下駄の語が入り交じり煩雑になることなどを考慮し、以下の論考では、引用文などの場合を除いて、「下駄」と呼んで進めることをあらかじめご了承いただきたい。

下駄と足駄

中国では、木製のはきものを屐（げき・けき）、あるいは木屐（もくげき）・屐子（げきし）などとよんでいる。(1)『倭名抄』には、この種の木製のはきものと考えられる「屐」と「屐屧」の二種類のはきものの名が記されている。このうち、屐の語に「阿師太」と訓みがほどこされていることから、このはきものが、これから考察する下駄であることが知られる。それでは屐屧とはどんなはきものであったのだろうか。

屐屣と足駄が、別々のはきものであったことは、『枕草子』に屐屣の別名である「けいし」と「あしだ」が使い分けられていることからも明らかである。『倭名抄』は、屐屣に「久都々計乃阿之太（くつつけのあしだ）」、および「屐子（けいし）」の訓がほどこされている。「けいし」が、「げきし」あるいは「けきし」の転訛であることは論をまたないが、それだけではこのはきものの実態は明らかにならない。屐屣の実態を知るうえで注目されるのが、「くつつけのあしだ」という言葉である。この言葉について、『大言海』は、「沓附足駄」の漢字を当て、

屐ニ、革沓ヲ附ケタル、後ノ、爪ガケノ如キモノカ、

と、記している。(2) 一般にはこの説が有力視されている。

「くつつけのあしだ」というのは、字面をそのまま解釈すると、下駄と沓とが（見かけ上）一体化したはきものと理解せざるをえない。とすると、『大言海』のように、爪掛けをつけただけの下駄を、沓と下駄が一体化したはきものとみるのは無理がある。しかも、爪掛けは、江戸時代になって、「粋《いき》」や「伊達《だて》」をもてはやすようになった有力町人層が、下駄をその飾り立ての一つとして重視するようになって出現したものと考えられるので、その点でも問題がある。

中国で木製のはきものといえば、十七世紀初頭の明時代に成立した『三才図会』に所載されている「つっかけ」状のはきものをすぐに思いうかべる。このはきものならば、つっかけに沓を差し込めば、沓と下駄とが、見かけ上一体化したはきものとなる。しかし、このつっかけ状のはきものが、中国唐時代まで遡るのかどうか問題があるし、たとえ九世紀代に遡るとしても、わが国の文献資料にはみえず、絵画にも描

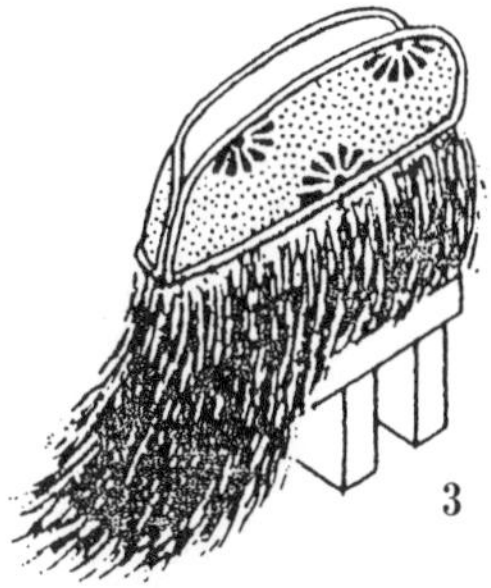

3

1

4

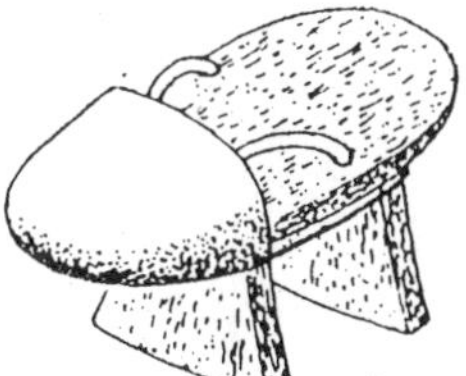

2

1　粉河寺への出立を命じる長者　『粉河寺縁起絵巻』（『絵巻物による　日本常民生活絵引　第3巻』より）
2　屐子想定図（『枕草子解環』より）
3　『粉河寺縁起絵巻』の長者のはきものを復元した「変り形毛沓屐子」（『枕草子解環』より）
4　旅装を解く命蓮の母　『信貴山縁起絵巻』（『絵巻物による　日本常民生活絵引　第1巻』より）

かれた例がないこと、遺跡からも遺物が出土しないことなどを考えあわせると、少なくとも江戸時代以前に、わが国にもたらされた可能性は、きわめて低いといわざるをえない。

それでは、「くつつけのあしだ」ともよばれる屐子（けいし）とは、いったいどのようなはきものであったのかがあらためて問題になる。ここで注目されるのが、『枕草子解環』に「変り形毛沓屐子」として所載されている[3]『粉河寺縁起』に描かれているはきものである。このはきものは、粉河寺に旅立つ準備を指図している狩衣を着て立烏帽子《たてえぼし》をかぶった長者が、離れ屋の縁ではいているもので、『日本常民生活絵引』には、

興のあるのはそのはいている靴で、かかとがついている。今日のハイヒールを思わせるものがある。

と、記している[4]。『枕草子解環』に所載された復元図は、ハイヒールのようなその高い踵（『縁起』には二本描かれているようにみえる）を、高下駄の歯と解釈し、高下駄の上にやや底の深い毛沓を乗せたものとしている。長者のはくはきものが、実際に、このような形態のものであったとすれば、まさに下駄に沓がついたはきもの、すなわち、「くつつけのあしだ」の名にふさわしいはきものということができる。

ところが、『日本常民生活絵引』は、別の巻の『信貴山縁起』では、『粉河寺縁起』に描かれているはきものと同じはきもの（ハイヒールのような高い踵も描かれている）を、「半靴（ほうか）」としているのである[5]。半靴とは、騎馬の際に用いられるものである。そういえば、『粉河寺縁起』の長者のはきものが描かれている場面は、馬に乗って粉河寺に旅立たんとするところであり、『信貴山縁起』では、命蓮の母が乗馬姿で旅をする場面と、馬から降りてはきものを脱ぐ場面で、いずれも馬と関係するのである。この事実

からすると、このはきものは、屐子ではなく、半靴の可能性が高い。しかし、半靴には、ハイヒールのような高い踵は付いていないことを考えると、半靴と断定することもできない。下駄と沓とが一体になったはきものとはどのようなものなのか、興味をそそられるが、現時点では、これ以上の解明は困難であり、今後の研究に委ねざるをえない。

足駄とは、原則的に二本の歯を有するはきものを指す。原則的にというのは、歯のない板下駄とか板草履とよばれる無歯のはきものが存在するためである。「アシダ」という語は、足の下にはくはきものという意で、ア（足）シタ（下）と名づけられたとされている。(6) それは、『倭名抄』に、「一名足下」と、記されていることからも明らかである。その言葉が、歳月を経て、足を意味する「ア」という語の用法が一般的でなくなると、アシ＋タという語構成の言葉と理解され、「タ」に（足を）乗せるという意を有する「駄」という漢字をあてて「足駄」と表記されるようになった。その後、いつしか、駄の文字がはきものそのものの意に解されるようになると、下用にはくはきもの（駄）であるから「下駄」、茶席ではくはきもの（駄）であるから「席駄（せきだ→せった）」と呼ばれるようになったとされる。足駄と下駄の語の発生と展開は、これで十分説明できる。しかし、なぜ、「屐」という語を「あしだ」と読むようになったのかといった疑問は、これでは説明できない。

古代のはきものの名称の多くは、中国のはきものの名称、すなわち、漢字の音ないし訓を原義として名づけられている。これは、はきものと、そのはきものの名称（漢字）が一緒にもたらされたためと考えられる。ところが、あしだを表記する漢字である「屐」は、音・訓を含め、どのように読んでも、あしだとはならないのである。これは、どういうことなのであろうか。

下駄が大陸からもたらされたとき（おそくとも五世紀初頭）、呼び名も同時に伝えられたはずである。ただ、その時、漢字も伝えられ記録されたかどうかは明らかでない。なぜなら、その当時、わが国では、文字（漢字）が、意志伝達の手段として使用されていたかどうか明らかでないからである。それはともかく、中国から伝えられた下駄の呼び名は、いつしか忘れ去られ、わが国で新たに名づけられた「あしだ」という名称が次第にひろがり定着していった。ところが、その後、文字が導入され、「あしだ」の原義を漢字で表記する必要に迫られた際、足駄の原義に相当する漢字がなかったため、中国で木製のはきものを意味する「屐」を充当したと私は考えている。

下駄には、歯を二本もつものと、歯をもたないものとがある。歯をもたない下駄の最も古い例は、約三千年前の中国浙江省寧波市の慈湖遺跡から出土したものである。(7) この下駄は、前緒と後緒の穴以外に、後緒のうしろに、さらに二カ所の穴があけられている。この二カ所の穴は、ここに紐を通し足首で縛ったものと考えられる。また、前緒の穴も、わが国の八世紀以前の下駄と同じく、左右どちらかに寄っている。このような、歯をもたない板下駄は、中国江南地方を中心に近年まで使用されていたようで、その使用法は、雨の日の泥道などで足が沈まないようにするためであったとされている。(8)

下駄のルーツ

それでは、二本歯の下駄は、いつ頃出現したのであろうか。現在知られている遺跡から出土した最古の二本歯の下駄は、中国安徽省馬鞍山市の朱然墓から出土した三世紀代の漆塗りの下駄である。(9) この下駄は、爪先と台尻に接するようにして歯を削り出した連歯下駄で、前歯の前の中央に前緒穴が、後歯の前に後緒穴がある。ただし、後歯は、台尻ぎりぎりに削り出されているため、物理的に後緒を後歯の後にあけるこ

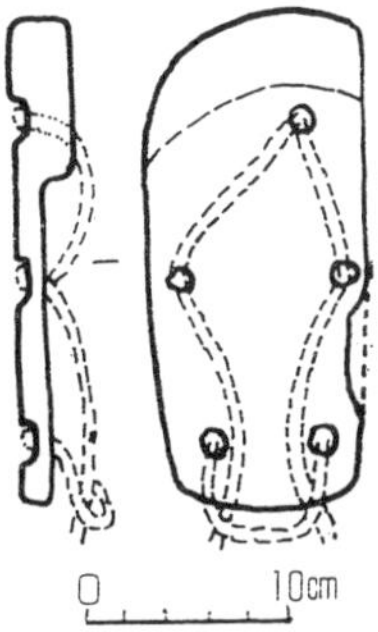

6

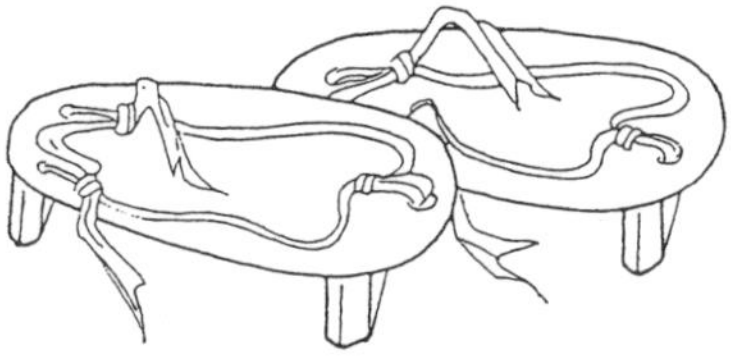

7

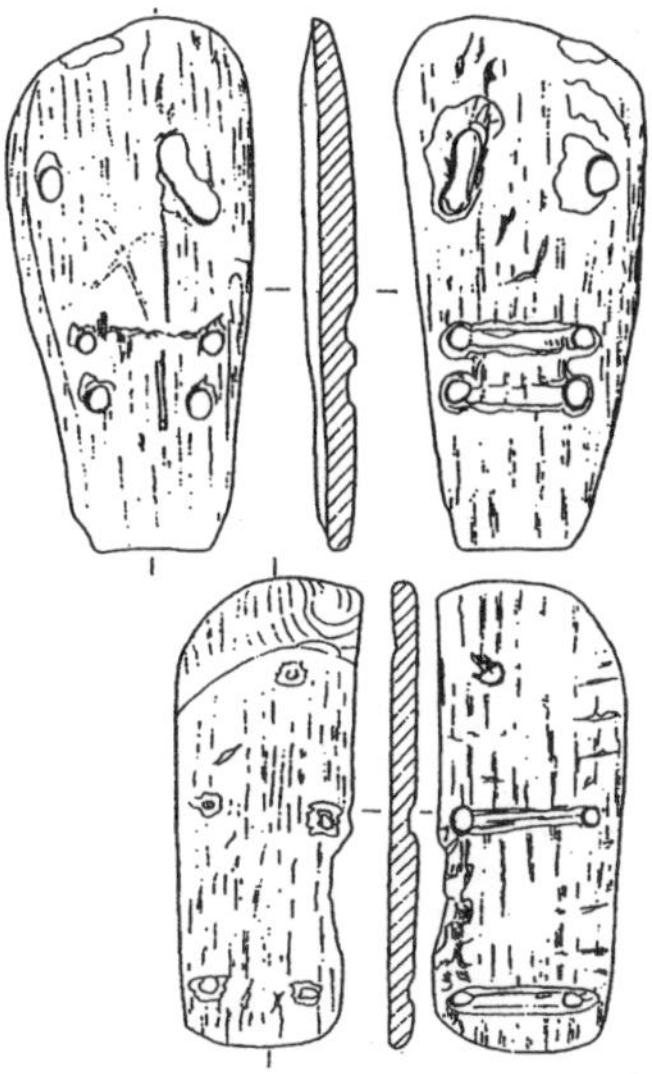

5

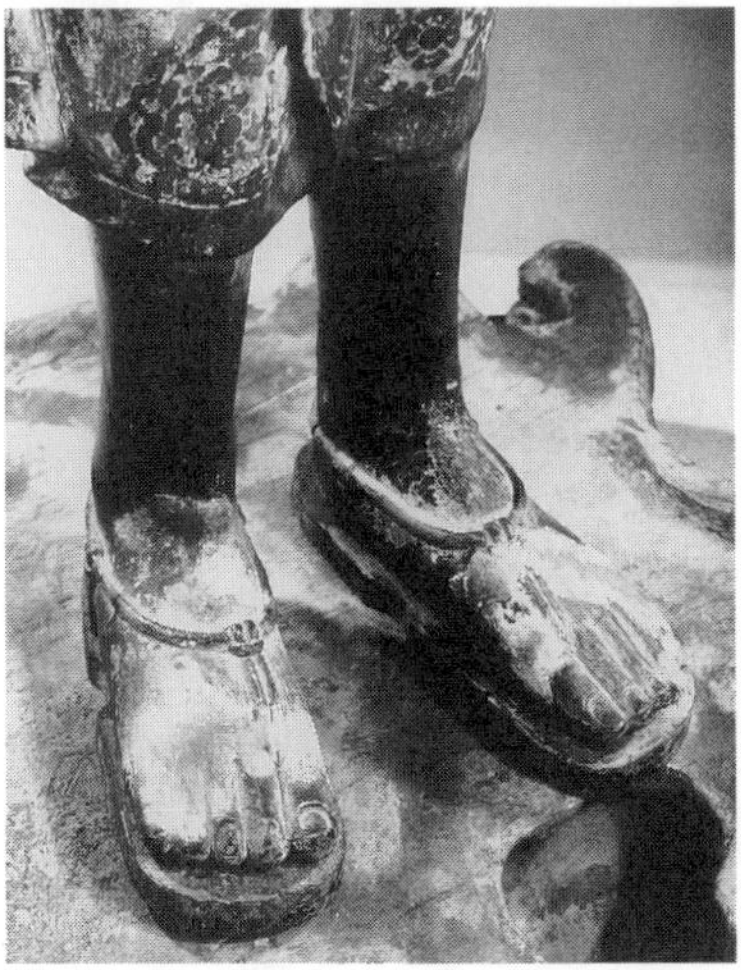

8

5　無歯下駄実測図　中国寧波市・慈湖遺跡出土（『中国文明の誕生』より）

6　同右鼻緒復元図（『日本はきもの博物館・他　年報２』より）

7　連歯下駄鼻緒復元図　中国馬鞍山市・朱然墓出土（『古代の日本　第１巻』より）

8　奈良興福寺・阿修羅像のはきもの（『魅惑の仏像Ｉ　阿修羅』より）

とは、不可能であったことを考慮する必要がある。復元図によると、鼻緒の途中に足首を縛るための紐が付けられるようになっている。このように、下駄の鼻緒に足首を縛る紐を付けたはきものは、奈良興福寺の阿修羅や十大弟子がはいている無歯の下駄（？）にもみられ、[10]注目される。

中国における二本歯の下駄の文献上の初見は、中国漢の元帝（在位前四九〜前三九）に仕えた史游が撰した『急就篇　注』に、

木を以てこれを為り、両歯を施す。泥を践《ふ》む所以なり

である。[11]その後、四世紀代になると『晋書　王述傳』や『晋書　謝安伝』に、「屐歯（げきし）」の語がみられる。また、五世紀頃に著された『南史　謝霊運伝』には、

常著木屐、上山則去其前歯、下山去其後歯。

と、記されている。[12]これは、謝霊運という人物が、山に登るときは前歯を取り去り、山を降りるときは、後歯を取り去って山を登り降りした故事を記したものである。白川静によると、中国の下駄は、台と歯とを蠟でとめるので、蠟屐とよんでいたという。一本の木から下駄の台と歯を作り出した連歯下駄であれば、歯を抜いたり差したりすることは不可能であるが、蠟屐とよばれるこの種の下駄であれば、ある程度自由に差し替えができることになる。しかし、蠟（トリモチか）で下駄の歯を接着しただけでは強い衝撃には耐えられず、平地でも、すぐ破損するおそれがある。まして山登りとなると、はたして使用に耐えられた

かどうか疑問である。ただし、この下駄を、わが国では十二世紀頃にしか出現しない差歯の下駄とみれば問題はまた別である。それはともかく、中国では、遅くとも紀元前には二本歯の下駄が出現し、四世紀頃には広く一般にも普及していったことが知られるが、中国における二本歯の下駄の出土は、現時点では、朱然墓の一例しか知られていないことや、その後の中国での二本歯の下駄の展開状況が知られていないため、詳細については明らかでない。

わが国の遺跡から出土する下駄には二種類ある。一つは、これから詳述する二本歯ないしは、歯をもたない無歯の下駄、いわゆる「足駄」である。今一つは、稲刈りの際に、身体が水田に沈まないようにするためにはく下駄、いわゆる「田下駄」である。田下駄は、一枚の板を足板にした板状田下駄と、足板・横木・輪っかの組み合わせからなる輪カンジキ型田下駄の二種類に分類される。なお、春先に木の芽や草などを緑肥として水田に踏み込んだり、田の土を平坦にしたり、粘らせるためにはく「大足」は、田下駄とはよばれていないが、一般には、田下駄の範疇に入れられているので、一応、大足も、田下駄として扱うことにする。[13]

田下駄は、紀元前三〇〇年頃の弥生時代前期には、すでに出土しているが、下駄は、いくら遡っても、四世紀代（古墳時代前期）、確実性を重視するならば、五世紀代（古墳時代中期）からしか出土しない。一般に、下駄は、田下駄が発展・展開して生まれたものとする見解が広く流布している。しかし、田下駄の出現から下駄の出現まで六〇〇年以上の期間があるにもかかわらず、田下駄から下駄へと展開したことを示す中間形態のはきものが存在しないこと、下駄は、わが国に出現する以前、すでに中国で存在しており、下駄がわが国固有のはきものでないこと、後述するように、下駄は、非日常的な祭祀に使用されたはきものと考えられるが、田下駄は、あくまでも日常の農作業用のはきもの、というよりも、私は、農具そのも

9　田下駄分類模式図（『瀬名遺跡III　遺物編Ｉ』より）

1)枠型大足	2)箱型大足	3)枠型田下駄	4)輪カンジ型田下駄	5)横長板状田下駄	6)高下駄型田下駄	7)下駄型田下駄
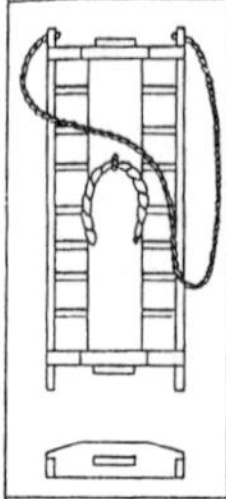	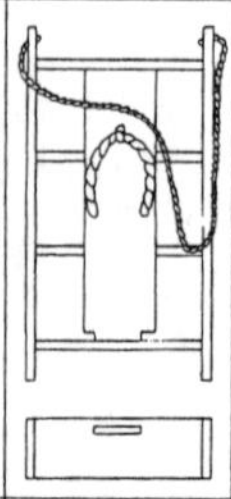	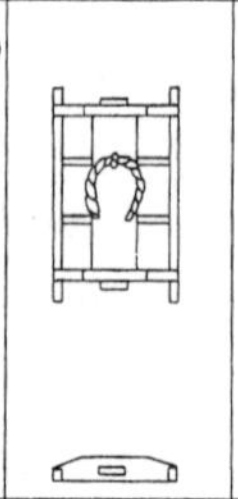	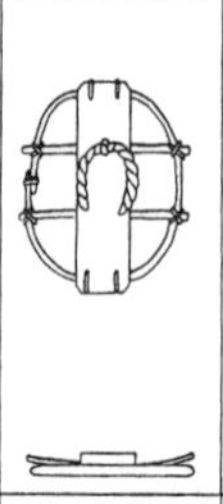	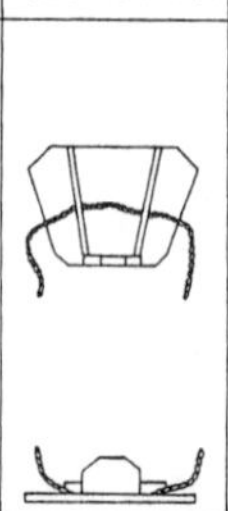	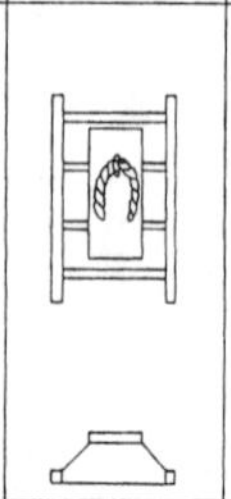	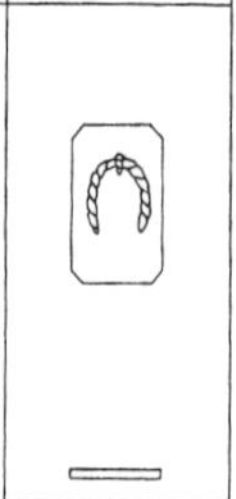
緑肥踏み込み 代掻き	緑肥踏み込み 代掻き	稲刈り等に足が沈まないように履く	稲刈り等に足が沈まないように履く	稲刈り等に足が沈まないように履く	強湿田、冷水帯で足が沈まないように履く	湿地の開墾、ヒエ取り、畦の上を歩る

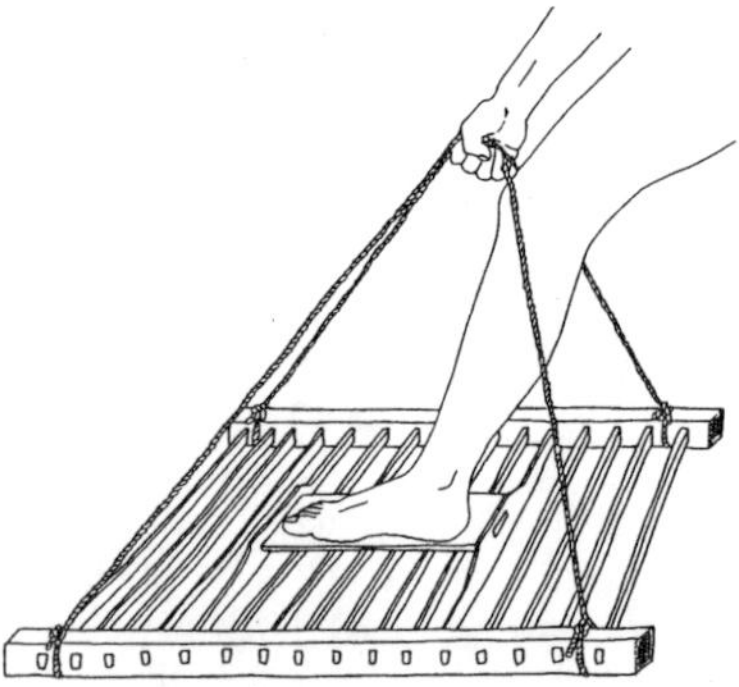

11

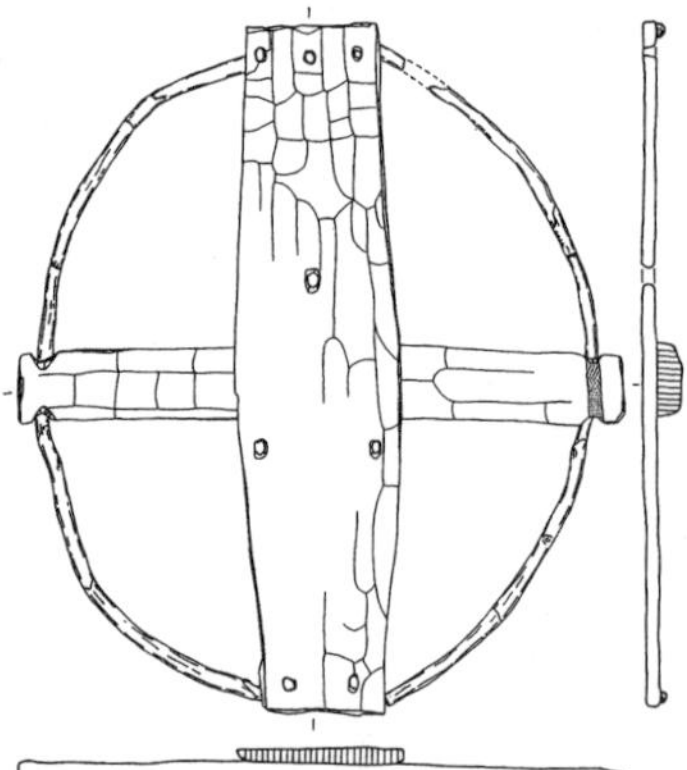

10

10　輪カンジキ型田下駄実測図　静岡市・曲金北遺跡出土（『曲金北遺跡　遺物・考察編』より）

11　大足使用復元図（『曲金北遺跡　遺物・考察編』より）

のとみなすべきだと思っているので、同じはきものといっても、使用者の階級や、その用途がまったく異なることなどから、私は、田下駄から下駄が発生することはほとんどありえないと考えている。なお、無歯の板下駄を田下駄と下駄の中間形態とみる見解もあるが、田下駄と無歯の板下駄とは構造がまったく異なっていることや、無歯の板下駄の出土時期も、二本歯の下駄の出土時期とそれほど変わらないと考えられることから、この想定には問題がある。このため、下駄（あしだ）を考察する本稿では、田下駄は、下駄（あしだ）ではないとみなし、考察の対象から除外した。

わが国における最古の木製下駄とされるのは、静岡県沼津市の雌鹿塚遺跡IIから出土した三世紀（弥生時代後期）とされる下駄であるが[14]、出土遺構が包含層であるうえ、下駄の出土地点が不明とされていて、今一つ信憑性に欠けるだけでなく、下駄の歯の先端が古様の台形でなく、歯先部が尖った逆三角形を呈する比較的新しい形態であることなど、いくつかの疑問点があるため、ここでは最古であるかどうかは留保する。現時点で[17]、年代の確定できる最古の下駄は、静岡県浜松市恒武山ノ花遺跡[15]、長野市榎田遺跡[16]、滋賀県守山市吉身西遺跡から出土した五世紀代の下駄である。この他、滋賀県長浜市鴨田遺跡出土の下駄は[18]、遅くとも、五世紀前半、ことによると四世紀代まで遡る可能性がある。これら木製下駄以外の五世紀代の下駄としては、東京都世田谷区野毛大塚古墳[19]、京都市右京区大原野鏡山古墳[20]などの古墳から出土した滑石製の下駄がある。

五世紀代には、出土地も出土量も限られていた下駄であるが、六世紀に入ると、全国各地の遺跡から数多く出土するようになり、急速に普及していったことがうかがえる。このような下駄の出土状況をみると、下駄の出現は、早ければ四世紀後葉、遅くとも五世紀初頭ということになる。

それでは、この下駄のルーツは、どこであったかということになるが、もちろん、そのルーツは、稲作

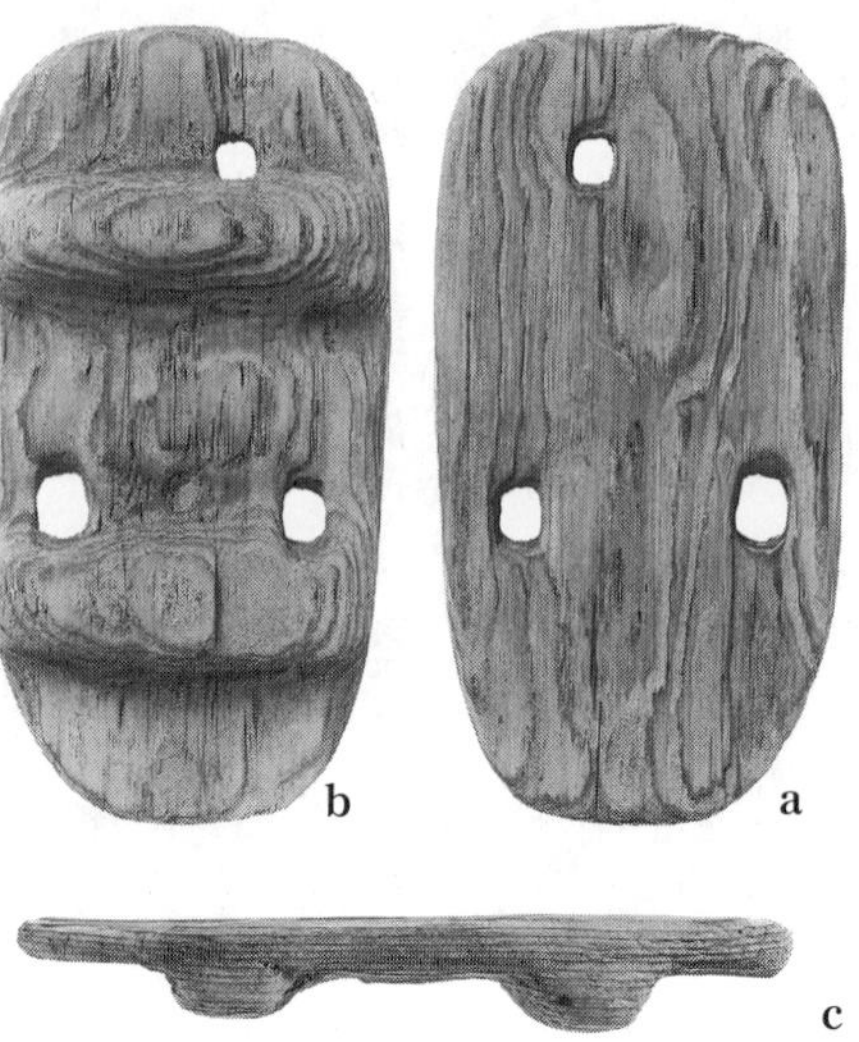

12

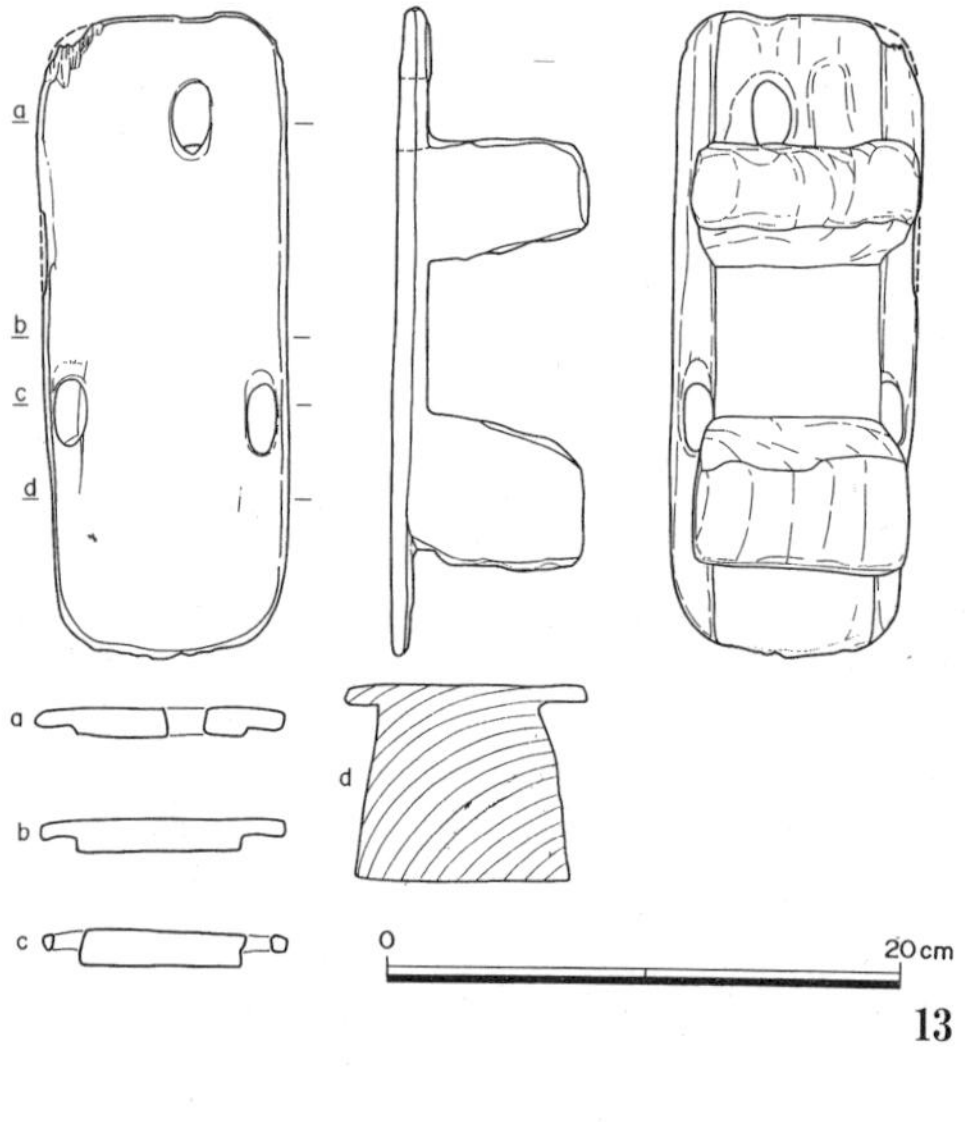

13

12　わが国でも最古級に属する連歯下駄（a：表，b：裏，c：側面）滋賀県長浜市・鴨田遺跡出土

13　連歯下駄実測図　静岡県浜松市・恒武山ノ花遺跡出土（『静岡県の原像をさぐる　発掘調査報告会』より）

儀礼だけでなく、民間信仰にも多くの類似点がみられる、しかも、わが国以外で唯一、二本歯の下駄と無歯の板下駄を出土した中国江南地方しか考えられない。中国江南地方において、二本歯の下駄がどのような意味をもっていたのかは明らかでないが、出土した下駄が、死者の来世の生活のために特別に製作された明器として墳墓に副葬されていることを考えると、単なる日常的なはきものでないとみるのが妥当であろう。下駄は、わが国へ導入されるに際して、その当初から祭祀品としての性格を有していたようであるが、これは、中国においても、そのような意味をもっていたためであると、私は想定している。ただし、下駄に対する観念は、彼我では、大きく異なっていた可能性があるが、ここでは言及しない。

下駄を意味する「あしだ」の語の初見は、九三六年（承平六）頃成立したとされる『倭名抄』の「阿師太」であるが、一般的に用いられるのは、十世紀末〜十一世紀初頭に著された『空穂物語』や『枕草子』からである。それ以前、すなわち、『記・紀』をはじめとする十世紀以前の文献や資料には、下駄を意味する語はおろか、下駄の存在を示唆する言葉すら記されていないのである。下駄の名は、下駄が中国からもたらされた古墳時代初頭から約五百年後、平安時代中期になって、ようやく書きとどめられることになるのである。これは、いったい何を意味するのであろうか。

全国の遺跡から出土した下駄の総数は、江戸時代の下駄を含めれば、優に五千点を超えるのではないかと思われる。そのうち、報告書が刊行され、年代がほぼ特定できることとか、共伴遺物がある程度特定できて、かつ比較的まとまって出土していることといった、いくつかの条件を付した遺跡から出土した十世紀以前の下駄の総数は、約二五〇点、遺跡数は、約一〇〇カ所である[21]。仮に、何の条件も付さず、また、未報告の分も合わせれば、総数は約四〇〇点、遺跡数は約一五〇カ所におよぶと想定される。この数字と前章で述べた木沓の出土数とを単純に比較するだけならば、十世紀以前のはきものの主流は、明らかに下駄であったことになる。

一般に、下駄は、今も昔も庶民のはきものであったと信じられている。遺跡から出土する下駄が、貴族・官人のはきものであった木沓の十倍近くにもなるというこの数字は、一見、下駄は庶民のはきものであるという考えを肯定するかのようにみえる。しかし、下駄は本当に庶民のはきものであったのであろうか。そこで、下駄が本当に庶民のはきものであったのかどうか、さまざまな角度から考察を加え、下駄のもつ歴史的意味を明らかにしてゆきたいと考える。

祭祀品としての下駄

遺跡から出土した下駄のなかでとくに注目されるのは、滑石製模造品とよばれる下駄である。滑石製模造品とは、鏡や勾玉などの宝器、剣や甲・盾などの武器・武具、鎌や鋤・箕・手斧・刀子・鑿などの農工具、紡錘車や梭《ひ》・筬《おさ》・縢《ちきり》・腰掛などの機織具、坩《つぼ》や甑《こしき》・盤・槽・案・臼・杵などの酒造具などを滑石で模造したものである。滑石製模造品は、古墳や磐座《いわくら》・坂（峠）・神社の境内・住居跡などから出土するが、古墳から出土するものと、それ以外のいわゆる祭祀遺跡から出土するものとは器種や形態・数量などに大きな違いがある。しかし、一般に、出土地の如何にかかわらず、すべて祭祀品とみなされている。滑石製模造品の下駄は、現在までのところ古墳以外からは出土しないので、ここでは、古墳出土の滑石製模造品に限定して考察してゆく。現在までに滑石製模造品の下駄を出土した古墳は、以下の八古墳一〇足である。

(1)京都市右京区大原野　　鏡山古墳　　三足(22)

(2)奈良県	加瀬古墳	一足[23]
(3)大阪府藤井寺市沢田	?	一足[24]
(4)大阪府岸和田市	?	?[25]
(5)東京都世田谷区玉川野毛町	野毛大塚古墳	一足
(6)群馬県藤岡市白石	白石稲荷山古墳	一足[26]
(7)群馬県新田郡藪塚本町	?	一足[27]
(8)群馬県前橋市荒子町	舞台遺跡一号墳	一足[28]

これら滑石製模造品の下駄を出土した古墳は、大きく分けると畿内と東国とに区分されるが、この分布状況になんらかの意味があるのか否かは、出土数が少なく明確でない。ただ、滑石製模造品の下駄を出土した古墳は、その規模からみて、いずれも、その地域の盟主的存在の古墳であったことは間違いない。この事実は、この古墳に葬られた被葬者が、かなりの勢力を有する地方豪族であったことを示している。

それにしても、なぜ、豪族の古墳に下駄、それも実用にはほど遠い滑石製の下駄が副葬されたのであろうか。もし、下駄が、支配・被支配階級をとわず日常的なはきものであったならば、わざわざ滑石に模してまで古墳に副葬することはなかったのではなかろうか。今日的感覚からいえば、下駄のような下卑たるはきものを、わざわざ加工に手間と時間のかかる石でつくり、しかも、それを、権威の象徴とも、祭器や呪具ともされる鏡をはじめとする宝器や武器・武具、農工具などとともに古墳に副葬したということは、下駄が、単なる日常的なはきものでなく、古墳に副葬された他の副葬品と同じく日常を超えた非日常的な性格を強く帯びた遺物であったことを示唆している。

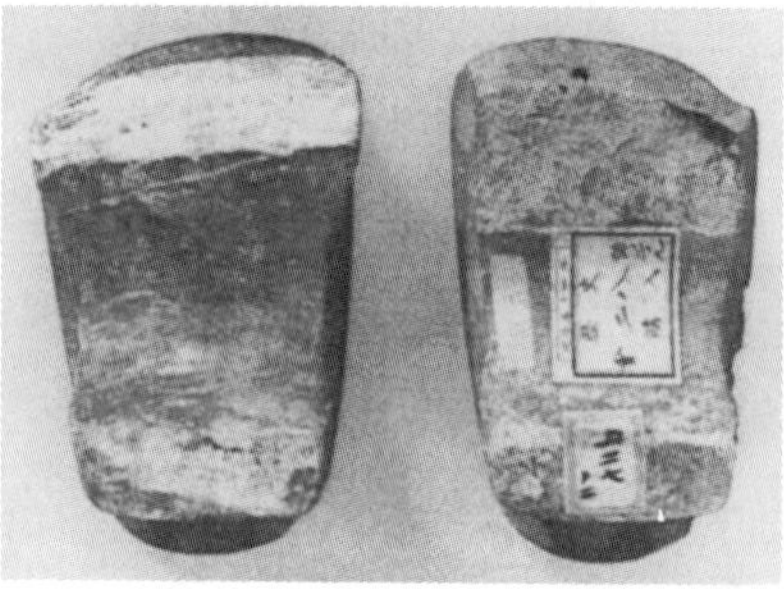

14b

14a

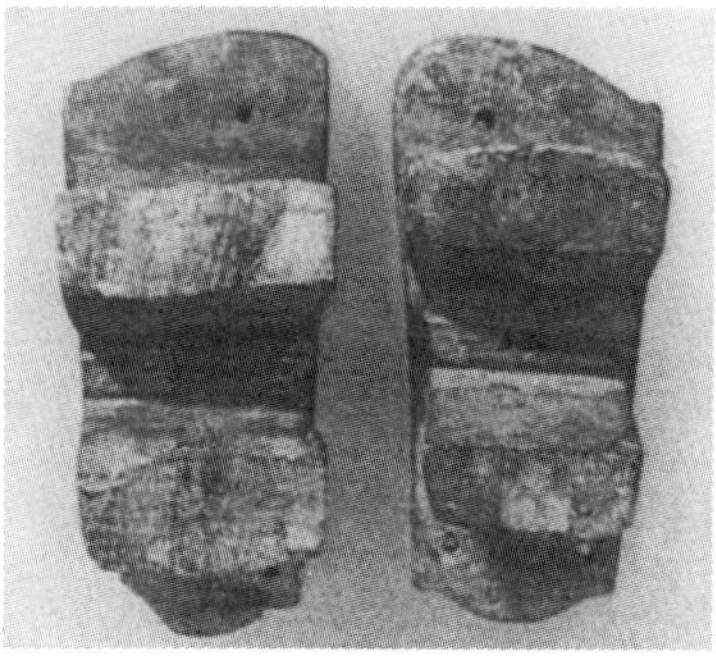

15b

15a

16b

16a

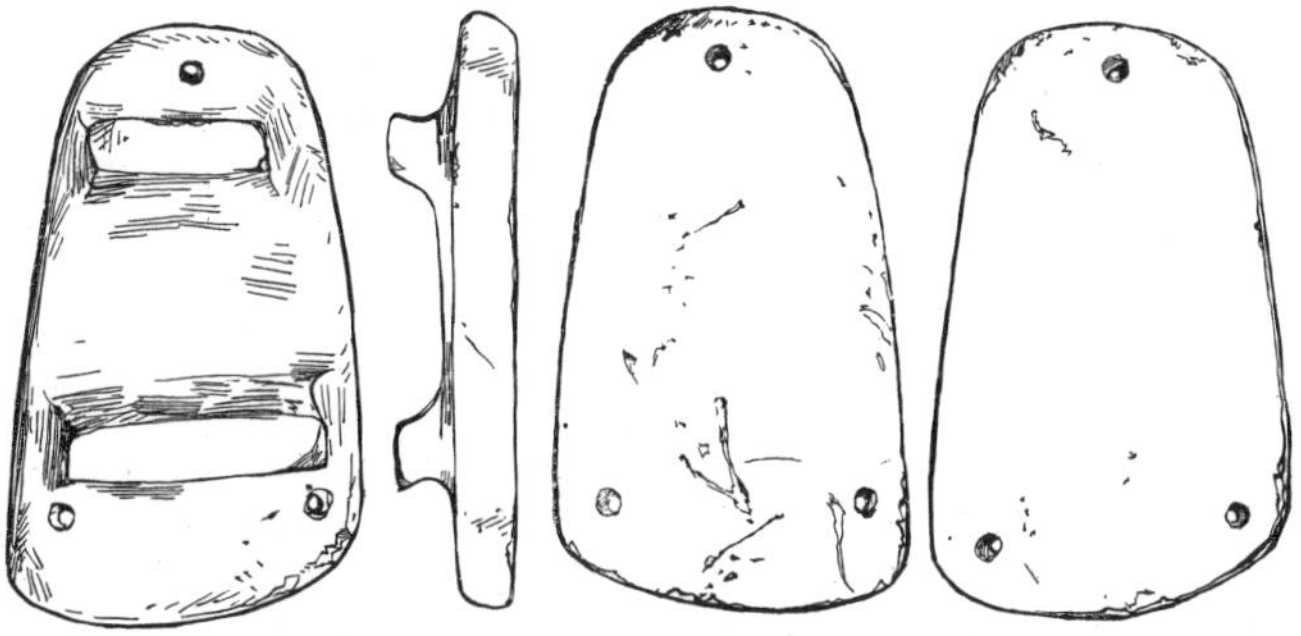

17

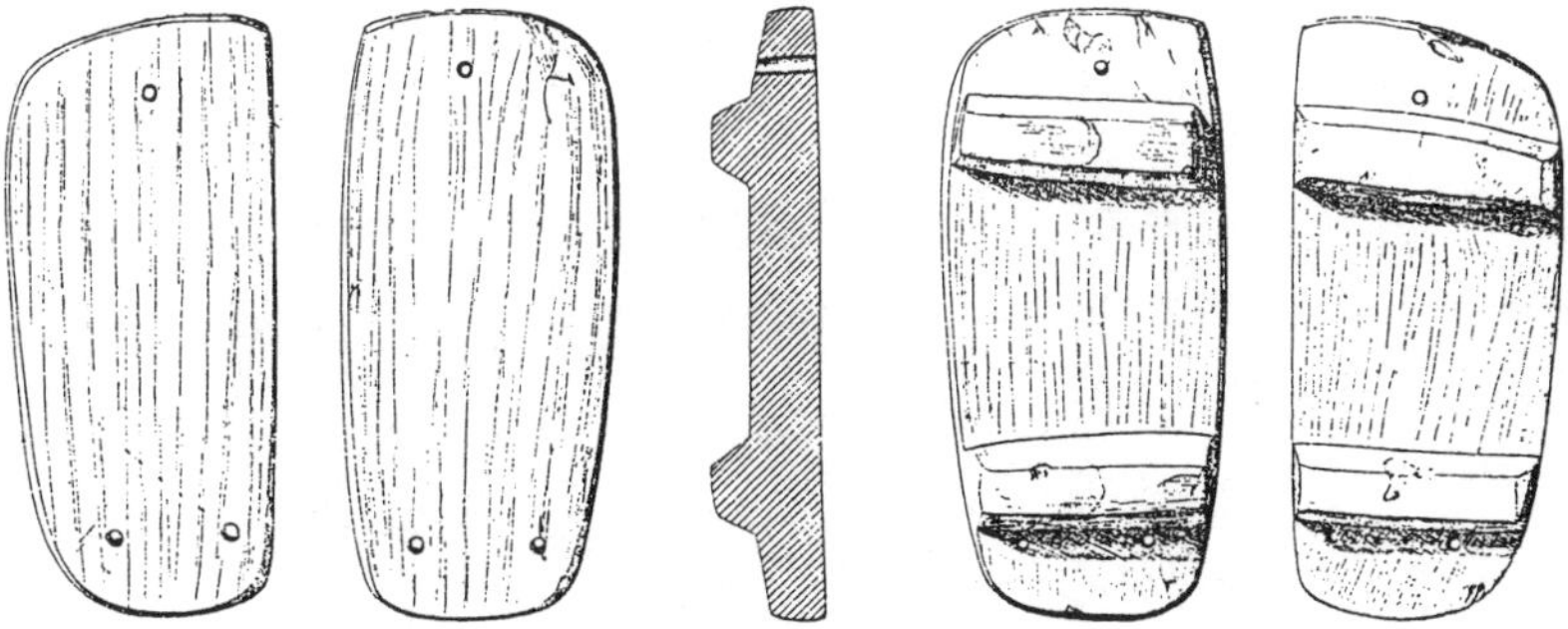

18

14　滑石製下駄（a：表，b：裏）　京都市右京区・鏡山古墳出土（『東京国立博物館図版目録　古墳遺物篇〔近畿１〕』より）
15　滑石製小型下駄（a：表，b：裏）　京都市右京区・鏡山古墳出土（『東京国立博物館図版目録　古墳遺物篇〔近畿１〕』より）
16　滑石製小型下駄（a：表，b：裏）　京都市右京区・鏡山古墳出土（『東京国立博物館図版目録　古墳遺物篇〔近畿１〕』より）
17　滑石製下駄実測図　大阪府藤井寺市出土（『東京人類学雑誌　第３巻第20号』より）
18　滑石製下駄実測図　群馬県藤岡市・白石稲荷山古墳出土（『群馬県史跡名勝天然記念物調査報告　第３輯』より）

白石太一郎は、滑石製模造品の性格について、次のように述べている。[29]

農工具の石製模造品化はそうした農耕儀礼の司祭者としての権能が死後においても発揮されることを願ってなされたものであろう。初期の農工具の石製模造品がまず古墳に見出されるのはこのためである。やがて第二期になると、鏡や剣や勾玉などの祭器とともに、機織具や酒造具の石製模造品が出現するのも、機織りや酒造りが神を祭る者の神聖な業であり、神衣を織り、神酒の調進とともに神をまつるための要件であったからである。つまり、農工具も、機織具も、さらに酒造具も神を祭る者の用いる祭器にほかならないのである。

このように、滑石製模造品は、まず古墳の被葬者である首長にとって最も重要な仕事である農耕儀礼の執行に必要な祭器の石製品化からその製作が始まったものであったと考えられる。その後、それ以外のさまざまな祭器も石製模造品化され、それは単に古墳に副葬されるのみならず、通常の祭祀の場においても用いられるようになる。

白石のこの論考からすれば、古墳に副葬された滑石製模造品は、そのすべてが、祭祀に用いるために、実用品を模して作られた祭器ということになる。とすると、滑石製模造品の一つである下駄も祭祀に用いるための祭器ということになる。なぜ、下駄が祭祀品なのか、また、何のために使用されたのかといった問題は、今後、徐々に明らかにしていくことにして、ここではとりあえず、滑石製下駄が祭祀品であり、その下駄が、農工具・機織具・酒造具の三種の滑石製模造品とともに古墳に副葬される事実だけを確認しておく。

古墳から出土した滑石製の下駄について、後藤守一は、次のように述べている(30)。

しからば上古時代の下駄の形はというと、出土した九例の下駄が、それぞれ形を等うしていない、種々の様式のものがあるということから、定型を得ていないと言わねばならない。山城鏡塚出土の三足は共に同一様式に属し、鼻緒の孔は後世のと異って一方に偏して穿たれて居り、根緒の孔は後歯の後にあり、脚、即ち下駄の歯は底開きとなっている様式であり、大和加瀬発見のものは、脚の底が張り出たものであり、鼻緒の孔は中央に穿たれて居る。……

武蔵等々力ゴルフリンクス内大塚出土のものは、頗る異形式に属し、平面形卵形に近く、鼻緒の孔が前後合せて六孔あるは履としては頗る異とすべく、寧ろ後世いう草鞋の乳を想起させられるが、裏に屐脚四個あるによって下駄の類に含ませてよいものであろう。……

上野国稲荷山古墳出土の一足は、左右の形をそれぞれ異にしたものとなっているが、歯は稍々底窄みとなって鏡塚例と全く趣を異にしている。歯の高さは比較的低く、歯緒の孔は中央にあり、根緒の孔は後歯の後に穿れている。上野国藪塚出土のものは、左右同形、角丸の長方形をなし、歯の間隔は広く、歯の形は今日の駒下駄と同一であり、鼻緒の孔は中央、根緒の孔は後歯の外に出て居り、恐らくこれを今日の下駄としても人は異としないであろう。

これを要するに、表面の形に定まるものなく、鼻緒の孔は中央にあるものもあり、側に偏するものがあるが、根緒の孔は後歯の外に穿たれて居り、両歯の間にあるものはない。歯の形は底窄みもあり、垂直のもあって一定した形式がない、一種の定型がないということになり、僅かに一木造りであり、歯をすげる形式のものがないということが共通であるというに過ぎない。

引用が少し長くなったが、滑石製下駄の形態などを具体的に述べた論考は、後藤のこの一文しかないので、あえて掲げた次第である。以下、滑石製下駄のほとんどを手にとって観察した後藤のこの論考をもとに、滑石製下駄について、古墳以外の遺跡から出土した木製下駄と比較しながら、考察を加えてゆくことにする。

石製の下駄と木製の下駄

滑石製下駄のなかでまず取り上げねばならないのは、野毛大塚古墳出土の下駄である。この下駄は、前後に三個ずつ鼻緒穴を穿つという、他に例のない形態の鼻緒穴を有するのである。鼻緒穴が三個でなく、六個もあるような下駄は、木製下駄にも例がない。この下駄の鼻緒穴の関係については、前方および後方の互いに接した三個の鼻緒穴が、前緒と後緒になると考えられている。前緒と後緒の関係をこのようにみると、前緒と後緒の距離がきわめて短くなって、鼻緒が足先にしかかからなくなる。このため、この下駄は、後歯を引きずって使用することを念頭につくられたと考えられている。すなわち、この下駄は、後歯の磨滅をあらかじめ想定して、仮に後歯が磨滅しても、前後を逆にすれば再び使用できるようにつくられたというのである。しかし、前緒と後緒の距離がこのように短い下駄は、他に例がなく、そのように解釈してよいかどうか問題とせざるをえない。

出土した他の石製下駄をみると、後藤守一も述べているように、後緒穴は、すべて後歯の後方に穿たれている。この例を、この下駄にあてはめて、今一度鼻緒穴の位置関係を見直すと次のようになる。すなわち、仮に、台の幅の狭いほうを前とした場合、後緒に相当する鼻緒穴は、後歯に相当する歯よりも後方部

19

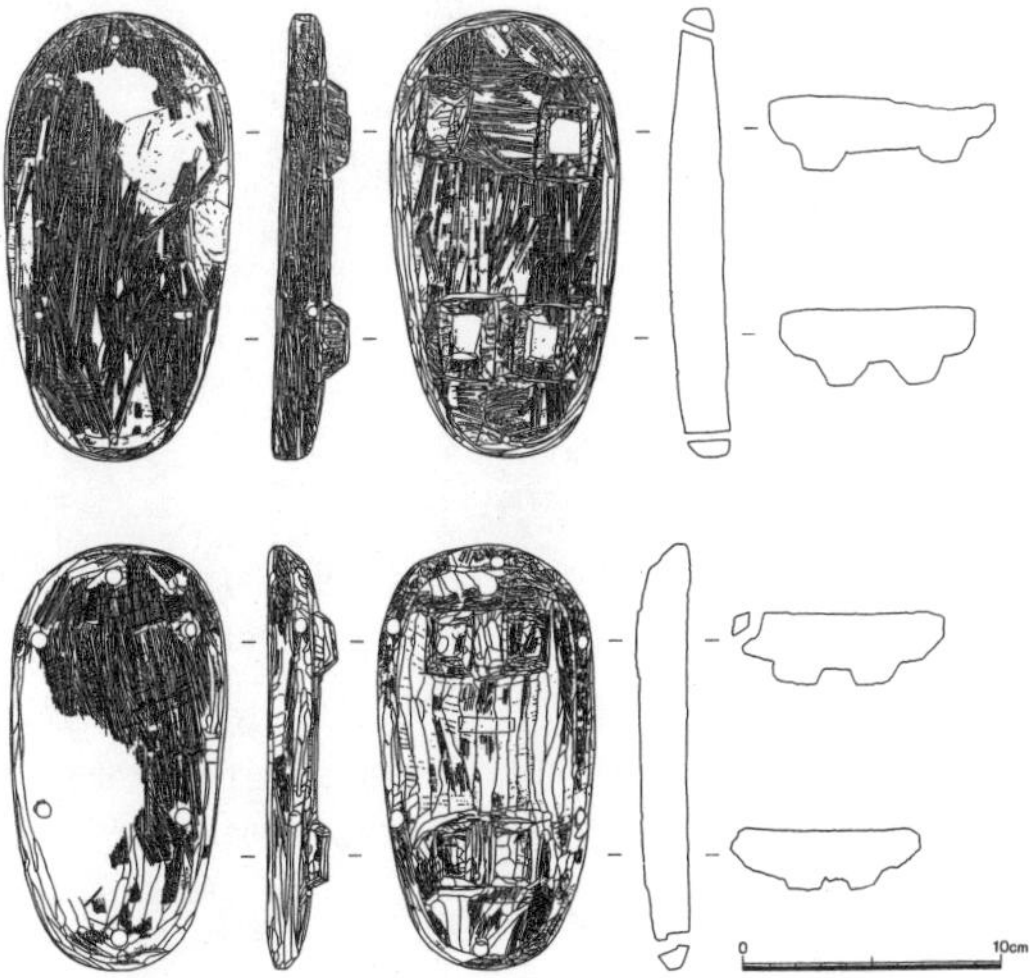

20

19 滑石製下駄　東京都世田谷区・野毛大塚古墳出土（『野毛大塚古墳』より）
20 同上実測図（『野毛大塚古墳』より）

に位置することになり、他の滑石製下駄と同じになる。これに対して、台の広いほうを前にすると、後緒に相当する鼻緒穴は、後歯に相当する歯よりも前方部に位置することになり、他の滑石製下駄と異なることになる。このことから、この下駄は、台の幅の狭い先端部に穿たれている穴が前緒で、幅の広い部分に穿たれている左右一対の穴が後緒となる滑石製下駄で、別に、後歯を引きずってはかなくとも、木製下駄と同じく普通にはける下駄であることが知られる。

それでは、残る三個の穴は、どのように解釈すればよいのであろうか。鼻緒の位置関係からすると、台の幅の広いほうを前にしても、下駄としての機能に問題が生じるわけでないので、

越後国頸城郡地方沿海漁村の土俗品に砂下駄或は浜下駄と稱せる稍之に類せる特殊なる下駄あり、一方を前として緒を嵌げて穿きたる後、反対の他の一方を前にして緒を嵌げても亦穿用すという。果して然らばこはその類の屐なるべく、……

と、前後を逆にしてはくようにつくられたとする解釈も成り立つ[31]。しかし、このような下駄の出土がいまだ報告されていないことや、二列四個という安定性の悪い歯を考えると、ズリゲタとするには問題が多く、この説には同調しかねる[32]。

それではと、改めて鼻緒穴以外の穴の性格を問うことになるが、可能性としては次の二点が考えられる。一つは、鼻緒穴以外の穴を、足首や甲に縛る紐を通す穴とみることである。先にも述べたように、中国で出土する歯のない板下駄には足首を縛る紐穴があることや、紐穴はないが、二本歯の下駄にも足首を縛る紐が装着されていることを考えると、その可能性は高い。今一つは、下駄の台の前後を見誤り、鼻緒穴を

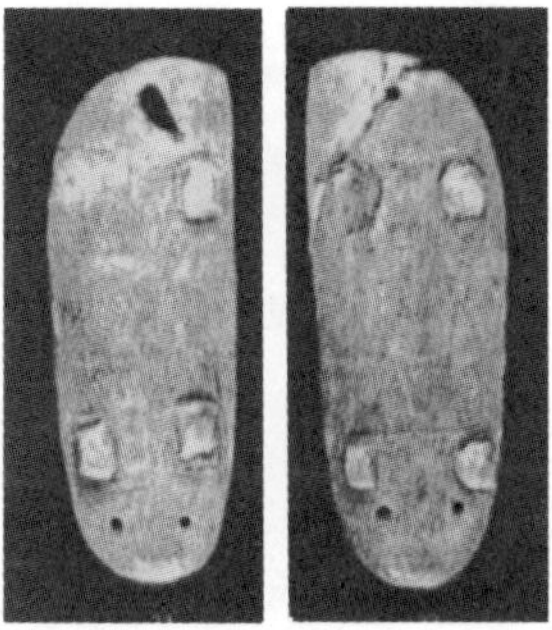

21b

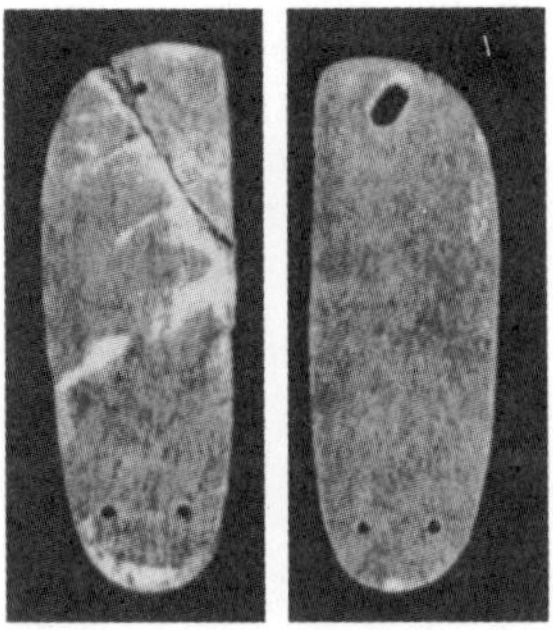

21a

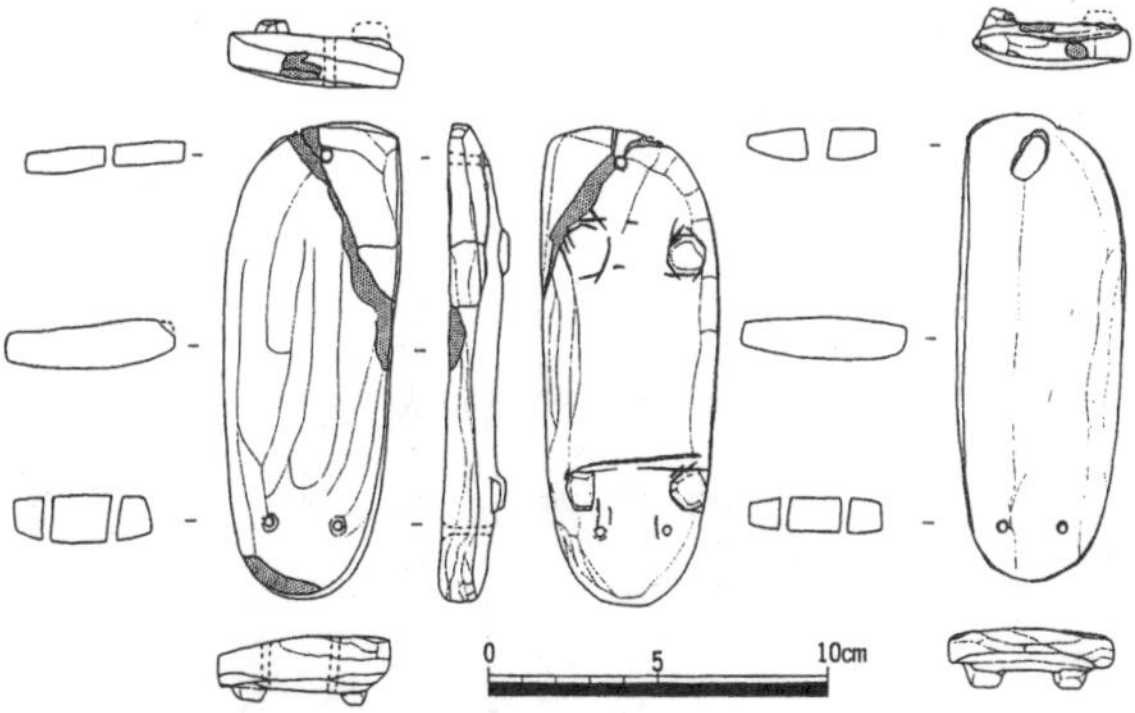

22

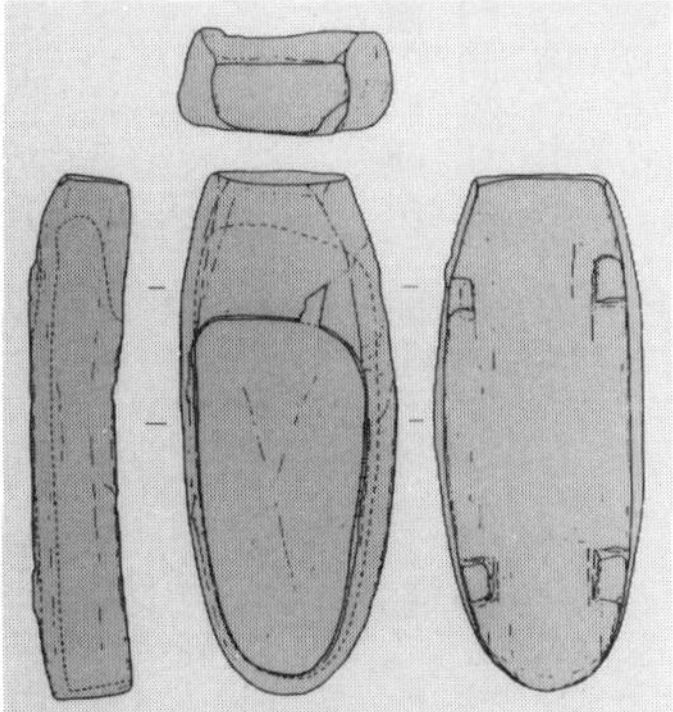

23

21　滑石製下駄（a：表，b：裏）群馬県前橋市・舞台遺跡1号墳出土（『舞台・西大室丸山遺跡』より）

22　同上実測図（『舞台・西大室丸山遺跡』より）

23　脚が4カ所ある木沓実測図　神奈川県逗子市・池子遺跡群出土（『池子遺跡群　総集編』より）

前後逆にあけたため、改めてあけ直したとみるものである。出土した滑石製下駄は、藤井寺市の古墳から出土した一例を除くと、台の幅の広いほうが前（指先）で、狭いほうが後（踵）となっている。この形態は、木製下駄でも基本的に同じである。先に、この下駄は、台の幅の狭いほうが前であるとしたが、下駄の前後の形態の原則からすると、この下駄の前後は逆となる。そこで、改めて鼻緒穴をあけ直したとみるのである。

野毛大塚古墳出土の滑石製下駄で今一つ問題となるのは、歯の形態が、前歯・後歯ともに長方形の一枚歯でなく、方形突起状のものを左右に二個、前後に二列、計四個削り出していることである。このような歯をもつ滑石製下駄は、近年発掘された前橋市の舞台遺跡一号墳で出土しているものの、木製下駄や木沓では、わずか一例ずつしか知られていないきわめて特殊なものである(33)。なぜ、このような歯をつくりだしたのであろうか。歯の形態は同じであるものの、木沓と木製下駄と石製下駄とは、その種類が異なり、三者の間には何の関係も認められないから、現時点で考えられることは、石製下駄の手本となった下駄、おそらく中国から直接もたらされた下駄の歯が、このような形態になっていたためとする以外、解明につながるような手掛りはまったくなく、今後の研究課題である。

古墳から出土した滑石製下駄と、それ以外の遺跡から出土した木製下駄とは、大きく分けて二つの相違点がある。一つは、後緒穴の位置が、滑石製下駄では後歯の後に位置するのに対し、木製下駄では後歯の前に位置すること、今一つは、木製下駄の前緒穴は、八世紀前葉まではどちらか一方に偏って穿たれているのに対し、滑石製下駄の前緒穴は、形態が判明する九足のうち鏡山古墳出土の二足以外は、中央に位置することである。一方、滑石製下駄と木製下駄の祖形の一つと考えられる中国朱然墓出土の木製下駄は、前緒穴は中央に位置し、後緒穴は後歯の前に位置している。また庶民の日常のはきものと考えられる無歯の板下駄は、前緒穴がどちらかに寄っている。いまだ一足ずつしか出土していない中国の木製下駄と、わが国の滑石製下駄および木製下駄とを単純に比較するのは若干無理があるかもしれないが、ともかくも四種の下駄を比較すると、少しずつ異なることが知られる。

滑石製にしても、木製にしても、わが国の下駄が、中国の下駄を模してつくられたことは、前章で述べたわが国のはきものの歴史を考えれば首肯せざるをえないであろう。それなのに、なぜ、このような相違が生じたのであろうか。その最大の要因は、中国で使用されていた無歯の下駄と二本歯の下駄の二種類が、同時にわが国にもたらされたためではないかと私は考えている。無歯の下駄が、二本歯の下駄とともにもたらされたという証左はないが(34)、奈良県磯城郡田原本町の多遺跡(35)、同県生駒郡安堵村の東安堵遺跡(36)から、それぞれ五〜六世紀の無歯の下駄が、また滋賀県大津市の湖西線関係遺跡ⅣB区(37)からは六世紀の無歯の下駄が出土していることから、その可能性は高いとみてよいであろう。とすると、わが国の滑石製下駄は、明器として墳墓に副葬された非実用的な中国の二本歯の下駄を模したため、鼻緒穴を中央や、台の端ぎりにあけたりしただけでなく、石という非実用的な材質で作ったりしたとすることができる。これに対して、わが国の二本歯の木製下駄は、中国の無歯の板下駄と二本歯の下駄の長所を取り入れ、改良を加えて、用途に適した下駄を作ったため、後緒穴を後歯の前にあけたり、前緒穴を左右どちらかに片寄ってあけたりしたとすることができる。

それにしても、なぜ、二種類の下駄をあわせて新たな形態の下駄を作ったのであろうか。

それは、古代の木製下駄の前緒穴と後緒穴の距離が一〇センチ前後と、現代の下駄とほぼ同じ距離間隔であることからも知られるように、実用性を重視した結果と考えられる。たとえば、木製下駄の後緒穴の位置を、後歯の前にあけるのは、前緒と後緒の距離を短くして、足と台とが強く密着して、はきやすくす

25b

25a

24b

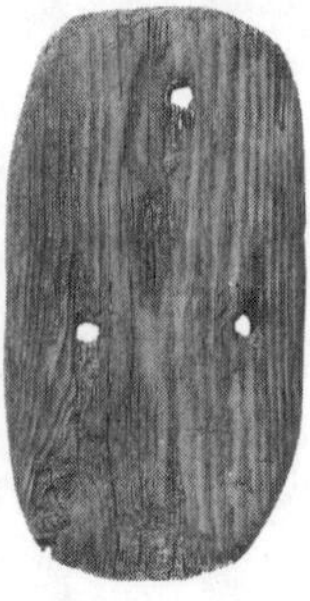
24a

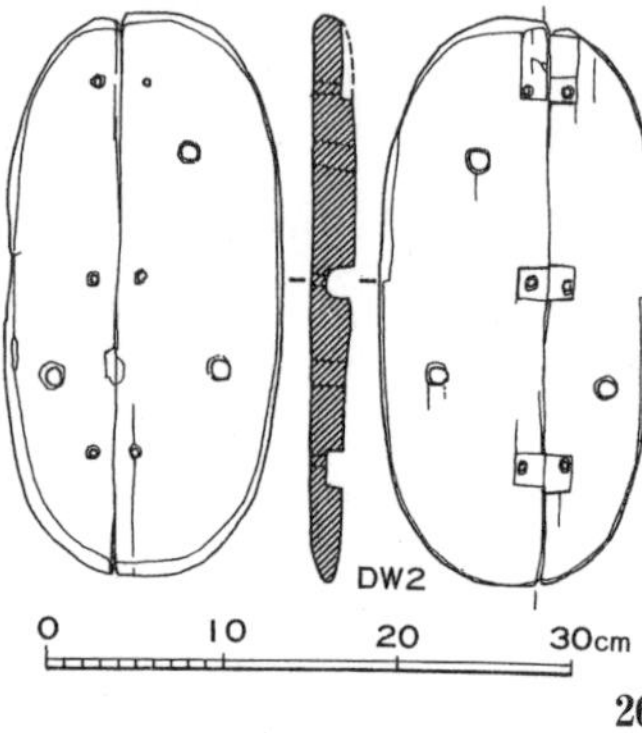

26

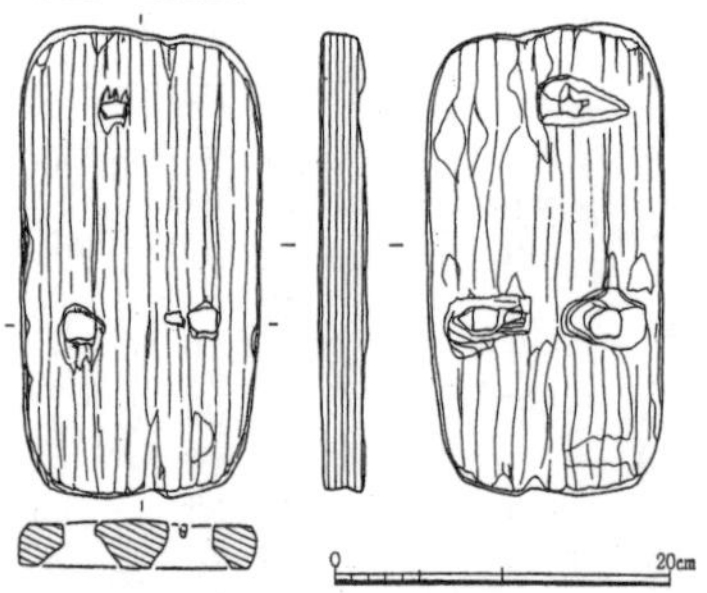

27

24　無歯の下駄（a：表，b：裏）　大津市・穴太遺跡出土
25　無歯の下駄（a：表，b：裏）　大津市・湖西線関係遺跡（穴太地区）出土
26　補修痕のある無歯の下駄実測図（図25）（『湖西線関係遺跡調査報告書』より）
27　無歯の下駄実測図　大津市・穴太遺跡出土（『穴太遺跡（弥生地区）発掘調査報告書』より）

るためであり、前緒穴が、左右どちらかに片寄って穿たれているのは、人間の足指の構造に合わせたほうが実際使用するには合理的だと判断したためである。それは、中国でも、実用品である歯のない板下駄の前緒穴が、左右どちらかに片寄っていることにもあらわれている。これに対して、滑石製下駄の前緒が中央に穿たれていたり、前緒穴と後緒穴が、いまにも破損するかのような台の周縁部ぎりぎりに穿たれていたりするのは、滑石製下駄が非実用品であり、鼻緒も単なる装飾にすぎなかったためであったとみれば理解できる。滑石製下駄のなかでは例外的存在である鏡山古墳出土の二足の下駄の前緒穴が、左右に片寄っているのは、逆に実用品である木製下駄を模したためであると考えられる。それは、他の滑石製下駄が卵形を呈しているのに対し、この二点の滑石製下駄だけが、木製下駄に近い隅丸の長方形を呈していることからも証される。このように、わが国の木製下駄が、中国の下駄とは異なる展開を遂げていったのは、後に述べるように、下駄をはいて走り廻ったり、下駄の歯で板や床などを踏み鳴らし音を立てたりする祭祀品として使用することを前提にしていたためと考えられる。

遺跡から出土した下駄には、前緒穴（前壺）が中央に位置するものと、右か左のどちらかに片寄って穿たれているものの三種がある。なぜ、前緒穴が左右に片寄っているのか。それは、下駄の前緒を挟む母指と第二指の位置が、右足ならば左に、左足ならば右に片寄っているため、その足の構造にあわせて、前緒穴の位置を決めたためである。遺跡から出土する下駄を通観すると、前緒穴が左右どちらかに片寄った下駄は、九世紀前半には姿を消す。これに対して、前緒穴が中央に位置する下駄は、八世紀中頃に出現し、今日まで続いている。

それにしても、なぜ、奈良時代から平安時代初頭にかけての時期に、前緒穴が、左右に片寄ったものから、中央に位置するものへと変化したのであろうか。それは、下駄の使用者や使用法が変化したためと考えられる。すなわち、十世紀後半以降、「あしだ」の語が、『空穂物語』や『枕草子』・『栄華物語』などにしばしば登場することからも知られるように、下駄が、祭祀だけでなく、いまだ限られた階層の人々ではあったが、日常的に使用されるようになったためと考えられる。それでは、なぜ、日常的なはきものになれば、前緒穴の位置が変化するのであろうか。これもまた難しい問題であるが、前緒穴が片寄っていると、足を前方へ運ぶとき、下駄の重量が不平衡に足にかかるので、歩きにくい[38]。これは、著者が、実際に前緒穴の片寄った下駄を製作し、はいた経験からもいえることである。祭祀のような特別な場合は別にして、このような前緒穴の片寄った下駄を日常的に長時間はくことになると、非常に疲れることになる。このため、力学的にも理にかなない、長時間の歩行にも疲れない前緒穴の位置、すなわち、中央に穿つようになったと、私は考えている。

遺跡から出土した下駄

全国各地の遺跡から出土した古墳時代から江戸時代までの下駄は、現在では五千点を超えるのではないかと考えられる。とくに、江戸時代の大都市であった江戸や大坂・堺などの近世遺跡からは、一遺跡で何十点、ときには何百点もの下駄が出土するのである。ところが、これだけ数多くの下駄が出土しているにもかかわらず、一足、すなわち、両足揃って出土した例は、わずか一〇例になるかならないかという程度なのである。

古墳に副葬された金銅製飾履《かざりぐつ》や滑石製下駄は、すべて左右一足揃って出土しているのに、なぜ、古墳以外の遺跡から出土する木製下駄は、片方、いわゆる半足しか出土しないのであろうか。これは、大変難

28

29

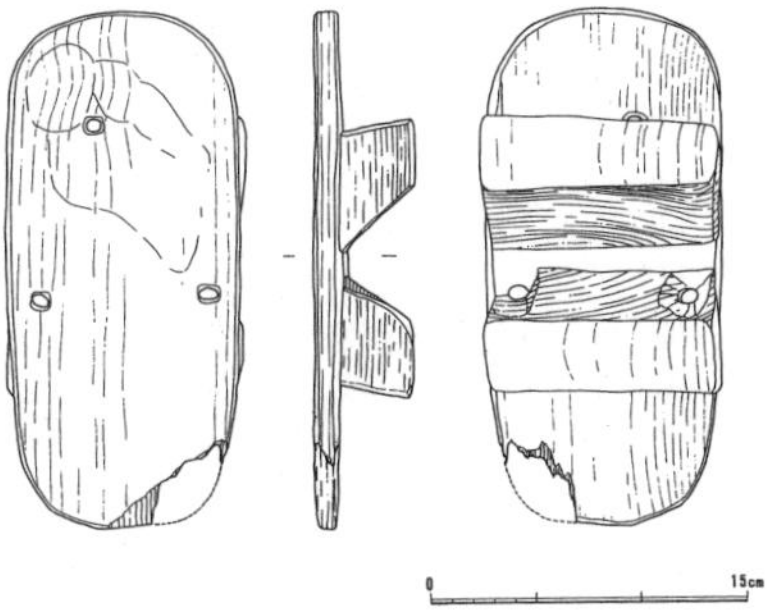

30

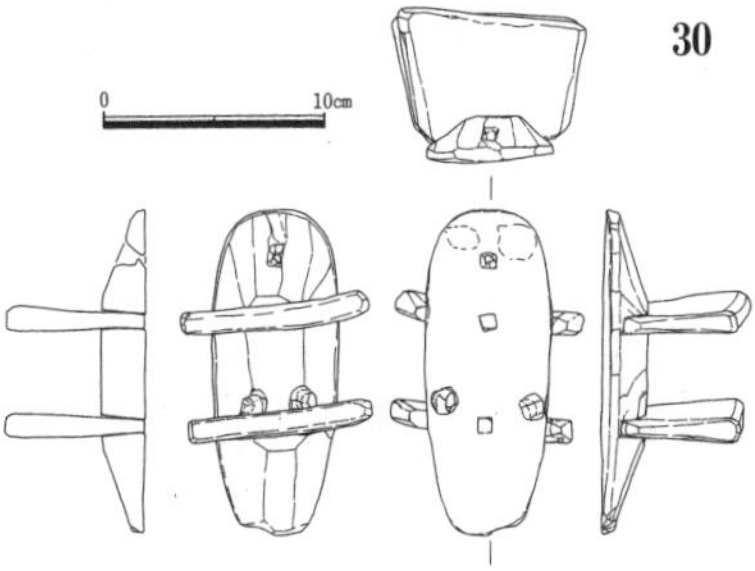

28　滋賀県内から出土したさまざまな種類の下駄
29　連歯下駄実測図　滋賀県守山市・欲賀西遺跡出土（『欲賀西遺跡発掘調査報告書』より）
30　露卯下駄実測図　滋賀県蒲生郡安土町・観音寺城下町遺跡出土（『観音寺城下町遺跡・上出B遺跡・老蘇遺跡』より）

しい問題であるが、基本的には、金銅製飾履や滑石製下駄は、死者の来世の生活に必要な道具として供えられた使用を目的としない明器であったため、一足揃って副葬されたが、木製下駄は、現実世界で祭祀品として実際に用いるはきものであったため、片方しか出土しないのではないかと、私は考えている。

それでは、祭祀品であれば、なぜ、片方しか出土しないのであろうか。これについては、二つの理由が考えられる。一つは、祭祀に使用するときは両足揃って使用していたが、廃棄するときは、そのうちの片方の下駄のみを他の祭祀品と一緒に捨て、もう片方の下駄は、別の方法で、別の場所に捨てたとするものである。もう一つは、最初から片方の下駄しか使用しなかったので、当然、片方しか出土しないとするものである。このどちらが正しいかはいちがいにいえないが、一般に、祭祀に使用した遺物は、のちに述べるように、一括して廃棄するのが通例であるから、片方の下駄だけを別の方法で処分することは考えにくく、もともと片方の下駄しか使用しなかったと考えるのが妥当であろう。下駄を片方しか使用しなかったのは、わが国では、カミの姿を「一ツ目・一本足」と考えていたことと関連があるのではないかとも考えられるが、これは、下駄の使用法ともかかわる難しい問題であり、今後の大きな研究課題である。

古墳に副葬された滑石製下駄は、遺跡から出土する木製下駄よりも概して小さい。これは、明器《めいき》という性格に加え、滑石という材質に制限された面が大きいことはいうまでもないであろう。しかし、それにしても、鏡山古墳出土の三足の滑石製下駄は、一二・一センチ、一一・六センチ、九・〇センチと、現時点で長さが知られている滑石製下駄よりもはるかに小さいのである。このような小さな下駄は、木製の下駄にも存在する。何センチ以下ならば小さい下駄というのかはむつかしいが、女性がはく下駄よりもさらに小さい一五・〇センチ以下の下駄を、ここでは一応小型下駄とよぶことにする。これら小型下駄は、その大きさからみて子供しかはくことができないので、一般には子供用下駄とされている。子供が老人とともに聖なる人物であったことは、現在でも子供が神主となったり、憑坐《よりまし》として神馬に乗って練り歩いたりすることからもうかがえる。遺跡から出土する木製下駄も、通常の大きさの下駄とおなじく使用痕があることから、これら小型下駄が、カミの代理者となった子供が実際に使用したことは十分考えられる。しかし、小型下駄のなかには、しっかりと歩いてなんらかの動作が十分できる年齢の子供の足よりも小さく、子供でもはけないのではないかとおもわれるような小さな下駄もある。このような小さい下駄も含めて、小型下駄をどのような人物がはいていたのかは、きわめて興味ある問題である。後に詳しく述べるが、これらの小型下駄は、子供だけでなく、侏儒《しゅじゅ》とよばれた小人がはいていたのではないかと私は考えている。いずれにしても、大人すら裸足で生活していた時代に、子供が日常的にはきもの（下駄）をはいていたとはとても考えられないので、これらの小型下駄は、カミマツリなどに際し、使用したものとみるのが妥当である。

発掘調査された遺跡、より正確にいうならば、溝や旧流路・土坑（ゴミ溜め）・井戸・池・包含層などの遺構から出土する下駄には、単独で出土するものもあるが、その多くは、他の遺物をともなって出土する。下駄とともに出土したこれらの遺物が、どのような性格をもつかが明らかになれば、下駄の性格もおのずと明らかになるのではないかと私は考えている。そこで、以下、下駄とともに出土した遺物（ここでは、特別の場合を除き、つい最近まで民間信仰などに使用され、その性格も比較的判断しやすい木製品に限った(39)）について、できうる限り、その性格を明らかにしてゆくことにする(40)。

下駄とともに出土した遺物は多種多様で、しかも、時代により、その内容も異なるが、出土した遺物を詳細に観察すると、大きく次の四グループに分けることができる。第一のグループは、人形(41)・刀形(42)・剣形(43)・鏃形(44)・刀子形(45)・馬形（土馬）(46)・船形(47)・陽物形(48)など、いわゆる形代《かたしろ》とよばれるものと、斎串(49)・呪符木

下駄出土遺跡一覧表

遺跡名	所在地	時代	遺構	前壺	共伴遺物
青森県					
浪岡城跡(IV)	南津軽郡浪岡町	16〜17C	堀	不明	漆椀、折敷、箸状木製品、ヘラ、桶、曲物、陽物状木製品、塔婆、棒状木製品、建築材
岩手県					
落合II遺跡	江刺市	9〜10C	旧流路	右	墨書土器、コロバシ、槌の子、木簡、鍬未製品、竪杵、横槌、紡錘車、曲物、槽、漆椀・皿、瓢箪、漆付着土器
柳之御所跡	西磐井郡平泉町	12C	井戸	中央	折敷、漆椀・皿、扇、墨書木片、刀子柄、クルミ、モモ
		12C	井戸	中央	呪符木簡、ヘラ状木製品、箸状木製品
志羅山遺跡14次	西磐井郡平泉町	12C	井戸	中央	曲物、漆椀、折敷、箸状木製品、扇、刀形、羽子板状木製品
			中央		
			中央		
			中央		
宮城県					
新田遺跡11次	多賀城市	13〜14C	溝	中央	糸車、曲物、柄杓、箸状木製品、漆椀・皿、将棋の駒、板草履、杭、鉄滓、建築材
			中央		
山王遺跡第9次	多賀城市	10C	井戸	中央	土錘、槌の子、斎串、横櫛、弓、曲物側板、木地椀、彫像、鉄刀子
多賀城跡60次	多賀城市	9C	井戸	右	各種の柄、横槌、ヘラ、火鑽臼、漆椀・皿、木地皿、曲物、箸状木製品、栓、横櫛、刀子形、樹枝、モモ・クルミ・クリ・ヒョウタン
多賀城跡61次	多賀城市	9C	包含層	中央	鎌柄、横槌状木製品、ヘラ、曲物底板、木地椀・皿、箸状木製品、斎串、横櫛、木簡
				中↓右	蓆状・簀状編物、塊、土錘
山形県					
藤島城跡2次	東田川郡藤島町	15〜16C	井戸	中央	横槌、ヘラ、曲物底板、漆椀、箸状木製品、折敷、横櫛、板草履、木札
群馬県					

遺跡名	所在地	時代	遺構	前壺	共伴遺物
日高遺跡	高崎市	8〜9C	溝	中央	墨書土器、曲物、木地椀・皿、斎串、馬歯、馬骨
小町田遺跡	太田市	9C〜	溝	中央	ヘラ状木製品、把手状木製品、火鑽臼、曲物、折敷、木地皿、檜扇、建築材
千葉県					
郡遺跡	君津市	5〜7C	溝	右	槌の子、鎌柄、鍬、ヘラ、田下駄、曲物底板、漆盤、槽、人形、刀形、鳥形、火鑽臼
				右	棒状木製品、建築材
神奈川県					
北条小町邸跡	鎌倉市	13〜14C	溝	―	ヘラ状木製品、把手状木製品、曲物底板、漆椀、箸状木製品、杓子、鳥形木製品？
蔵屋敷遺跡	鎌倉市	14〜15C	井戸	不明	曲物、漆椀・皿、箸状木製品、ヘラ、折敷、火鑽臼、木製敷物、板草履、瓦、下駄の歯
千葉地東遺跡	鎌倉市	13C	土坑	不明	ヘラ、曲物底板、漆皿、横櫛、板草履、骨製笄、小刀茎、石鍋、銅銭
		13C	土坑	中央	ヘラ、折敷、木札、糸巻、琴柱状木製品、組物部材、銅銭
		13C	土坑	中央	ヘラ、刷毛、曲物底板、漆皿、漆塗蓋、横櫛、漆塗鹿角製品、舟形木製品
新潟県					
一之口遺跡東地区	上越市	10〜11C	旧流路	中央	槌の子、曲物底板、曲物蓋板、火鑽棒、檜扇
				中央	
		11C	旧流路	中央	槌の子、横槌、曲物、木地椀・皿、柄杓（身は瓢箪）、火鑽棒、舟形、ミニチュアの偶、檜扇、物差し
富山県					
荒畑遺跡	射水郡大島町	8C	溝	右	墨書土器、漆塗杯、編板、腰当て、斎串、鉄滓、馬歯、瓦、土錘
井口城跡	東礪波郡井口村	14〜15C	溝	不明	槌の子、ザル、箸状木製品、焼け焦げた板状木製品、呪符木簡、ヒョウタン、竹、左撚りの縄
石川県					
水白モンショ遺跡	鹿島郡鹿島町	12〜13C	土坑	中央	コロバシ、鍬柄、漆皿、曲物側板、箸状木製品、ヘラ状木製品、笹塔婆、建築材、下駄の歯
				中央	

遺跡名	所在地	時代	遺構	前壺	共伴遺物
上町カイダ遺跡	鹿島郡中島町	13～14C	溝	中央	木札状木製品、杓子、折敷、曲物底板、棒状木製品、板材、漆皿、下駄の歯
		13～14C	溝	不明	曲物底板、箸状木製品、舟形木製品、棒状木製品、板材、下駄の歯
		13～14C	溝	中央	曲物、ヘラ状木製品、栓、刀形、舟形木製品、指物、横櫛、漆皿、下駄の歯
長野県 千沢城下町遺跡	茅野市	15C	井戸	不明	曲物底板、漆椀、箸状木製品、木札状木製品、建築材、樹枝、竹、モモ、石臼
		14～15C	溝	不明	ヘラ、曲物、箸状木製品、棒状木製品、木札状木製品、建築材、柿経
静岡県 駿府城三の丸跡（H5）	静岡市	15～16C	溝	中央	木簡、漆椀、漆塗り杓子、曲物底板、箸状木製品、陽物状木製品、櫛、塔婆、織機部材
				中央	糸巻き
				―	
雌鹿塚遺跡（II）	沼津市	3C	包含層	不明	木製鋤・鍬、竪杵、臼、横槌、田下駄、布巻具、腰当て、カセ、木製高杯、杓子、火鑽臼、鳥形、剣形、舟形、陽物、高床建築材
祝田遺跡（I）	引佐郡細江町	12C	井戸	中央	墨書土器、工具の柄、箸状木製品、竹籠、墨書土器、布目瓦
城山遺跡	浜名郡可美村	8～9C	包含層	不明	鎌柄、手斧柄、刀子柄、横槌、糸巻き、曲物、丸木弓、斎串、人形、舟形、馬形、呪符木簡
				左	墨書人面土器、土馬、手捏土器
御殿・二之宮遺跡6次	磐田市	8～9C	旧流路	左	鋤、鍬、鎌柄、槌の子、曲物、木地椀・皿、斎串、人形、馬形、舟形、鳥形、刀形、刀子形
				右	陽物、櫛、有頭棒、建築材、布目瓦
				右	
				中央	
				中央	
				中央	

遺跡名	所在地	時代	遺構	前壺	共伴遺物
恒武山ノ花遺跡	浜松市	5C	大溝	不明	鍬、鋤、大足、鎌・斧柄、竪杵、横槌、槌の子、曲物、槽、盤、籠、釣瓶、織機部材
				不明	建築部材、杓文字、ヘラ、火鑽杵・臼、竪櫛、剣・刀・弓・鏃・舟形、太刀柄頭、鞘尻、琴柱、石製模造品、ガラス勾玉・小玉
内荒遺跡	静岡市	9～10C	包含層	(左)	曲物、漆椀、木地皿、箸状木製品、杓子状木製品、横櫛、横槌、陽物形、剣形、刀形
				右	斎串、木簡
愛知県 岩倉城遺跡	岩倉市	15～16C	溝	中央	仏像、彫像、獅子頭、桶側板、曲物底板、折敷、漆椀、ヘラ、箸状木製品、杓子、柄杓
				中央	茶筅、横櫛、呪符木簡、刀形
朝日西遺跡	西春日井郡清洲町	15～16C	溝	中央	彫像、鳥形、ヘラ、曲物
		16～17C	溝	中央	曲物、桶底板、折敷、漆椀、箸状木製品、杓子、匙、栓、擂粉木、楔、香合、位牌、板塔婆
				中央	柿経、横櫛、独楽
				中央	
				中央	
清洲城下町遺跡(II)	西春日井郡清洲町	16～17C	溝	中央	曲物、桶、折敷、漆椀、箸状木製品、栓、柿経、横櫛、剣形、刀形、鳥形、火付木
吉田城遺跡(II)	豊橋市	18C	井戸	中央	樽上板、曲物底板、柄杓、漆椀、箸状木製品、木箱、傘、盆、箒、建築材(一部炭化)
				中央	
				中央	
				中央	
				中央	
山崎遺跡	渥美郡田原町	6～8C	池	左	鍬、鋤、竪杵、臼、横槌、エブリ、斧柄、刀子柄、ヘラ、槌の子、編み板、紡織具、櫂
				左	曲物、箱、丸木弓、斎串、刀形、剣形、舟形、建築材、鞍、壺鐙
				左	

遺跡名	所在地	時代	遺構	前壺	共伴遺物
				左	
				右	
				中央	
三重県					
橋垣内遺跡A地区	津市	6C	旧流路	不明	木製鋤、竪杵、槽、斎串、陽物、建築材、手捏土器、滑石製有孔円板
杉垣内遺跡	松阪市	8～9C	旧流路	左	槌の子、曲物、杓子、斎串、人形、馬形、刀子形、陽物、横櫛、糸巻き、木簡、土偶、手捏土器、建築材
滋賀県					
北大津遺跡	大津市	7～8C	溝	右	音義木簡、木剣、コテ状木製品、横櫛
上高砂遺跡	大津市	8～11C	旧流路	左	曲物底板、斎串、人形、舟形
				中央	
南滋賀遺跡54-2	大津市	9～9C	包含層	左	木沓、陽物形
				右	
湖西線関係遺跡IIH区	大津市	6C	旧流路	左	鋤、鎌柄、槌の子、浮き状木製品、横櫛、斎串、刀子形、杵形
湖西線関係遺跡VD区	大津市	7C	大溝	右	浮き状木製品、コテ状木製品、斎串、横櫛、櫂
		6C	溝	右	浮き状木製品、曲物蓋、曲物底板、横櫛、斎串
				左	
阿比留遺跡	守山市	6C	旧流路	不明	盤、横槌、弓、鞘、櫂、糸巻き、陽物、大量の刀形、琴
				左	
				右	
				右	
赤野井湾遺跡	守山市	6～7C	旧流路	(右)	刳り物椀、弓、舟形、火鑽臼、案、盤、土製人形、製塩土器
光明寺遺跡	野洲郡中主町	8C	包含層	左	曲物底板、盤、斎串、機織具、田下駄、丸木舟
西河原森ノ内遺跡	野洲郡中主町	7C	溝	不明	鎌柄、横槌、盤、曲物、柳箱、斎串、舟形、木簡
		7C	溝	左	曲物、小机、竪櫛状木製品、木簡
		7～8C	包含層	右	竪杵、鋤、鞍、櫂、矛形、琴柱
奥松戸遺跡	坂田郡近江町	6～8C	落ち込み	右	斎串、刀形、木包丁、木地椀
鴨田遺跡	長浜市	4～5C	沼沢地	左	鋤、ヤリガンナ柄、盤、刀子形、木弓、鍬

遺跡名	所在地	時代	遺構	前壺	共伴遺物
京都府 鹿苑寺庭園	京都市	15C	池	中央	修羅、槌の子、曲物、漆椀、折敷、箸状木製品、杓子状木製品、匙状木製品、斎串、人形、刀形、剣形、陽物、傘轆轤、鳴鏑
内善町遺跡	京都市	16C	池状	中央	曲物、桶、箸状木製品、刀形、棒状木製品、板状木製品、木製紡錘車
		17C	土坑	中央	曲物底板、桶底板(墨書)、柄杓、箸状木製品、杵、糸車、糸巻き、彫像、魚状木製品、板状木製品
		17C	土坑	中央	付札、曲物、桶側板、箸状木製品、折敷、釣瓶、糸車、傘轆轤、羽子板、板状木製品、棒状木製品
平安京左京八条三坊	京都市	9C	旧流路	不明	木簡、人形、横櫛、曲物底板、漆の付着したへラ、木地大皿、火付け棒、石帯、土偶、木沓
平安京右京八条二坊	京都市	9C	旧流路	不明	墨書土器、人面墨書土器、土馬、土錘、曲物、漆椀・皿、木地椀・皿、箸状木製品、杓子状木製品、柄杓柄、籠、寄木、建築材、漆の付着したへラ・板・桶・刷毛、糸巻、浮き、櫛、檜扇、木沓、斎串、刀形、刀子形、人形、独楽、物指、題箋、絵巻軸、銭貨
高速鉄道烏丸線内遺跡	京都市烏丸出水上ル	16~17C	土坑	中央 中央	漆椀・皿・蓋、曲物、へラ状木製品、箸状木製品、匙状木製品、糸巻、栓、木製灯架 鳥形(玩具?)、棒状木製品
三條西殿跡	京都市	15~16C	側溝	中央 中央 中央 中央	巡礼札、柿経、漆椀、柄杓、曲物、栓、楔状木製品、槌の子、木槌、木毬
		15~16C	土坑	中央	漆椀、折敷、へラ(漆付着)、箸状木製品(一部漆付着)、横櫛、楔状木製品
鳥羽離宮跡	京都市	12C	側溝	中央 中央	漆椀、人形、檜扇、横櫛、陽物形、木毬
中久世遺跡	京都市	6~7C	旧流路	左 左	

遺跡名	所在地	時代	遺構	前壺	共伴遺物
長岡京右京105次	長岡京市	13C	井戸	中央	呪符木簡、曲物底板、箸状木製品、板状木製品、木札
長岡宮北辺官衙	向日市	8C	溝	右	人形、斎串、刀形、曲物底板、曲物蓋、杓子状木製品、箸状木製品、木地皿
石本遺跡	福知山市	6C	溝	左	木製鋤・鍬、竪杵・横杵、槌の子、斧柄、鎌柄、丸木弓、木製鞍、衿、刀子形、馬形、舟形
				左	横櫛、火鑽臼、木製盤、ヘラ状木製品、木製容器蓋、建築材
				左	
定山遺跡4次	与謝郡岩滝町	6～7C	沼状落込み	左	竪杵、槌の子、叩き板、曲物底板、杓子状木製品、火鑽臼、棒状木製品、モモ
下畑遺跡	与謝郡野田川町	12～13C	井戸	中央	曲物底板、漆椀・皿、箸状木製品、杓子状木製品、トチ、クルミ
古殿遺跡	中郡峰山町	12～13C	溝	中央	曲物、曲物蓋、箸状木製品、糸車、ヘラ状木製品、棒状木製品、尖頭棒
大阪府					
大蔵司遺跡	高槻市	8C	溝	左	鎌・錐柄、曲物、木盤、折敷、漆椀、木簡、木札、斎串、人形、刀形、鏃形、鋤形、横櫛、檜扇、木沓、楔、火付木、棒状木製品(焦痕)
		8C	旧流路	左	横杵、竪杵、糸巻、槽、箸状木製品、鳥形、棒状木製品、火付木
河合遺跡	松原市	8C	溝	中央	横槌、斧柄、木盤、曲物蓋・底板、方形曲物蓋(鳥の墨書)、人形、横櫛
				左	棒状木製品(両端焦痕)、モモ・ヒョウタン、馬の顎骨
高井田遺跡III	柏原市	7C	谷	右	糸巻、曲物蓋・底板、木盤、斎串、剣形、杓子形、匙形
				左	
				左	
				左	
				左	
				右	
				左	
				左	

遺跡名	所在地	時代	遺構	前壺	共伴遺物
北新町遺跡3次	大東市	12～13C	池	不明	槌の子、球状木製品、木毬、栓、曲物底板、折敷、漆椀、柄杓の柄
若江遺跡32次	東大阪市	16C	堀	中央 中央 不明	呪符木簡、付札、曲物、桶、漆椀・皿、折敷、箸状木製品、栓、柄杓、横櫛、紡錘車 ヘラ状木製品、刷毛状木製品
鬼虎川遺跡21次	東大阪市	12～13C	落ち込み	中央	木簡、人形、卒塔婆、刀形、ヘラ状木製品、板状木製品、馬歯、牛脊椎、モモ
三日市遺跡	河内長野市	15C	井戸	中央 不明	エブリ状木製品、漆椀、漆塗り板状木製品、板状木製品、箕枠、建築材、焼土、炭化物、土器・瓦類、木製品の多くは二次的に火を受ける
兵庫県					
堂田・八反長遺跡	姫路市	8～9C	旧流路	不明	鍬、鎌柄、大足、抒、布巻具、ヘラ、箸状木製品、杓子、斎串、剣形、陽物、火鑽臼
川除・藤ノ木遺跡	三田市	12C	井戸	中央	曲物底板、折敷、火鑽棒、火鑽臼、棒状木製品、板状木製品
山垣遺跡	氷上郡春日町	8C	堀	右	鋤、鍬、竪杵、横槌、槌の子、馬鍬、エブリ、紡輪、ヘラ、刷毛、木針、斎串、人形、鳥形、琴、羽子板、独楽、火鑽臼、箸状木製品、木印
奈良県					
平城京右京三条三坊八坪	奈良市	9C	井戸	中央	瓢箪の柄杓
平城京東市跡4次	奈良市	8～9C	溝	不明	木簡、斎串、人形、ヘラ状木製品、刀子鞘、竪杵、檜扇、木製盤、曲物底板、折敷、棒状木製品
岡山県					
鹿田遺跡5次	岡山市	11C	土坑	中央	曲物、杓子、箸状木製品、漆椀、瓢箪、炭、灰、炭化米
広島県					
吉川元春館跡1次	山県郡豊平町	16C	溝	不明	曲物側板、柄杓、桶、折敷、漆椀・皿、箸状木製品、横櫛、傘、ヘラ、楔、鞘、杓子状木製品、柿経、荷札、蝿叩(呪符)
		16C	溝	不明	漆椀・皿、折敷、箸状木製品、栓、荷札

遺跡名	所在地	時代	遺構	前壺	共伴遺物
		16C	土坑	不明	桶、折敷、栓、箸状木製品、荷札、有孔円板、楔
山口県					
東禅寺・黒山遺跡	山口市	9〜10C	井戸	中央	鍬、曲物、槌の子、板状木製品、杭、樹枝
周防国府跡(S53)	防府市	11〜13C	溝	中央	漆椀、折敷、柄杓、箸状木製品、槌の子、有孔円板、付札、鉤状木製品、扇、火鑽臼、陽物、糸巻
徳島県					
中島田遺跡	徳島市	15〜16C	旧流路	不明	曲物底板、漆椀、ハケ状木製品、柄杓、柿経、木札(呪句墨書)、刀形、竹製矢(鉄鍬符装)
香川県					
東山崎・水田遺跡	高松市	17C	溝	不明	紡織具、曲物底板、折敷、漆椀、箸状木製品、木簡、呪符木簡、楔、木札
下津川遺跡	坂出市	6〜7C	旧流路	右	犂、鋤先、竪杵、横槌、斧、ノミ柄、刀子柄、槌の子、大型ヘラ状品、方形・円形刳物
				左	横櫛、舟形、刀子形、琴柱、陽物、独楽、鐙
				左	
				左	
		6〜7C	旧流路	不明	横槌、槌の子、紡輪、人形、馬形、大型ヘラ状品、横櫛、鞍、鐙、棒状木製品
愛媛県					
来住廃寺15次	松山市	6〜7C	旧河道	左	横槌、槌の子、経巻具、曲物側板、把手付容器、木簡状製品、斎串、木鏃、壺鍾
				左	
福岡県					
太宰府跡33次	筑紫郡太宰府町	13C	大溝	中央	杓子、ヘラ状木製品、箸状木製品、呪符木簡、刀形、木毬、鼓胴、絵馬
				中央	
				中央	
				中央	
太宰府跡78次	筑紫郡太宰府町	13C	園池	中央	板塔婆、笹塔婆、卒塔婆、木鉢、香具、漆椀・皿、箸状木製品、杓子状木製品、杓子
				中央	羽子板状木製品、木毬

遺跡名	所在地	時代	遺構	前壺	共伴遺物
太宰府跡109・111次	筑紫郡太宰府町	14C	溝	中央 中央 中央	漆椀・皿、杓子状木製品、槌の子、木毬、毬杖、独楽形木製品、陽物状木製 亀甲形・蓋形・有孔・円形木版
太宰府跡119次	筑紫郡太宰府町	11C	溝	中央 中央 中央 中央 中央	卒塔婆、折敷、木地皿、糸巻、竪櫛、扇、舟形、刀形、独楽形製品、木毬、摺子木
太宰府跡130次	筑紫郡太宰府町	14C	溝	中央 中央 中央	漆椀、箸状木製品、ヘラ状木製品、木毬、宝珠状木製品、円板状木製品
太宰府跡163次	筑紫郡太宰府町	17〜18C	池状	中央 中央 中央	曲物底板、樽底板、漆椀、匙、ヘラ状木製品、刷毛、柄杓、杓子、耳掻、位牌、棒状木製品
松崎遺跡	朝倉郡夜須町	8〜9C	溝	中央 中央 不明	木簡、漆塗合子、浮き、槌の子、曲物底板、火鑽臼、舟形、横櫛
広ミ遺跡	八女郡広川町	6〜8C	溝状	右 右	槌の子、漆塗杓子、鎌柄、鍬形、建築材、土錘、手捏土器

(註) 本表は、当埋蔵文化財センターおよび(財)滋賀県文化財保護協会所蔵の報告書をもとに作成した下駄出土遺跡のリストから共伴遺物が比較的まとまって出土した遺跡をピックアップして掲載したものです。

簡[50]・墨書人面土器[51]など、一般に、祭祀品と考えられているもの、および、檜扇[52]・櫛[53]など、日常生活でも用いられているが、祭祀的要素のきわめて濃いものである。第二のグループは、鋤（柄）・鍬（柄）・鎌（柄）・手斧（柄）・刀子（柄）などの農工具。第三のグループは、臼・竪杵[54]・槽・盤・杓子[55]・ヘラ[56]などの酒造具。第四のグループは、横槌・槌の子[57]・糸巻き・布巻き具・腰当て・筬・刀杼・紡輪・カセ・タタリなどの紡職・機織具である。

下駄とともに出土した遺物を四グループに分けて、まず気づくことは、祭祀品、農工具、酒造具、機織具という四グループの区分けが、先に述べた古墳に副葬された滑石製模造品における区分けと、まったく同じであるということである。この一致が、単なる偶然であれば問題にすることはない。しかし、全国各地のさまざまな遺跡・遺構から出土した多種多様な遺物が、古墳に副葬された滑石製模造品の四グループとまったく同じ構成をとるというのは、単なる偶然とは思えない。そこで、私は、この一致が何を意味するのかを、次に問うてみることにする。

白石太一郎が述べているように、カミが食するコメをはじめとする御食《みけ》を育てるのに必要な道具として農工具があり、カミが飲む神酒を醸すのに必要な道具として酒造具があり、カミの着る神御衣を織るのに必要な道具として機織具があるならば、少なくとも、古墳時代以降のわが国のカミまつりは、農耕儀礼、酒造儀礼、機織儀礼の三種の儀礼がセットで行なわれていたことになる。近年、全国各地で、木製品を多量に出土する遺跡が発掘されているが、その際、斎串や形代などは、祭祀品として考察されるが、農工具や酒造具、機織具などは、祭祀品とはみなされず、実用品として使用されていたものが使い古されて祭祀品と一緒に廃棄されたものと解釈されている。しかし、出土品のなかに、斎串や形代などの祭祀品が含まれていれば、たとえそれら木製品が使い古されたものであったとしても、斎串や形代とおなじく祭祀に使用された祭祀具として取り扱うべきであるというのが私の考えである。

すなわち、鍬や鋤や鎌などの農工具が祭祀品とともに出土していれば、その農工具は、農耕儀礼に使用された儀器であり、また、杵や槽や盤などの酒造具が祭祀品とともに出土していれば、その酒造具は、酒造儀礼に使用された儀器であり、さらに、横槌や槌の子や糸巻きなどの機織具が出土していれば、その機織具は、機織儀礼に使用された儀器とみなすべきであると考えるのである。また、祭祀品と農工具・酒造具・機織具の四グループが揃っていれば、たとえ、そのグループ内の木製品が一点しか出土していなくとも、その一点で、それぞれのグループを表象するものとみなすのである。もちろん、セット関係となる遺物が多ければ多いほど望ましいが、わが国では、ある一つのもので、全体を表象するということが日常的に行なわれていることを考慮すると、祭祀の規模が小さかったり、簡略化されたりした場合、このように一つの遺物でグループ全体を代表しているとみなしても別に問題はないと、私は考えている。

このような考え方にもとづいて、弥生時代以降の木製品を概観すると、すでに弥生時代から祭祀品、農工具、酒造具、機織具の四セットを用いた祭祀が行なわれ、その祭祀が、形態を変えながらも近世まで継続したのではないかと思われる状況を呈しているのである。すなわち、弥生時代末期の静岡県沼津市雌鹿塚遺跡（II）では[58]、下駄は出土していないが、鳥形[59]・船形・剣形・陽物形・火鑽臼[60]などの祭祀品、鋤・鍬・田下駄などの農工具、竪杵・臼・杓子などの酒造具、布巻き具・腰当て・カセなどの機織具の四セットが揃って出土しているし、五世紀代の一括遺物としてきわめて豊富な木製品を出土した静岡県浜松市恒武山ノ花遺跡では[61]、下駄以外に、剣形・刀形・鏃形・船形・竪櫛・漆塗蓋・琴柱[62]・火鑽臼・火鑽杵などの祭祀品、鋤・鍬・大足・鎌柄・斧柄などの農工具、臼・竪杵・槽・盤・ヘラ・杓子などの酒造具、織機・布巻・糸巻・刀杼・タタリ・カセ・紡錘車・腰掛けなどの機織具と、四セットが、ほぼ完全ともいえる状

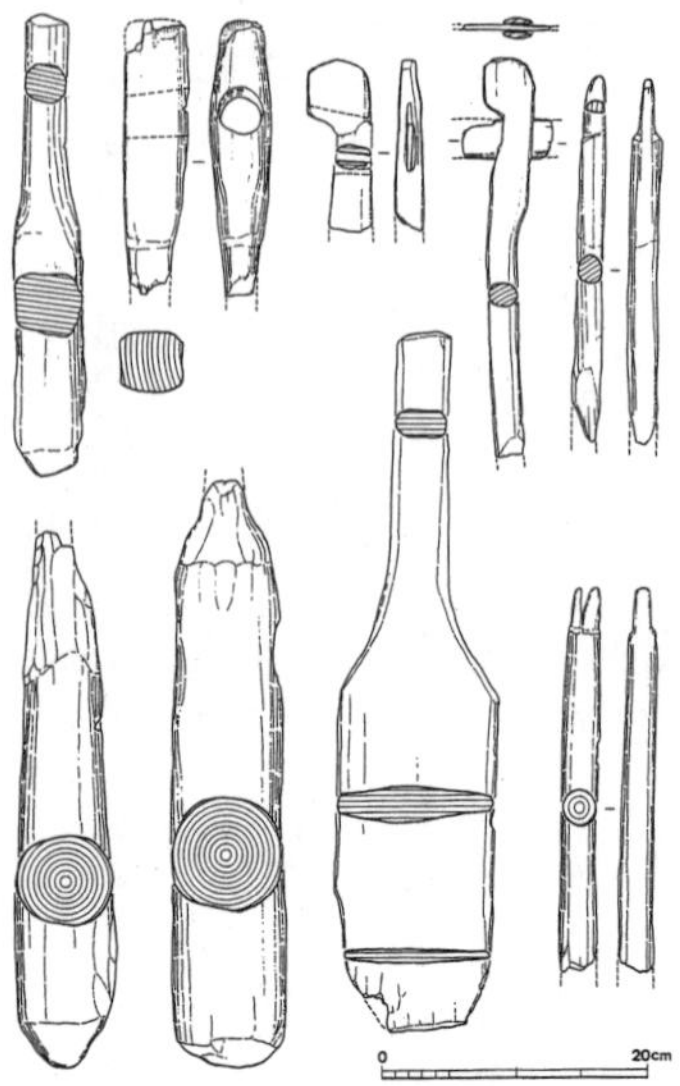

31b

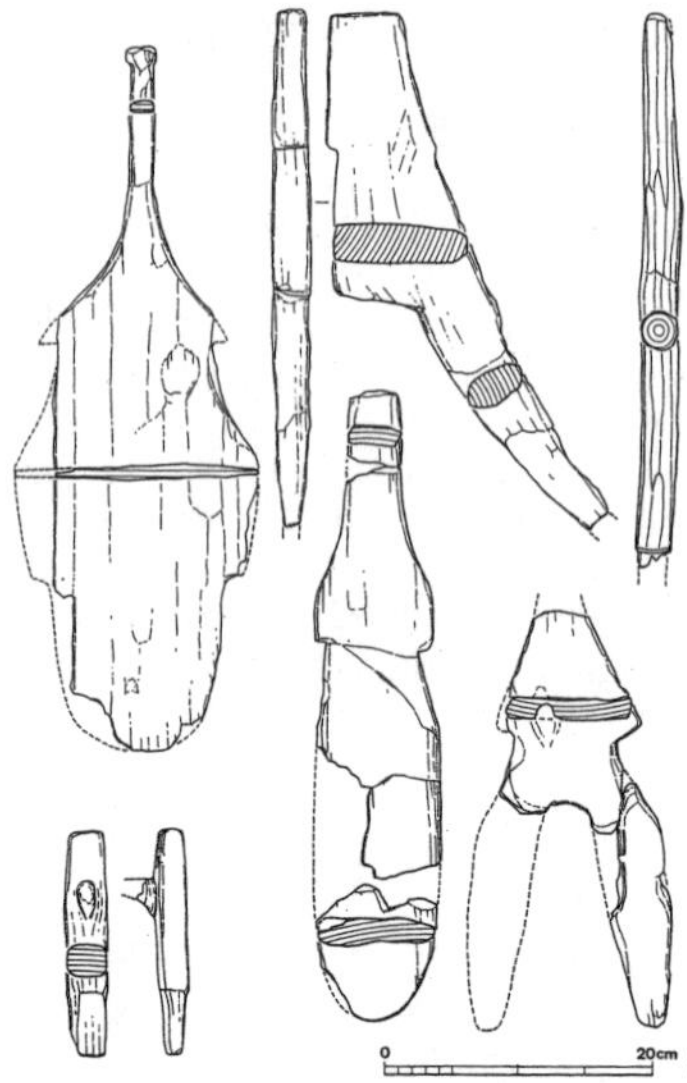

31a

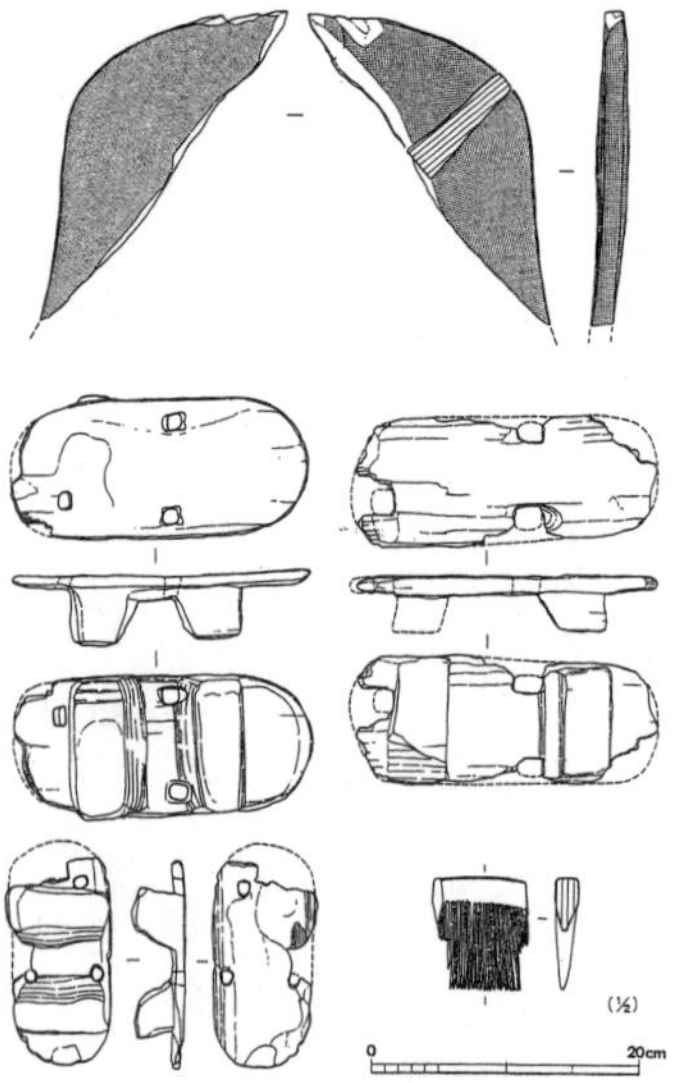

31d

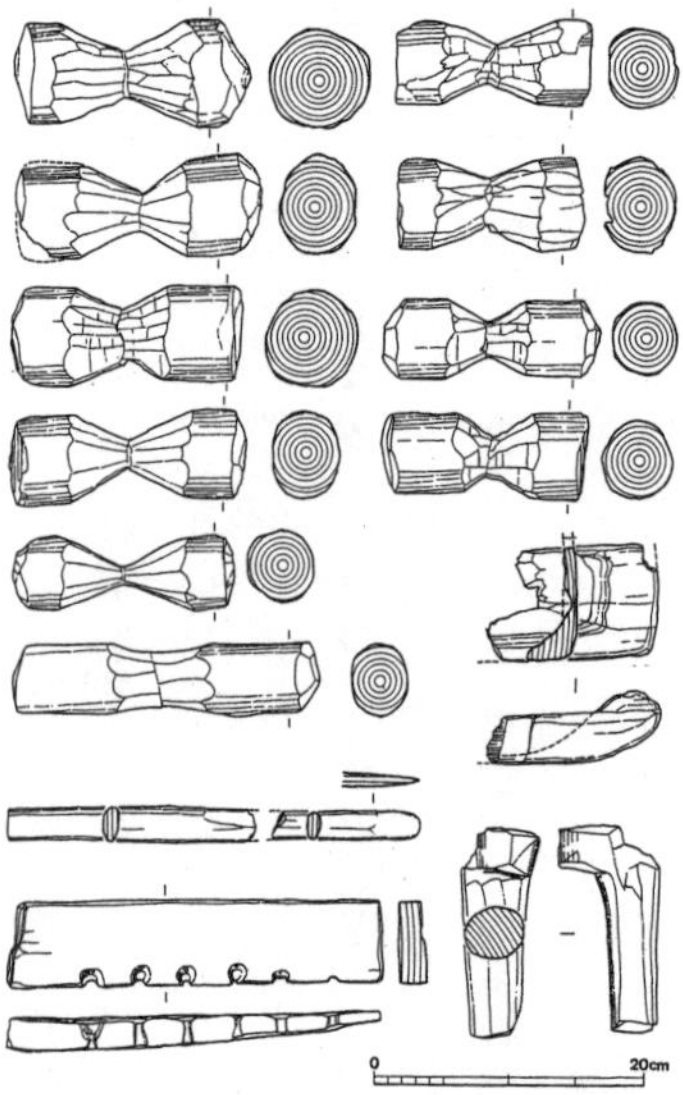

31c

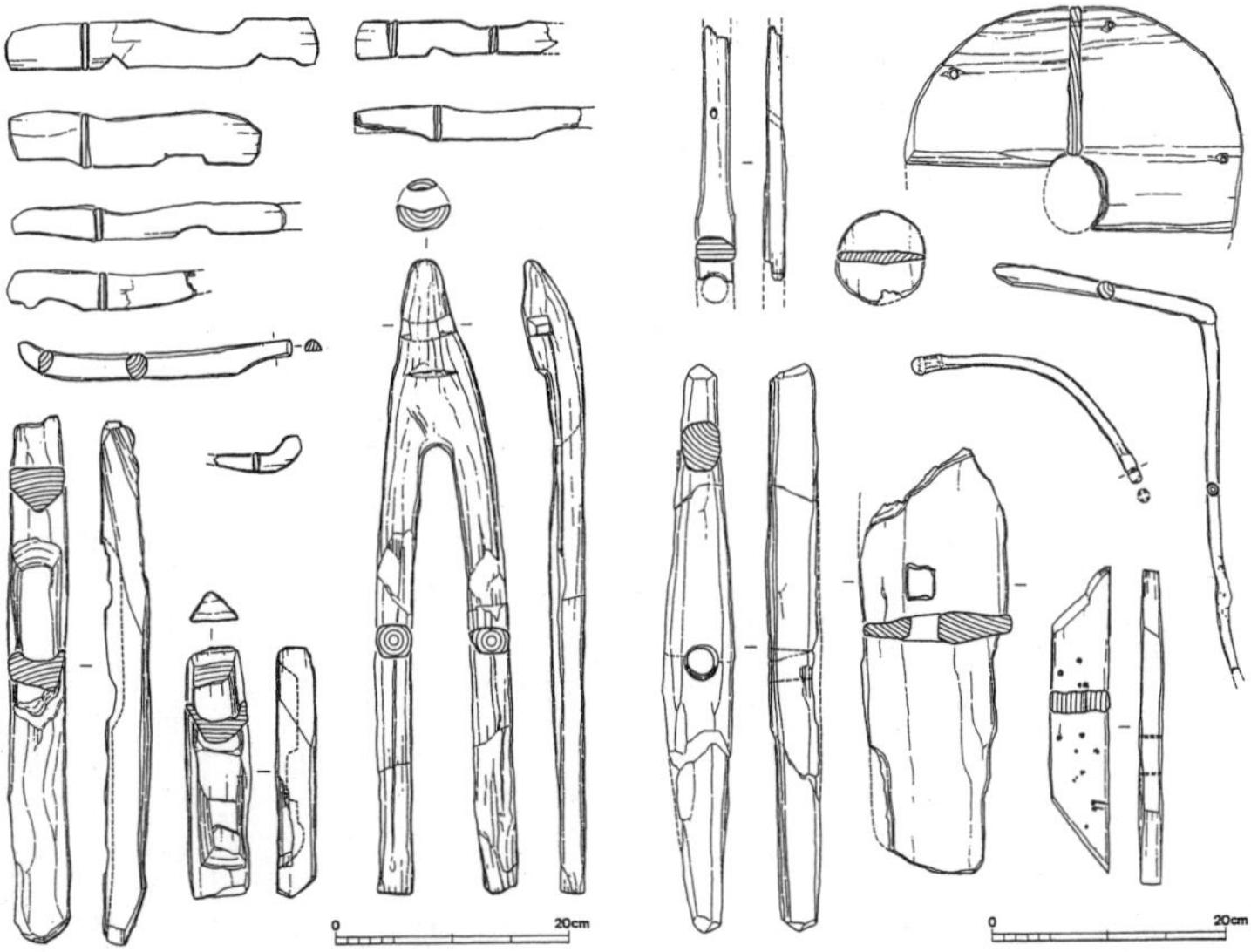

31 石本遺跡出土品実測図　京都府福知山市（『石本遺跡』より）

況で出土しているのである。また、京都府福知山市の六世紀代の遺跡である石本遺跡[63]でも、刀子形・馬形・船形・横櫛・火鑽臼・下駄などの祭祀品、鋤・鍬・鎌柄・斧柄などの農工具、竪杵・盤などの酒造具、槌の子・横槌・カセなどの機織具が揃って出土しているが、個々のグループ内の種類が少なくなり、祭祀形態が変化しつつあることを窺わせる。この傾向は、古墳に副葬された滑石製模造品が六世紀頃から変化するのと軌を一にするもので注目される。

七世紀代の遺跡で良好な木製品の出土地はないが、八世紀代では、斎串・人形・鳥形・琴・羽子板[64]・独楽[65]・火鑽臼・箸状木製品[66]・下駄などの祭祀品、鋤・鍬・馬鍬・エブリなどの農耕具、竪杵・ヘラなどの酒造具、槌の子・横槌・紡輪・木針などの機織具などが出土した兵庫県春日町山垣遺跡[67]がある。山垣遺跡の出土品で注目されるのは、農工具および酒造具の種類が著しく減少するのに対し、新たな祭祀品と思われる木製品、それも六世紀まではみられなかった箸状木製品や羽子板・独楽、さらには、性格不明の刷毛[68]といった木製品が新たに登場することである。このような傾向は、七世紀代に曲物・曲物底板・折敷・（漆）椀など従来の四グループのいずれにも該当しない木製品が出現するようになってから急速に広がり、八世紀にはほぼ一般化するのである。

とりわけ、平城京（宮）や平安京でその傾向は著しく、もはや、農工具とか、酒造具とか、機織具とかの区別がほとんど不可能な木製品が数多く出土するようになる。たとえば、平城宮内裏外郭東大溝（ＳＤ２７００）出土の木製品は、人形・刀形・鏃形・斎串・櫛・檜扇・下駄などの祭祀品、工具柄・刀子柄などの工具、糸巻・木錘などの機織具の三グループだけで、酒造品とみなしうるものは、杓子ぐらいしかみられないのである[69]。しかし、この杓子も考えようによっては、つぎに述べる饗応のための飯すくい用具とみられないこともなく断定しえない。また、工具に分類した刀子（柄）も、この頃には、魔除けとしての意味が強く意識されるようになることから、これも工具よりも呪具（祭祀品）として用いられた可能性を否定しえない。消滅する農工具や酒造具に代わって新しく登場してくるのが、曲物[70]・折敷[71]・漆塗り椀と皿[72]・挽物[73]・刳物[74]・匙[75]・箸状木製品などの神を饗応するための供膳具と思われる木製品のグループと栓[76]や刷毛・楔[77]といった性格の不明な木製品である。私は、これら新しく登場してくる供膳具は明らかに祭祀品と考えている。しかし、これら所属不明の木製品の祭祀的意味については十分明らかにしえない。なお、これら木製品の祭祀的性格については、注において概略を述べておいたので、それぞれの項を参照されたい。

いずれにしても、七世紀になると出土木製品の内容は徐々に変化してゆき、律令体制が整備されるにともない決定的となり、祭祀品、農工具、酒造具、機織具という四セットからなる祭祀形態（カミマツリ）は形骸化し、呪符木簡・墨書人面土器・羽子板・独楽・木毬[78]など、道教や陰陽道などの影響を受けたより呪術的要素の濃い祭祀形態へと変化していった。この傾向は律令体制が崩壊した十二世紀以降も、彫像[79]や各種の塔婆[80]など仏教的な木製祭祀品が新たに加わるだけで、基本的には継続されるようである。たとえば十五世紀に造営された鹿苑寺（金閣寺）の苑池から出土した木製品は[81]、斎串・人形・刀形・剣形・陽物形・曲物・箸状木製品・杓子状木製品・匙状木製品・鳴鏑[82]・傘轆轤[83]・下駄などの祭祀品や供膳具の他は、折敷・漆椀・槌の子・修羅[84]などで、修羅など数点を除けば、律令体制時の出土品とほとんど変わらないのである。

金閣寺の場合は、斎串や形代など、他の中世遺跡ではあまり出土しない古代的遺物が出土することから、特殊な例とされている。しかし、その古代的遺物こそ、支配階級中枢部内の祭祀（カミマツリ）が、古代から中世まで変わりなく連綿と続いていることを示す有力な証左なのである。出土木製品の基本的な組成が、古代・中世だけでなく、近世まで継続することは、愛知県清洲町の十六～十七世紀の遺跡である朝日

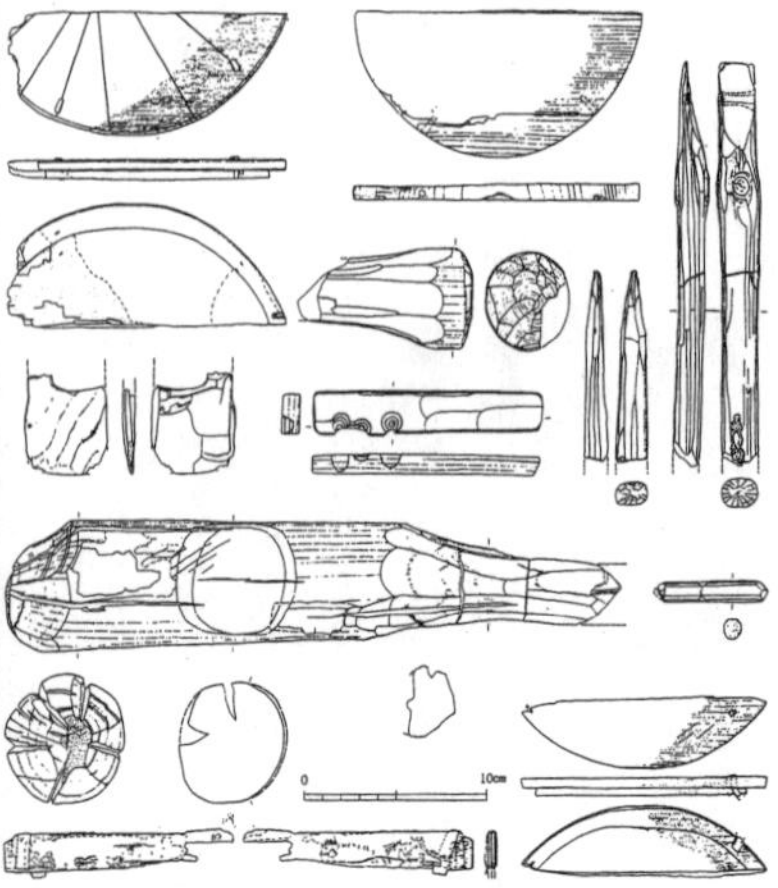

32b

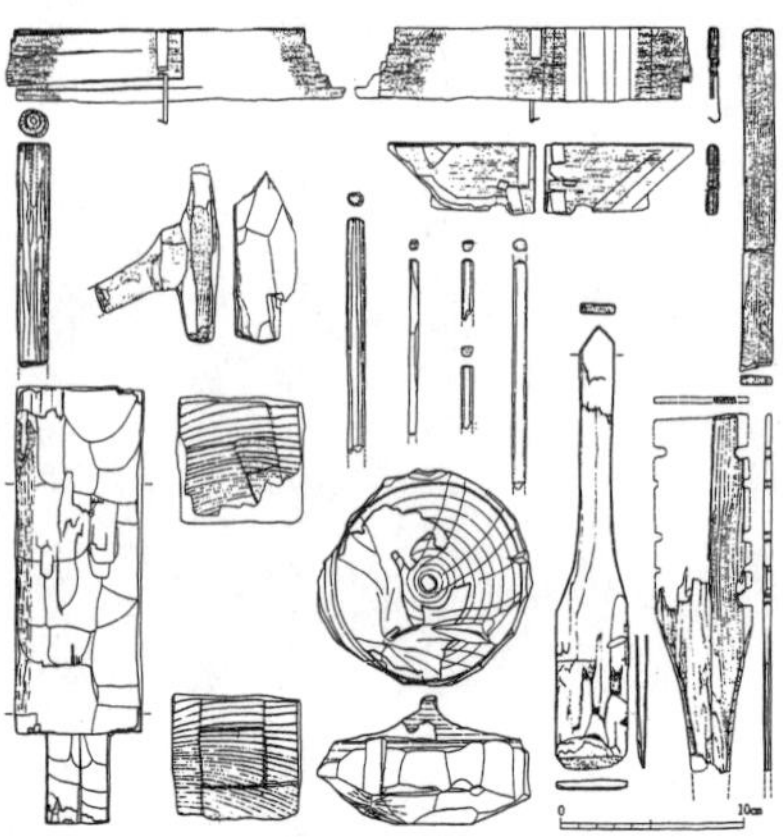

32a

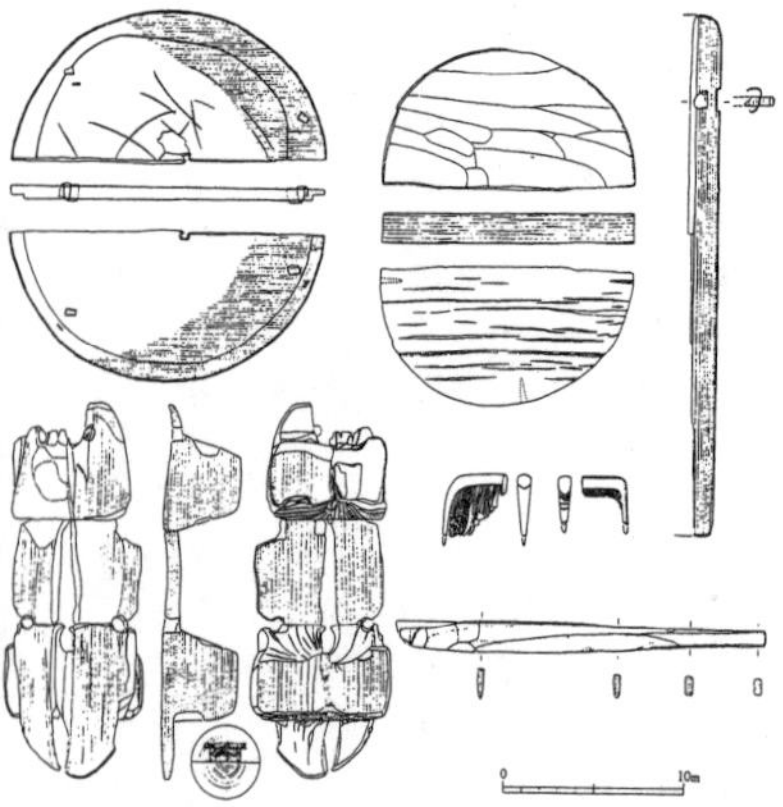

32d

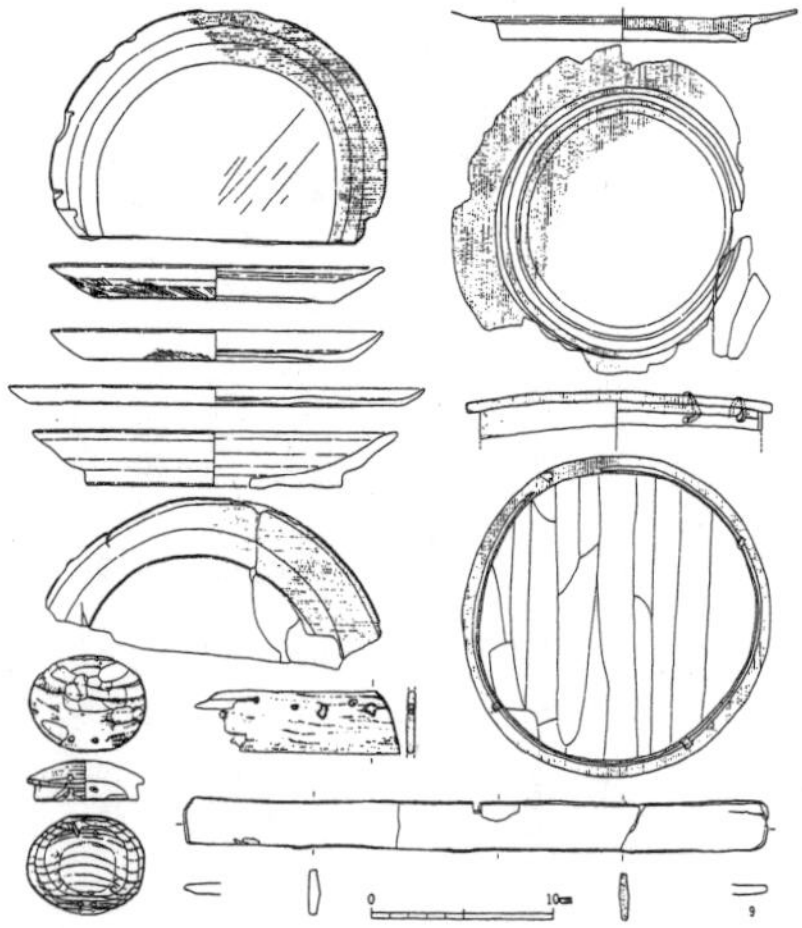

32c

32　多賀城跡出土品実測図　宮城県多賀城市（『宮城県多賀城跡調査研究所年報1991』より）

33　鹿苑寺苑池跡出土品実測図　京都市（『鹿苑寺（金閣寺）庭園』より）

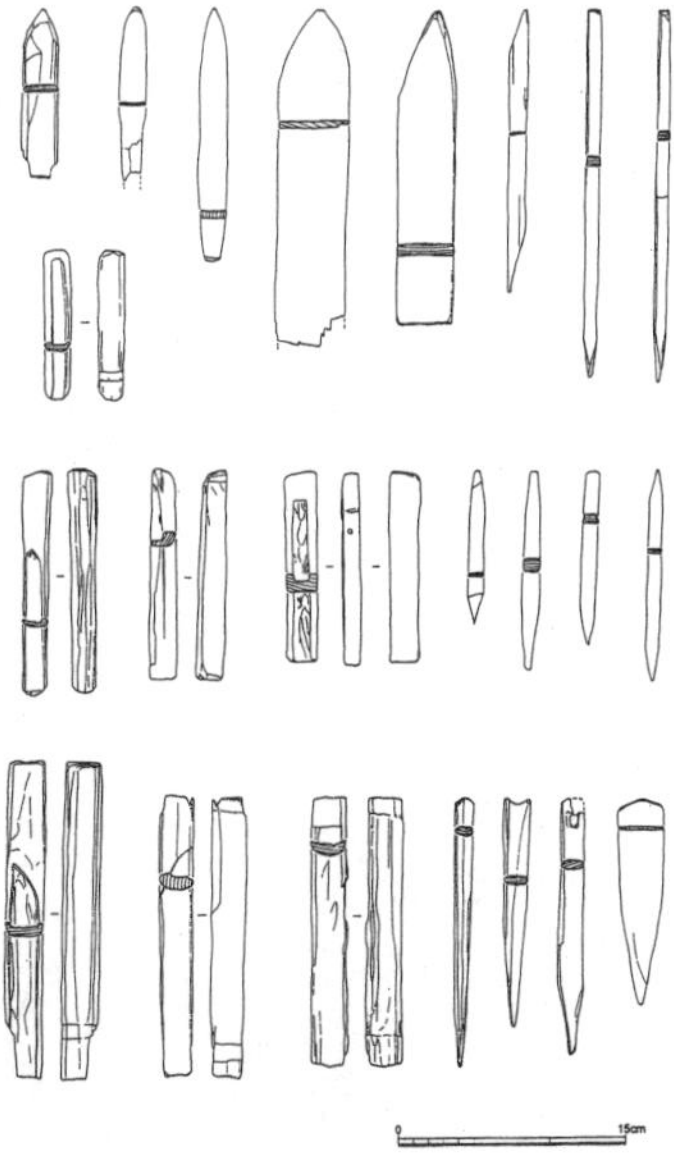

33b

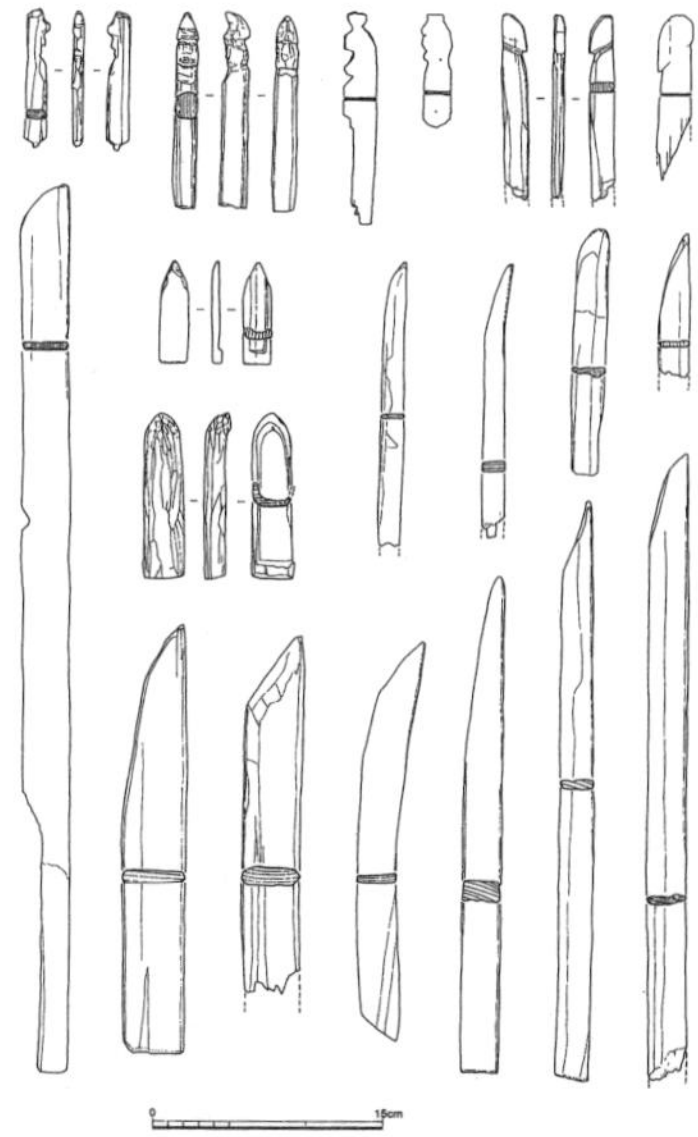

33a

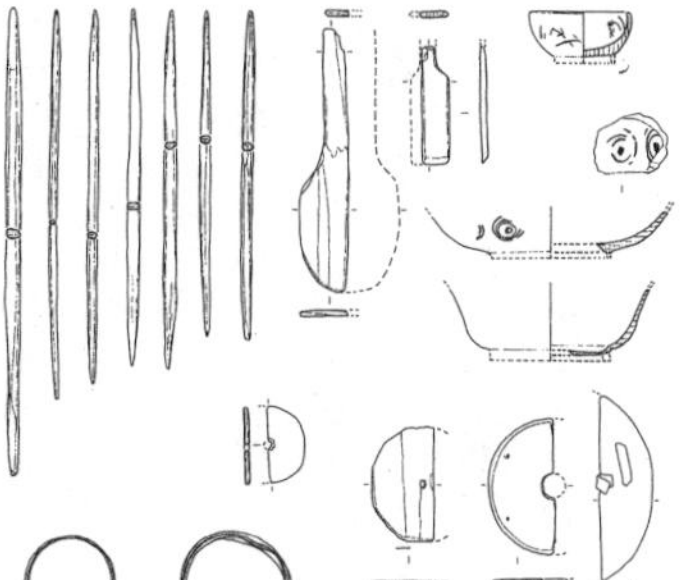

33d

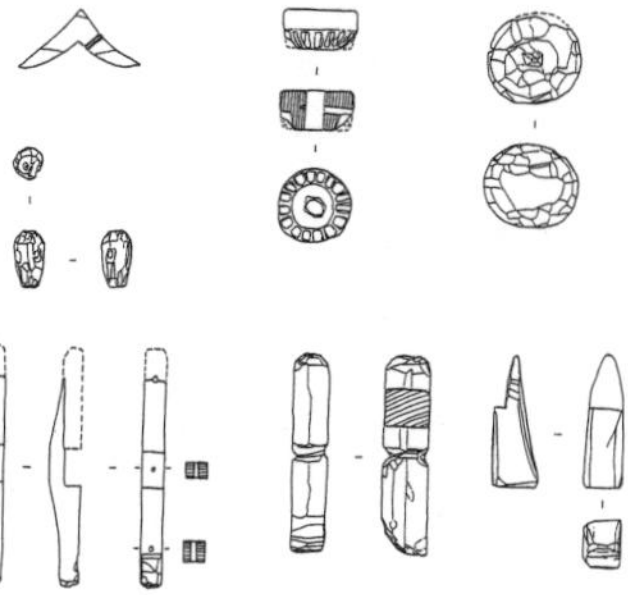

33c

西遺跡の木製品が[85]、横櫛・独楽・下駄・箸状木製品・杓子・匙・曲物・桶底板・折敷・漆椀・栓・楔・擂粉木[86]・位牌[87]・板塔婆・柿経《こけらきょう》・香合というように、古代的、中世的な遺物に近世的な遺物が加わった状況を呈していることからもうかがえる。

以上、下駄とともに出土した木製品について概観してきたが、いつの時代でも下駄とともに出土する木製品が、祭祀や呪術と深くかかわっていることを理解していただけたと思う。出土した木製品のすべてとは言わないが、その九〇数パーセントが祭祀にかかわる遺物であることを考えると、これらの木製品とともに、古墳時代から江戸時代まで一貫して出土する「下駄」もまた、祭祀や呪術に深くかかわる遺物、すなわちカミマツリに使用された聖なるはきものであることは、もはや論をまたないであろう。

第三章　下駄と井戸と便所

下駄が出土した遺構には、自然流路や溝・堀・井戸・土坑（ゴミ捨て場等）などさまざまなものがあるが、そのなかでもとりわけ注目されるのが井戸である。井戸がいまだ機能している最中に、清浄な水を得るために掘られた井戸のなかへ、土で汚れた下駄を投げ込んだりすることはまずありえないから、井戸から出土する下駄は、なんらかの理由で井戸を埋める時に、他の祭祀遺物とともに、あるいは単独で投げ込まれたと考えるのが妥当である。なぜ、井戸を廃棄し埋める時に下駄を投げ入れるのか、この謎を解くこと、それが下駄の性格を明らかにする一つの重要なキーワードであると私は考えている。

現時点では、縄文時代を通じて井戸と確認された遺構はいまだ検出されていないので、縄文時代には、いまだ、井戸は掘鑿されていなかったとみてよいであろう(1)。井戸が掘鑿されるようになるのは、稲作が始まった弥生時代に入ってからで、畿内を中心に、素掘りの井戸が何例か検出されている。中期になると、井戸の発掘例は増大し、北部九州など畿内以外の地からも発見されている。とりわけ注目されるのは、大阪府和泉市の池上曾根遺跡から神殿（？）とセットになって検出された丸太刳り抜き井戸である(2)。この井戸は、クスノキの大木を刳り抜いたもので、外径が約二・二メートル、現高が約一メートル（復元高約二メートル）という後世にも例をみない巨大な井戸である。弥生時代中期の刳り抜き井戸としては、この他にも、奈良県田原本町唐古遺跡(3)や東大阪市西ノ辻遺跡(4)からも出土しており、井戸の形式としては、最も古

3

1

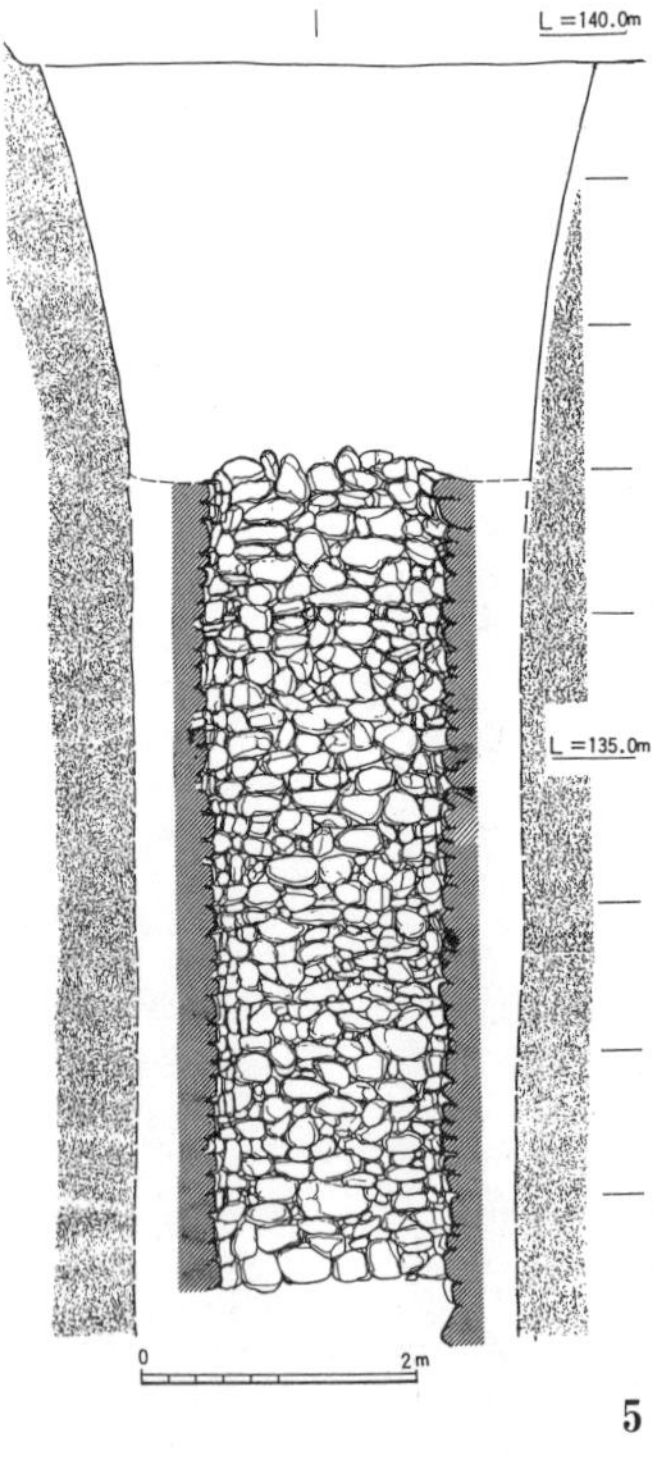

5

2

4

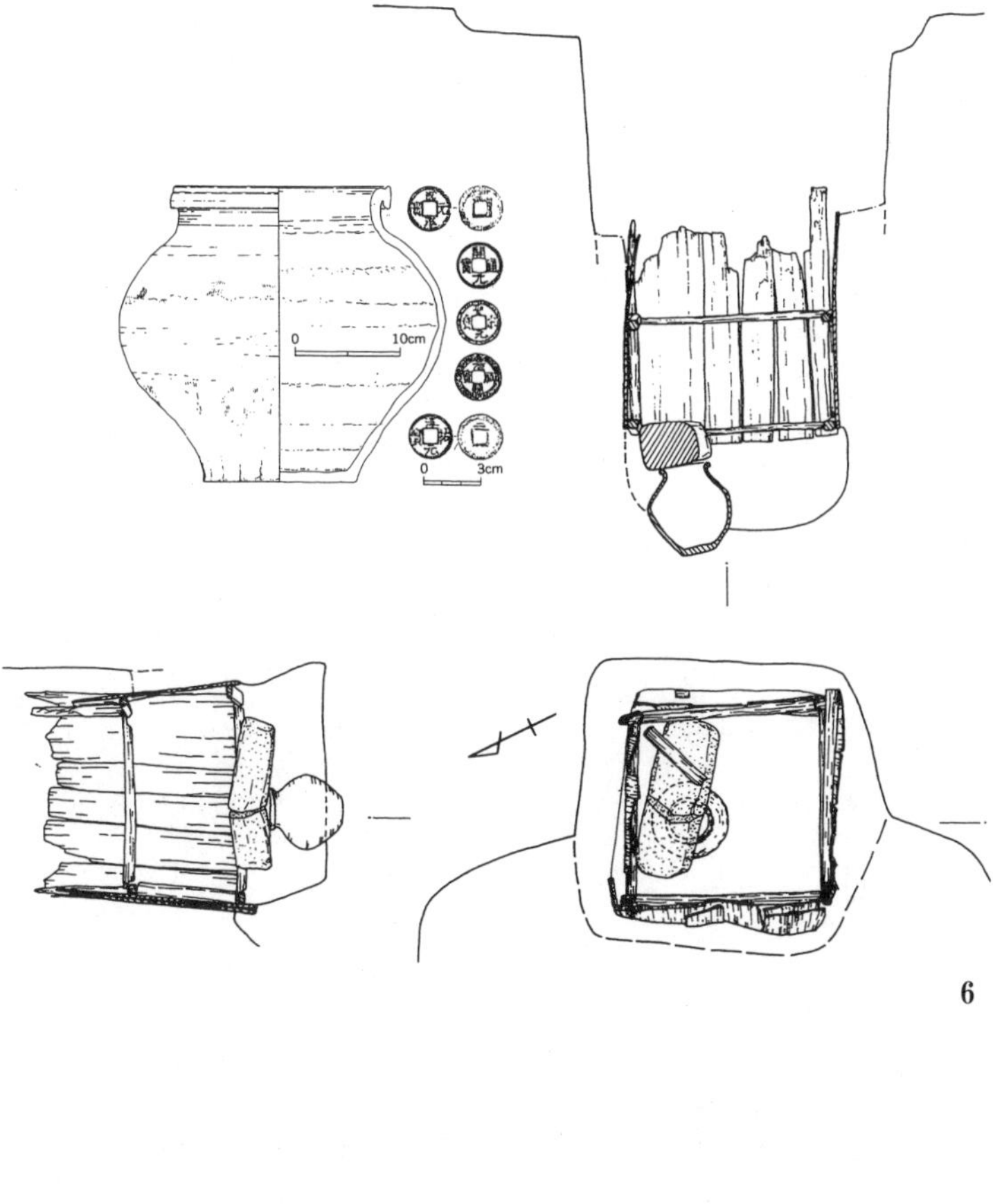

6

1　丸太刳り抜き井戸　大津市・南滋賀遺跡出土
2　横板井籠組井戸　大津市・野畑遺跡出土
3　曲物積上げ井戸　滋賀県長浜市・宮司遺跡出土（長浜市教育委員会提供）
4　石組井戸　滋賀県犬上郡多賀町・敏満寺城跡出土（滋賀県教育委員会提供）
5　同右実測図（『敏満寺遺跡発掘調査報告書』より）
6　廃絶時に底に甕を埋置した井戸実測図と銭5枚が納入されていた常滑甕実測図 神奈川県鎌倉市・今小路西遺跡出土（『よみがえる中世〔3〕』より）

いものである。弥生時代後期になると素掘り井戸、丸太刳り抜き井戸に加えて、縦がきわめて長大な長方形の板を組み合わせた縦板組井戸が出現する。(5) 古墳時代には、現時点では、新たな形式の井戸は検出されていないので、弥生時代に出現した三種類の井戸がそのまま古墳時代にも使用されていたことになる。

井戸の形態の大きな画期は七世紀の律令制の成立以降である。この時期になると、やや縦長の長方形の板材を横に重ねて組み合わせた横板組井戸や曲物を積み上げた曲物積上げ井戸、石を積み上げた石組井戸など、その後の井戸の主流となる井戸の形態が出現する。(6) しかし、この時期の井戸の主体は、さまざまな形式の縦板組井戸と横板組井戸であった。曲物積上げ井戸は、十二世紀以降、石組井戸は、十五世紀以降にならないと、全国的に開鑿されるようにならない。それはともかく、ここで問題となるのは井戸の形態変化ではないので、井戸の形態に関する考察はこのくらいにして、井戸に投入された下駄について考えてゆきたい。

井戸に投入された下駄

井戸は、生活に不可欠な水を供給する場であったため、家・屋敷のなかでは、便所・竈とともにカミの祀られる聖なる場として大切に取り扱われた。このことは、井戸神と便所神と竈神は兄弟であるとする民間伝承に端的に示されている。(7)

人間の生活における井戸の重要性を考えると、井戸の開鑿、使用、埋井など、それぞれの段階において、なんらかの祭祀が行なわれた可能性はきわめて高いが、現時点では、井戸を開鑿する際に土地のカミにどのような鎮めの祭祀を行なったのかは明らかでない。井戸の開鑿を終え、水が湧き出し、井戸側を設置したり、井戸底に砂礫を敷き詰めたり、水溜を設置したりする時点になると、無事水を得られたことへの感謝のためか、今後の豊かな湧水を祈るためか、なんらかの祭祀を行ない、斎串を掘り方や砂礫の中に差し込んだり、壺を井戸底に納置したりしたことが、各地の井戸の発掘調査によって知られている(8)。もし、壺が、使用開始時に納置されたとすれば、水の霊、あるいは井戸のカミが、その壺に籠り・宿ることを念じて納置されたとみて問題ないであろう。しかし、井戸は、清冽な水を常時確保するために、定期的に井戸掃除、すなわち、井戸浚えが行なわれることを考えると、礫層などに埋め込まれない限り、単に井戸底に納置されただけでは、井戸浚えの際に取り除かれたり、使用中に割れたりして廃棄される可能性が高く、井戸底から出土する壺が、井戸使用開始時のものかどうかは疑問である。それよりも、発掘調査で数多く確認されているように、それらの壺は、埋井の際に執り行なわれる祭祀にともなって井戸底に納置された可能性のほうが高い。埋井の際には壺や下駄だけでなく、横櫛・呪符木簡・箸状木製品・陽物形・銅銭・モモの核・瓢箪・クルミ・クリ・土馬・馬の骨・人面墨書土器・樹枝・鉄釜・五徳など、さまざまな遺物が投入されるが、ここでは、下駄について考えてみることにする。

井戸から下駄が出土した遺跡は、管見の限りでは、北は青森県から南は佐賀県まで、約一二五カ所におよび、時代も八世紀から十九世紀にまでおよんでいる(9)。井戸の使用中に、土で汚れた下駄を井戸に投入することは、まずありえないから、これらの下駄は、井戸を廃棄するとき、すなわち、井戸を埋めるときに投入されたとせざるをえない。前章でみてきたように、古墳に副葬された滑石製の下駄が祭祀品であったことや、下駄とともに出土した木製品のほとんどが祭祀品や呪具であることを考えると、下駄が、祭祀品や呪具として井戸に投入されたことは疑う余地のないところである。それにしても、祭祀品や呪具とはいえ、なぜ下駄が井戸に投入されたのであろうか。

下駄の使用例をうかがい知る最適の資料は、絵巻物をはじめとする絵画資料である。わが国の絵画において、井戸と下駄を描いた光景といえば、平安時代末期（十二世紀中葉）頃に描かれたとされる『扇面法華経冊子』いわゆる『扇面古写経』をまず第一に挙げなければならないであろう。この『扇面古写経』には、井戸や泉水で水汲みをしたり、水を飲んだり、洗濯物を干したり、物を洗ったりする女性が、数多く描かれている。しかも、それらの女性の多くが、なぜか下駄をはいているのである。なにゆえ、井戸の周囲で立ち働く女性は下駄をはいているのであろうか。一般には、これを、足や衣服の裾を濡らさないためと解釈されている。しかし、この時代の主たる洗濯法は、『信貴山縁起絵巻』をはじめとする絵巻物の各所に描かれているように、表面が平板な石の上に衣服を置いて、その衣服に、脇に置いた曲物桶から柄杓で一杯一杯水をかけて足でペタペタ・ゴシゴシと踏み洗う足踏み式の洗濯法であったから、足が水に濡れるかどうかなど、さして問題にならなかったとみるべきであろう。しかも、これら絵巻物に描かれた女性の多くは、婢女（洗濯女）とよばれた賤民であるから、[10]普段は裸足である。裸足ならば、水に濡れてもよいとは言わないが、多少濡れても、とりたてて問題となるようなことはなかったのではなかろうか。また、中世の絵巻物などに描かれている女性の衣服は、一般に、膝ぐらいまでしかない、いわゆるスカート状の裾の短いもので、裾が濡れるような衣服ではないのである。仮に、裾の長い衣服を身につけていても、尻からげをして、洗濯したり、水汲みをしたりしていていることを考えると、先に引いた解釈は、単なる思いつきでしかなく、きわめて恣意的と言わざるをえない。

それでは、なぜ井戸の周囲で女性は、下駄をはいているのであろうか。これまで第一章、第二章において述べてきたように、支配階級ですら満足にはきものをはいていたかどうかという時代に、すでに多量の下駄が出土している。これらの下駄は、非日常的な場（祭祀）で使用されたと考えられること、古墳に副

8

7

10

9

7　井戸端で洗濯物を干す下駄をはいた女　『扇面古写経』（『絵巻物による　日本常民生活絵引　第１巻』より）
8　井戸端で洗濯物を干す下駄をはいた女　『扇面古写経』（『絵巻物による　日本常民生活絵引　第１巻』より）
9　自噴する井戸で洗濯する下駄をはいた女　『扇面古写経』（『絵巻物による　日本常民生活絵引　第１巻』より）
10　洗濯物を干す下駄をはいた老女（続々日本絵巻大成４『不動利益縁起・他』より）

13

11

14

12

11　井戸端の洗濯石で足踏み洗濯する女（続々日本絵巻大成 4『不動利益縁起・他』より）

12　井戸端の割竹石で足踏み洗濯する女『信貴山縁起絵巻』（『絵巻物による　日本常民生活絵引　第 1 巻』より）

13　井戸端の踏板で足踏み洗濯する女『西行物語絵巻』（『絵巻物による　日本常民生活絵引　第 3 巻』より）

14　井戸端の木鉢で足踏み洗濯する女『扇面古写経』（『絵巻物による　日本常民生活絵引　第 1 巻』より）

葬された祭祀品である滑石製模造品のなかに下駄が含まれていること、下駄とともに出土する木製品のほとんどが祭祀品、ないしは呪具であることなどから、下駄が祭祀品であることは理解していただいていると思う。とすると、その下駄をはく「人物」、下駄をはく「場」、すなわち、この場合でいえば、下駄をはく女性、ないしは、井戸とその周囲が、聖なる人物であり、聖なる場であったことになる。

井戸端で下駄をはく女性のほとんどは、洗濯しているか、洗濯物を干している姿で描かれている。洗濯は、単に衣服を清潔に保つだけでなく、罪悪や災禍・穢れを洗い流し・清める意味をもっていた。洗濯がもっぱら女性の仕事とされたのは、女性のケガレ観念と無関係ではないとする指摘があるが[11]、洗濯を、婢女とよばれる賤民の仕事とみなされていたのも、このようなケガレ観念と無縁ではない。洗濯する女性が、絵巻物の画面では、髪を元結し、手なしや袖襷《たすき》を着用し、褶《しゅう》を腰に巻き、乳房を露にした姿に描かれているのは、婢女と洗濯の関係を示しているともいえる。ケガレを流し・清めるという行為は、本来的にいえば聖なる役目であるから、洗濯する婢女は聖なる人物ということになる。賤民とは、カミの系譜をひく聖なる役目を担っていた人びとが、カミの零落や社会的観念の変化によって賤民視されるようになった人びとであるから、賤民である婢女が、洗濯に際し聖なる下駄をはいていてもなんら不思議でない。これならば、井戸端で洗濯する女性が下駄をはく理由も一応説明ができる。しかし、この説には、大きな問題点がある。それは、下駄をはいては洗濯できないということである。すなわち、洗濯という行為と下駄というはきものとは、どのように考えてもなんら関係が認められないということである。ケガレを流し・清める洗濯と、カミの系譜を引く婢女との関係は認められても、洗濯する婢女と下駄との関係が認められなければ、婢女が井戸端で下駄をはく必然性はまったくないということになる。[12]しかも、洗濯をする女性のすべてが婢女であったわけでなく、一般庶民も洗濯に携わっていたはずであるから、なおさら下駄と洗濯との因果関係が問題となる。とすると、井戸端で立ち働く女性たちが下駄をはくのは、洗濯する女性という「人」にかかわるのではなく、井戸という「場」にかかわるものであると考えざるをえない。

聖なるはきものとしての下駄

下駄が、人ではなく、井戸という場にかかわるとすれば、聖なるはきものである下駄を井戸端ではくのは、井戸が聖なる場であったため、その聖なる場を穢さないため、あるいは、畏怖と敬意の念を表すためであったと解釈するのが最も妥当である。では、なぜ井戸が、聖なる場なのであろうか。

日本人は、古来、カミは、地下他界に住まうと考えていた。三品彰英は、

「根ノ国」は地下にあり、そこは生命の根ざすところであり、「根ノ国」という観念と名称そのものが植物的世界観の淵源を示している。時には夜見の国とも呼ばれ、また後には恐らく神仙思想によるのであろうが、「トコヨ」とも呼ばれた。トコヨは海の底や海の彼方にあるとも観想され、また神霊の国・死後の国・外国とも考えられた。このようにトコヨの観念は段々と分化発達するが、本来は地霊の国である。穀物も人間の生命もまたこの地霊の国に淵源する。

と、地下に穀物や人間の生命を育む霊魂が存在すると述べている。(13) また、西郷信綱も、

地下世界訪問譚は、『古事記』だけでも三つを数える。イザナキが亡妻イザナミを連れ戻すため黄

泉の国に降りていった話、オホナムヂ（大国主）が八十神たちのもとをのがれスサノヲの棲む根の国へと赴いた話、ホヲリ（山幸彦）が海の底なるワタツミの国に至り着いた話、この三つである。もっと視野をひろげるときには浦島太郎の竜宮譚とか、「鼠浄土」または「地蔵浄土」と呼ばれる昔話とか、あるいは日本霊異記や今昔物語その他に載る冥土還りの話とか、あるいは中世の甲賀三郎の話（諏訪縁起）なども、当然この類に入ってくる。

と、日本人が、地下にこの世とは別の世界が存在することを強く意識していたことを語っている。[14] このように日本人は、地下他界を生命の源泉であり、漆黒の闇が支配する死の世界（黄泉国）であり、不老長寿の理想境（神仙世界）であり、恐ろしい鬼の支配する恐怖の世界（地獄）などと、さまざまなイメージでとらえていたことは確かである。このようなイメージは、地下他界にカミが住まうという観念を前提とするものであったことは当然である。また、死者の霊魂が赴くとされる山（山中他界観念）も、一般には、天上他界観念に結びつけて理解されているが、西郷は、

> 山は古くは天ではなく、むしろ地にぞくしており、そこは地霊の、あるいは国つ神の領くところとされていた。

と述べているし、[15] 黒田日出男も、『今昔物語集』に所載されている僧浄照の蘇生譚の中核をなす黒山とよばれる地獄への通路の意味を考察して、

黒山の黒は、他界への境界という共通項によって「暗キ一ノ穴」の暗黒と通じ合い、黒山は、黒のシンボリズムによって根の国・地獄の入口としての聖なる場所として象徴的に位置づけられているのである。

と述べているように[16]、万葉の時代から死者が赴くとされる山地（黒山）は、天上他界への通路ではなく、地下他界への通路として認識されていたことを明らかにしている。したがって、人びとが、共同体の安寧や農作物の豊饒を祈り願うカミマツリを行なうためには、天上他界ではなく、地下他界に住まうカミを、この世に請い招くことがどうしても必要であった。地下他界に住まうカミをこの世に招請する、すなわち、カミを、地下他界からこの世に呼び寄せる（顕現してもらう）ためには、当然、地下他界とこの世を結ぶ通路を用意する必要があった。

人々が、カミをこの世に招請するために用意した通路、それは、家（神殿）・井戸・便所・竈・銅鐸・銅鐘（梵鐘）・鈴・横穴式石室・岩屋（窟）・壺・瓢箪・竹・空木《うつぎ》など、自然に存在するもの、人工的に造られたものを問わず、物体の内部が空洞（中空）になっているもの、掌（手の心）・ハスの花の花ビラ（蓮華の萼）・船・臼・杓子など、わずかに窪んでいるだけのもの、さらには、コメ・巨石（磐座）・銅鏡・川・道・辻・橋など、構造上は中空ではないが、「心意」として中空なるものであった。今ここで問題としてとりあげている井戸は、地上から地下深く掘鑿され、この世とカミの住まう地下他界とを直接結ぶ中空構造物という意味では、これ以上の見本はないというほど、典型的な通路であった。横井清は、井戸掘りが、河原者とよばれた賤民の仕事の一つであったことを述べたうえで、井戸一つ掘るにも埋めるにも地中の神の意向は意識されたし、……

と、河原者をはじめとする当時の人びとが、地中（地下他界）にカミが住まうという観念をもっていたことを指摘している。[17] 井戸をはじめとするこれらの通路は、地下他界に住まうカミが、この世に顕現するために通ったり、この世で使い果たしたり、衰えたりした霊力を再び得るために地下他界に戻るために通ったりする聖なる通り道であると同時に、顕現せんとするカミが籠る（宿る）場、新たな霊力や生命を育む（再生する）聖なる場でもあった。

発掘調査された井戸の土層断面の観察結果を概観すると、底部に近い土層断面は、人為的・意図的に埋められたため、土層断面はほぼ水平を呈しているが、三分の一ぐらいから上方の土層断面の多くは、長年月かかって自然に堆積したことを示すレンズ状の土層断面となっている。これは、廃棄する井戸は、完全に埋めるのではなく、埋井の祭祀を行なって一定程度埋めると、その後は、自然堆積にまかせたことを示している。[18] なかには、埋井の祭祀もせず、完全に自然堆積にまかせた井戸も数多く発掘されている。井戸は人為的に埋めないで、自然堆積にまかせるという発掘例は、井戸は、不用になっても埋めないで、自然消滅にまつべきものとする各地の民間信仰と一致するもので、[19] きわめて注目される。さらに注目されるのは、やむをえず井戸を埋める場合は、井戸に、節を抜いた青竹を立てて埋めるようにと言い伝えられていることである。井戸に節を抜いた青竹を立てて井戸を埋めることがいつ頃からはじまったのかは明確でないが、すでに平安時代末期〜鎌倉時代初頭（十二世紀中葉〜十三世紀前葉）の井戸からその発掘例が知られていることから、おそくとも十二世紀初頭には行なわれるようになったと考えられる。中世になると全国各地の遺跡から、節を抜いた竹が埋められた井戸が数多く発掘されるようになる。この風習は、今なお全

15　素掘り井戸実測図　滋賀県草津市・矢倉口遺跡出土（『矢倉口遺跡発掘調査報告書』より）
16　井戸の底に埋置された壺と皇朝十二銭実測図　右図の㊳地点から出土
17　井戸内に投棄された大量の土師器坏　上図の㉓地点から出土（滋賀県教育委員会提供）

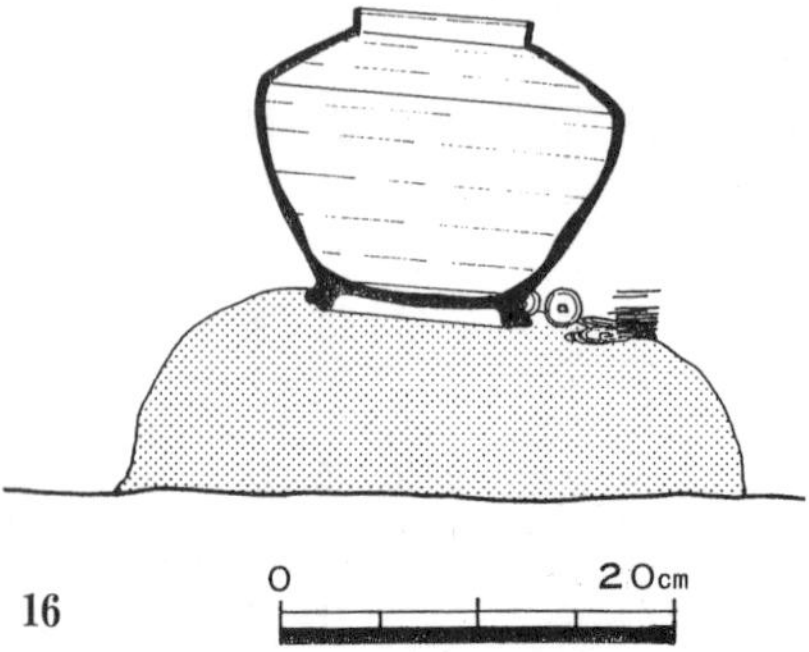

16

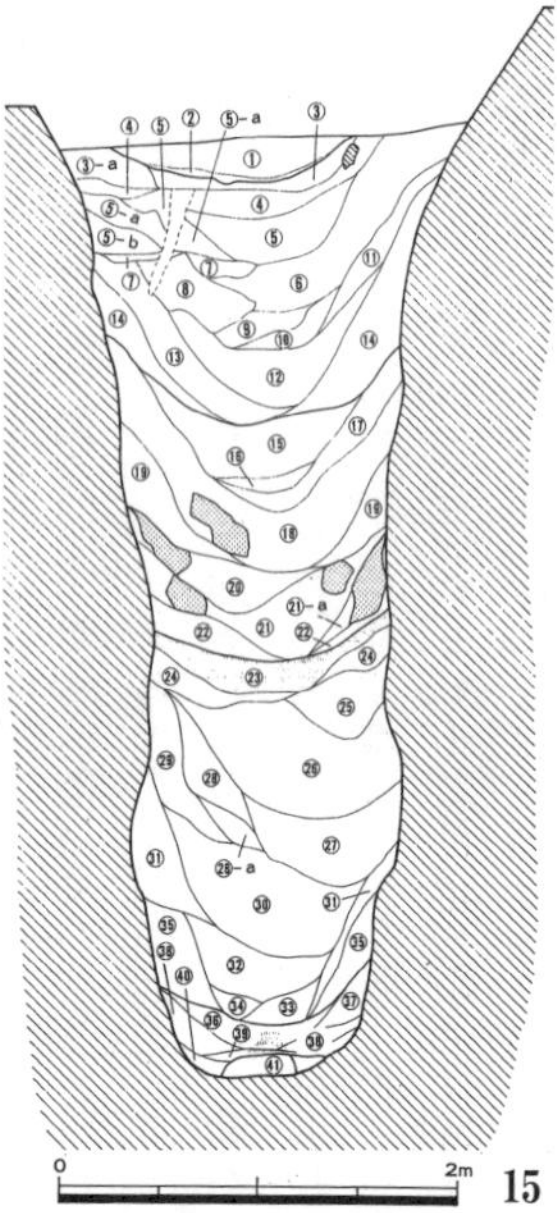

15

17

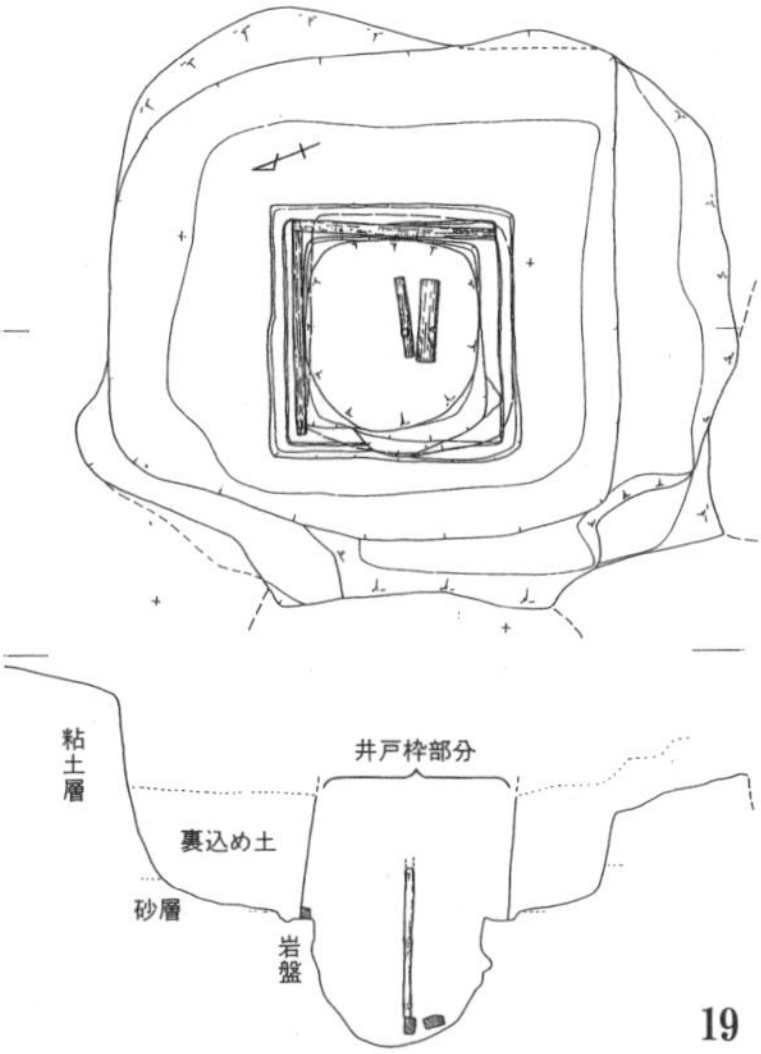

19

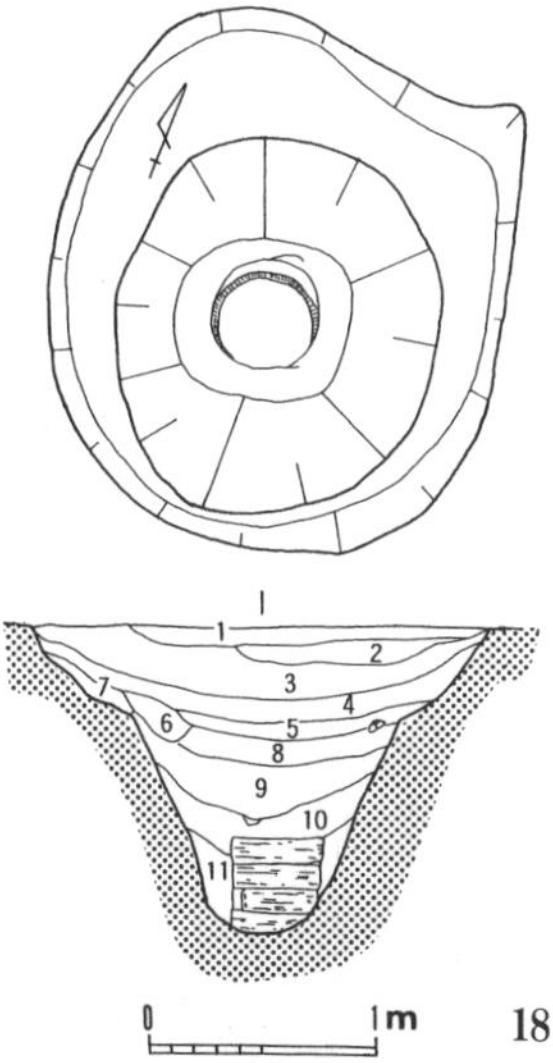

18

21

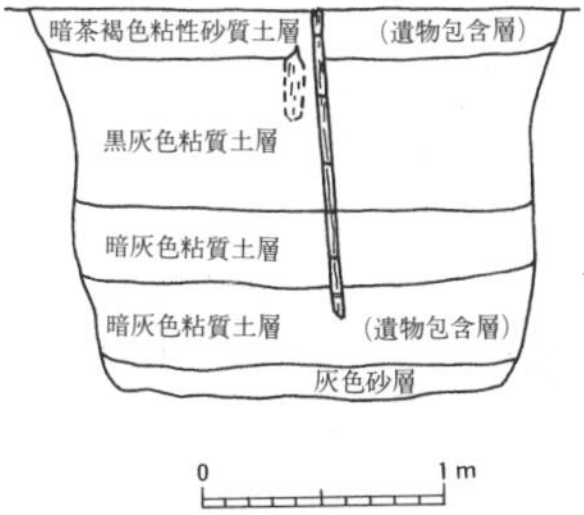

20

18 自然堆積によって埋没した井戸実測図（曲物積上げ井戸） 滋賀県野洲郡中主町・光相寺遺跡出土（『平成５年度 中主町内遺跡発掘調査年報』より）

19 竹が突き立てられた井戸実測図 神奈川県鎌倉市・今小路遺跡出土（『よみがえる中世〔３〕』より）

20 竹が突き立てられた井戸実測図 滋賀県近江八幡市・柿木原遺跡出土（『ほ場整備関係遺跡発掘調査報告書 XIII-２』より）

21 曲物積上げ井戸に突き立てられた竹 滋賀県守山市・横江遺跡出土（滋賀県教育委員会提供）

国各地で行なわれていて、井戸を埋めることへの畏怖心がきわめて根深いものであることを示している。[20]

それではなぜ、井戸は、埋めないで自然堆積にまかせるのを原則とするのか、なぜ井戸を一気に埋めるときには節を抜いた青竹を立てるのであろうか。井戸に青竹を立てることを、普通「息抜き」とよんでいる。息抜きは、俗に、ガス抜きともよばれているので、一般には、埋めた井戸内に発生するメタンガスを発散させるためと理解されている。しかし、井戸は、ガスの発生しやすいスクモ層には掘らないし、土を埋める場合も、ガスが発生するほど多量の有機物を含んだ土を投棄することもないので、この説は、単なる俗説としてよいであろう。埋井に青竹を立てる意味について、現在の民間信仰では、急に埋めると井神までも埋め込んで息の根を止めてしまうからとか、水神の出入りを助けるためとか、井霊に目をあけ、息をつかせ・吸わせるためなどと解釈されている。[21]

水野正好は、広島県福山市の草戸千軒町遺跡から、節を抜いた竹が埋められて発見された井戸の例をとりあげて、

この記述（棟田彰城『まじない秘法大全集』）によれば、白紙に金貴大徳の四字を書き青竹に挿み井戸底の中央に立てる。次ぎに別に青竹の太いものをえらび三尺程に切り節を抜き逆さにたてる。次に土を埋めるにしたがって金貴大徳の白紙をつけた青竹を引きあげ抜きとる。ついでこの青竹を川に流すという手順が明確であり、『増補咒咀重宝記大全』にいう金貴大徳の四字をとりつけるのが長い青竹であること、埋めるに従い抜き上げるとあるものもこの青竹であることが判明し、井戸の内には三尺許りに切った節の抜かれた太い竹が逆さになった形でのこされることになるようである。草戸千軒町遺跡の竹が、節を抜かれ径が七・五センチという比較的太振りのものであり、長さも六・〇センチ

ほどが残されているという点は、まさにそうした記事を現前のものとしたかの感があるほどよく合致しているといえるであろう。それだけではなく、この竹が井戸底よりも約一〇センチ高い位置にあるのも、実は井戸底に二〇～三〇センチの厚みで清砂が置かれ、そこにたてられた結果を示すものであろうかと思われ、遺跡の状況も記述を裏づけるかのようである。

このように見て来るならば、この井戸の場合長い金貴大徳の白紙をつけた青竹と、節を抜いた三尺許りの太い青竹の二種が用いられ、前者は埋め終る時点で抜き上げられ川などに流され後者が井戸にのこされたまま今日の我々の目にとまることになったと言えるであろう。

と述べるとともに、このような呪法が行なわれた意義を、

この井戸にのこされた竹筒は、一種の鎮守・井鎮としての機能をもつとともに一方では古い井戸に対する畏怖の念の根底にある衆悪の源泉といった井戸のもつ力を抑えようとする意義をもっていたことがうかがわれる。

と述べている。[22] 私は、井戸を埋める際の呪術（祭祀）のありかたについては、批判する能力もないのでここでは触れない。水野は、埋井の方法や手順については詳細に述べているが、なぜ節を抜いた竹に「金貴大徳」の文字を記し、井戸底の中央に立て、井戸が埋まるにつれて引き抜き、川に流すのかという理由や、なぜ三尺ほどに切った竹は、逆さに立てて井戸に残すのかという理由に関しては何も述べていない。こうした埋井の方法や手順を読んでいて私が感じるのは、埋井の呪術のうち、井戸に竹を突き立てること以外

の呪的行為は、行為自体に権威をもたせるためだけの形式にすぎず、水野が強調するほど特別な意味をもつものではないのではないかということである。それは、こうした埋井の呪術は、その内容からみて、井戸を埋める際に行なう祭祀の意味が忘れ去られたあと、陰陽師が、呪術に関する書物をもとに新たな解釈を加え、それまでの祭祀とは異なる陰陽道の性格の強い埋井の呪術を創始したと私は考えているためである。私が陰陽道を重視しないのは、陰陽道が、わが国の基層信仰であるカミ観念のように、生活のなかから生み出されたものではなく、呪術に関する中国の書物などを引用して、その意味が忘れ去られたわが国の旧来の風習を、単に、こじつけて解釈しただけであると考えるからである。

埋井に竹を突き立てる理由については追って述べることにするが、水野の埋井に関する考察で今一つ問題なのは、埋井の呪術を行なう理由を、「古井戸に対する畏怖の念」と、使用中の井戸ではなく、使用されなくなって放置された古井戸に限定していることである。古井戸が、オドロオドロしき存在であり、衆悪の源泉とみなされてきたことは否定しない。しかし、埋井の呪術が行なわれている井戸は、発掘例をみる限り、使用中、あるいは使用停止直後に埋められた井戸がほとんどで、そのまま放置されて古井戸になった井戸を、後世に、改めて埋井の呪術を行なって埋めたという発掘例はほとんどない。水野は、埋井の呪術を、竹を突き立てる行為にのみ限定して考察を行なっているが、井戸跡から出土する遺物は、節を抜いた竹だけではなく、下駄や木沓・土師器・壺・樹枝など多種多様である。埋井の呪術を理解するためには、これら多種多様な遺物を総体的に考察しなければ、その全体像は解明できないと私は考えている。水野が、古井戸にこだわったのは、オドロオドロしき井戸という既成概念のなかで、埋井にかかわる呪術を解明せんとしたためである。しかし、埋井の呪術を解明するためには、既成概念から脱却した新たな視点に立って、井戸論を展開しなければなしえない。井戸に関しては、別稿を用意しているので、ここでは下駄にかかわる問題に限って井戸の問題に触れてゆきたい。

神の通路としての井戸

埋井の民間信仰において注目されるのは、井戸を急に埋めると井神まで埋め込んでしまうとか、青竹を埋めるのは水神の出入りを助けるためという伝承である。前者は、井戸がカミの籠り場であると意識されていたことを示す伝承であり、後者は、井戸が地下他界とこの世を結ぶ通路であると意識されていたことを示す伝承である。これらの伝承と、先に述べた中空構造としての井戸の性格を考え合わせると、井戸を埋めるという行為は、地下他界とこの世を結ぶ聖なる通路と、カミが宿ったり・籠ったりする聖なる場を潰してしまうきわめて不謹慎で・罰当たりな行為であることになる。すなわち、井戸を潰せば、井戸を地下他界とこの世との通路としていたり、籠り場としていたカミの怒りに触れ、神罰が当たるおそれがあると人びとは考えていたのである。このため、井戸を埋めるときは、カミの怒りを招かないようにカミマツリを行ない、カミの祟りを鎮めんとしたのである。井戸から出土するさまざまな遺物は、このカミマツリの際に使用されたものである。

埋井の祭祀をこのように考えると、基本的に、井戸は埋めずに自然堆積にまかせる理由も、やむをえず完全に埋める場合には、節を抜いた竹を井戸に突き立てる理由も、井戸の底に壺や椀や瓢箪などを納置する理由も、すべて、井戸を地下他界とこの世を行き来するカミの通路を確保するためであり、井戸を籠り場とするカミが仮に住まう場を確保せんとするためであることが理解される。また、なんらかの理由で井戸を埋める場合でも、途中までしか埋めなかったのは、埋井によって井戸そのものの機能は停止しても、カミが地下他界とこの世を往来する通路（中空構造）を、たとえ浅くなるとはいえ残せば、カミの怒りは多少なりとも和らぐのではないかと考えたためとみれば、その理由も理解できる。

井戸の性格を以上のように考えると、井戸端で聖なるはきものである下駄をはく理由も納得していただけるのではないだろうか。それではその下駄が、なぜ井戸から出土するのであろうか。これは大変難しい問題であるが、まず考えられることは、埋井にともなうカミマツリに使用した下駄を、他の祭祀品と一緒に井戸に投入（廃棄）したとするものである。この説は、下駄が、溝や旧流路などの遺構からさまざまな祭祀品とともに出土する理由をそのまま井戸にあてはめたもので、井戸と下駄に特別な関係を認めない一般的な考え方である。しかし、下駄出土一覧表からもうかがえるように、下駄が井戸から単独、あるいはそれに近い状況で出土することがあることを考えると、井戸から出土する下駄は、単にカミマツリに使用したものだけではなく、なにか別の意味をこめて下駄だけを投入したものもあったとみることはできないであろうか。

井戸を埋めるということは、どのような代替手段を講じても、基本的にはカミの通路と籠り場を塞ぐことを意味する。通路と籠り場を塞がれたカミは行き場（居場所）を失い、地下他界とこの世の境界でさまようことになる。古来、わが国では、カミの世界（異界）にも戻れず、この世にも戻れず、カミの世界とこの世との境界でさまようカミ（霊魂）は、悪霊や鬼神、妖怪となって、この世に生きる人々に災異をおよぼすと信じられてきた。このため、人びとは、井戸を埋めるとき、井戸のなかにカミが閉じ込められることを大変恐れた。そこで、人びとは、井戸に籠るカミに、カミのはきものである下駄をはいて、できるだけはやく井戸から抜け出てもらうように願うとともに、もし、万が一閉じ込められた場合でも、投入した壺などの中空の容器に一時的に避難してもらい、時をみて、聖なる下駄をはいて、井戸から無事抜け出ることを願ったものではないかと私は考えている。なお、例は少ないが、井戸から出土する木沓も、基本的には下駄と同じ理由で投入されたものと私は考えている。

　井戸と下駄で今一つ問題になるのは、井戸端ではく、その下駄をだれが用意したのかということである。絵画に描かれた井戸の所在地をよく観察すると、その多くは街路に位置し、近所の人や旅人などさまざまな人が使用している。これは、次に述べる便所とおなじく、これらの井戸が共同井戸であったことを示している。一般庶民の多くが、いまだ裸足であったことを考えると、一般庶民が、井戸に水を汲みに行ったり、洗濯しに行くときだけのために下駄を自分の家に用意していたとはとても考えられないから、これらの下駄はだれかが用意して井戸端に置いていたことになる。それがだれであったのかは、現時点では予測もつかない。

　なお、共同井戸ならば、涌水を利用した井戸は別にして、地面を開鑿した井戸の場合は、だれが開鑿し管理したのかも問題となる。『東寺百合文書』のなかに、街路に掘られた井戸にかかわる応仁の乱の頃の文書がある。これによると、個人が街路に掘った井戸を近隣の人びとが使用していたが、井戸側が破損したのを契機にその持主が、近隣の人びとの井戸の使用を拒否したため、人びとが共同出資して別の場所に井戸を開鑿したというから、井戸の開鑿は、その地域の状況に応じて個人や集団が開鑿したことが知られる[23]。しかし、洗濯用の踏み石に関しての記述はあるが、残念ながら下駄に関する記述はない。

便所で下駄をはく風習

中世の絵巻物のなかでもとりわけ興味を引く描写としてしばしば取り上げられるのは、平安時代末期

（十二世紀後葉）に制作されたとされる『餓鬼草紙』の「伺便餓鬼」に描かれている下駄をはいて路上で排便する老若男女の人物群であり、十二世紀末〜十三世紀初頭に成立し、のち狩野探幽が模写した『奇疾絵巻』（摸本異本『病草紙』）の「下痢の女」に描かれている二人の女性である。また、『春日権現験記絵』にも下駄をはいて路上で排尿する少女が描かれていて、排便や排尿と下駄とが深くかかわっていたことが知られる。

路上だけでなく、排便・排尿する場、すなわち便所でも下駄をはいていたことを示唆するのが、南北朝期の一三五一年に撰述された『慕帰絵詞』に描かれている下駄をはき、僧衣を肩にかけて便所から出てきた僧の姿である。ただ、ここで問題になるのは、この絵だけでは、この僧が、便所へ行くために普段はいているはきものを下駄に脱ぎ替えたのか、それとも普段からはいている下駄で便所へ行ったのかの区別が明確にしえないことである。[24] この疑問を解くのが、鎌倉時代末期に描かれ、南北朝時代頃に模写されたと考えられている『弘願本法然上人絵伝』に描かれた便所の光景である。[25] これは、僧（法然上人）が高下駄をはいて金隠しの付いた便所で用を足して念仏を唱えている場面を描いたもので、俗に「厠の念仏」とよばれている情景である。この便所が、建物のどのような場所に設置されていたのかは明らかでないが、便所が板敷の床をもつこと、狭いながらも縁を有していること、御簾とおぼしきものが吊り下がっていることからみて、『慕帰絵詞』のように屋外ではなく、屋内に設けられた便所であることは確実である。わが国では屋内ではきものをはく習慣はないので、用を足すために便所にしゃがみこんでいる僧がはいている高下駄は、当然のことながら便所内に備え付けられた下駄ということになる。それは、この僧のはきものと思われる一足の下駄が縁に脱ぎ置かれていることからも明らかである。とすると、『慕帰絵詞』に描かれた僧も、便所の中で下駄にはき替えた可能性が高く、描かれている下駄は、普段ばきの下駄ということ

22

22　路上で排便する老若男女　『餓鬼草紙』（『絵巻物による　日本常民生活絵引　第1巻』より）
23　路上で排尿する少女　『春日権現験記』（『絵巻物による　日本常民生活絵引　第4巻』より）
24　法衣を肩に便所から出てきた僧　『慕帰絵詞』（『絵巻物による　日本常民生活絵引　第5巻』より）
25　下駄をはいて厠で念仏を唱える法然上人　『弘願本法然上人絵伝』（日本の美術 No. 95『法然上人絵伝』より）

23

25

24

になる。

発掘された便所遺構のなかに、便所専用のはきものとおぼしき下駄や草履が出土している遺跡がある。一つは、福井市の一乗谷朝倉氏遺跡で発掘された、石組桝形遺構とよばれる便所[26]から出土した片方の無歯の下駄[27]である。この遺構は、朝倉氏遺跡以外でも多数出土するが、その性格は長年不明であった。ところが、昭和五十五年（一九八〇）、当時、溜桝と呼んでいた石組桝形遺構から便所に不可欠な木製の「金隠

26a

26c

26b

26　福井市・一乗谷朝倉氏遺跡出土　a：便所遺構　一乗谷朝倉氏遺跡資料館（『一乗谷』より）b：同遺構から出土した金隠し　同（『一乗谷』より）c：同遺構から出土した下駄　大田区立博物館（『考古学トイレ考』より）

し」が出土し、この遺構が便所であることが、わが国ではじめて確認されたのである。この下駄は、前後と左右の計四カ所に鼻緒穴があけられている。四カ所の鼻緒穴のうち前緒にあたる一カ所の穴は、他の三カ所の穴に比して大きいので、この鼻緒穴は、当初の前緒穴が破損したため新たに穿孔された前緒穴であることが知られる。当初の前緒穴は写真にみるように損壊しているが、これは、鼻緒穴が、滑石製下駄と同じように台の端部ぎりぎりに穿孔されているためである。このように台の端部ぎりぎりに鼻緒穴をもつ下駄を屋外で日常的にはけば、すぐに鼻緒穴が損壊し、実用に耐えないことは誰の目にも明らかである。なぜ、実用に耐えられないような下駄が便所遺構から出土するのであろうか。一般には、この下駄は便所に入った人が偶然に落としたとされている(28)。しかし、この下駄が、屋外ではくことを想定していない、ある意味では非日常的なはきものであることを考えると、この下駄は、金隠しが出土した便所専用のはきものであったと理解するのが最も妥当である。

一乗谷朝倉氏遺跡の便所遺構から出土した下駄、それが便所専用の下駄であるとすれば、便所で下駄をはくその風習は(29)、少なくとも鎌倉時代から戦国時代まで続いていたことになる。否、江戸時代に出版された書物をみると、高下駄や棒下駄・庭下駄などのはきものをはいて便所で用を足している光景があちこちにみられ、便所で下駄をはく風習が江戸時代まで続いていたことが知られる。

近年、東京都内では、江戸時代だけでなく明治時代の遺跡も発掘され、数多くの成果をあげているが、そのなかでも少し目先の変わった遺跡がある。それは、汐留遺跡・新橋停車場駅舎、すなわち、「汽笛一声新橋を……」と歌われた鉄道発祥の地、新橋停車場駅舎である。その駅舎の一角から開業当初と考えられる旅客用便所が検出され、この便所から下駄ではなく、草履か、つっかけかは明確ではないが、比較的簡便なはきものが出土しているのである(30)。発掘調査者は、このはきものを便所専用のはきものと判断しているから、[31]便所で下駄をはくという風習は、はきものの形態を変えながらも、文明開化の明治時代まで生き続けていたことになる。否、便所に入る時に、日常使用しているはきものを、『三才図会』にみるような便所専用の下駄（つっかけ）にはき替えることは、今なお全国各地でごく一般的にみられる光景である。便所で下駄（つっかけ）をはく、それは、単に浄・不浄の問題ではないのである。

それにしても、なぜ便所に行く際には下駄をはく必要があったのであろうか。一般には、排便時の跳ね返り、いわゆる「おつり」を避けるためとか、足の汚れを防ぐためとかとされている。古代の便所には、藤原京や平城京で検出されているような、溝架設形とか弧状溝形とかよばれる、溝の上に板を渡し排便するいわゆる厠とよばれる水洗便所と、土坑形とよばれる、地面を掘った穴に排便する汲み取り式の便所がある。[32]中世になると、便所の主流は、土坑形とか石組桝形とよばれる、地面に穴を掘った汲み取り式の便所となるが、場所によっては水洗便所もみられる。

安土・桃山時代以降、近世になると桶や甕を使用した汲み取り式の便所となり、溝や流路を利用した水洗便所はほとんどみられなくなる。[33]

溝や流路などに跨って排便する場合は、水が跳ね返るかもしれないが、それは汚水でないのであえて避けなければならないものではない。汲み取り式便所の場合は、桶や甕のように水分を貯える容器であれば跳ね返りの可能性は高いが、土坑形や石組形の場合は、底や壁に粘土や漆喰などを張らないかぎり水分は地中に滲み通ってしまうので跳ね返りはまずありえないし、便槽に桶や甕を使用するのは、近世に入ってからのことであるので、この点でも、汚水の跳ね返りを避けるという説は問題がある。たとえ跳ね返りを避けるために下駄をはくとしても、わずか一〇センチ前後の高下駄をはいたぐらいでは、汚水の跳ね返りを避けられないことは、汲み取り式便所で、お尻を上げても跳ね返りを防げなかった経験をもつ人ならば

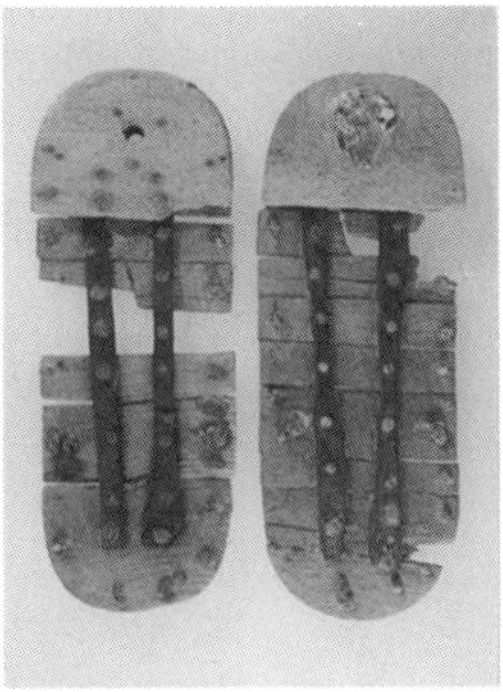

28

27

30

29

31

27　下駄をはいて便所に入る江戸時代の女性（『江戸の女たちのトイレ』より）
28　新橋停車場便所の便所用履物　東京都港区・汐留遺跡出土　大田区立郷土博物館（『考古学トイレ考』より）
29　弧状溝形水洗式便所復元図　大田区立郷土博物館（『考古学トイレ考』より）
30　弧状溝形水洗式便所（樋殿）復元図　大田区立郷土博物館（『考古学トイレ考』より）
31　土坑形汲取式便所復元図　大田区立郷土博物館（『考古学トイレ考』より）

十分理解できるであろう。そのような実用的な面でもこの説には問題がある。また、足が汚れないためというが、路上で排便をする場合はともかく、二本の板を渡しただけの便所がそれほど汚れるとは思えないし、まして「厠の念仏」の僧が使用している屋内の板敷の便所が、下駄をはかねばならないほど汚れているとはとても考えられないので、これも今一つ問題がある。仮に、汚れを防ぐためにはくとしても、なにもわざわざ不安定な高下駄をはかなくとも、もう少し安定性のよい板下駄や草履などでもよかったはずである。

以上のようにみてくると、便所で下駄をはく理由は、井戸の周囲で下駄をはく理由と同じく、単に実用を目的としたものでないことが理解されるであろう。それでは、改めて、なぜ便所で下駄をはくのかを問うことになる。

便所遺構のうち、地面に穴を掘った土坑形汲み取り式のものは、その深さに多少の差はあるものの、地面に穴を掘るという点では井戸とまったくおなじである。地面に掘られた穴、それは、カミの住まう地下他界への通路であり、さらにはカミの籠り場であることは先に述べた通りである。井戸端で下駄をはく理由が、カミの通路である井戸を穢さないため、あるいは敬意をあらわすためであるならば、井戸とおなじ構造と意味をもつ便所で下駄をはく理由も、当然おなじ理由からとみるのが自然である。人が死ぬと、井戸や便所の穴に向かって死者の名前をよぶ「タマヨビ」といわれる風習が全国各地でみられるが[34]、これは、地下他界のカミの世界に赴かんとする死者の霊魂を、カミの世界に行き着くまでに呼び戻さんとする行為である。この行為は、井戸や便所が地下他界への出入り口であると認識されていたことを示す重要な証拠である。

人が死ぬのとは反対に、子供（赤子）が生まれたときも、その赤子を便所に連れていく「セッチン参り」とよばれる風習が岐阜・三重以東の東国地方でみられるが、ところによっては便所だけでなく、井戸や竈にまいる例も知られている。[35] なぜ赤子を便所にまいらせるのか。それは、赤子は、地下他界から便所を通る、あるいは便所に籠っているカミ（産神）が、女性が用を足すときに露出する陰部（ホト）から身体（胎内）に入って身ごもり、生まれると考えられていたためである。わが国では大正時代以降、紡績工場などで働くようになった女性労働者が下着をつけるようになるまで[36]、女性は下着を付けなかったとされている。それは、女性が下着を付けて陰部を覆ってしまえば、子供を授ける産神が女性の身体に入ることができず、子供を身ごもることができないと考えられていたためである。

縄文時代の特徴的な遺構の一つに、竪穴住居の入り口など、人の出入りの頻繁な場所に土器を埋める埋甕とよばれるものがある。家の出入り口に壺を埋める風習は近年まで全国各地でみられ、その多くが出産にともなって二次的に排出される胞衣《えな》（後産）を入れたものであることから、埋甕も胞衣を納めたとみる説が有力である。[37] なぜ胞衣を家の出入り口に埋めるのかについては、十分明らかでないが、多くの人に踏まれると胞衣の子供が丈夫に育つためとする民間信仰が追認されている。[38] しかし、渡辺誠は、家の出入り口に埋められたのは胞衣ではなく死産児としたうえで、

特にこれをまたがねばならないのは成人女性ですが、その目的は死んで生まれた子供の魂を、その上を踏む女性の胎内に転入させたい、次ぎの子供を早くえたいという妊娠呪術であり、再生観念のあらわれです。

と述べている。[39] 埋甕のなかに納められたのが死産児であるというのは問題があると私は考えるが、埋甕を

跨ぐことによって、そのなかに籠められた子供の霊魂、すなわち、誕生した子供の分身とでもいうべき胞衣に籠る霊魂が、下着を付けない女性の陰部から再び胎内に入り身ごもる（再生）と考えていたとする考えには全面的に賛同するものである。この説は、女性が下着を付けない理由を明快に説明するとともに、女陰という穴（中空構造）が、子種を宿す通路であり、再生（籠り）の場とされていたことが知られて興味深い。

それはともかく、便所と出産とが深くかかわっていることは、出産に関する民俗事例をみれば理解されるところであるが、なぜ便所と出産がそれほど深くかかわるのであろうか。それは、日本人が、子種は便所で宿す（カミにもらいうける）という観念をもっていたためである。セッチンまいりをする日が、誕生後何日目かは別にして、誕生間もない赤子をわざわざ便所に連れていって儀礼（カミマツリ）を行なうのは、便所を通路としたり、籠り・宿る場とするカミに、子供を授かった御礼を述べるとともに、赤子の今後の健やかな成長を、その後もながく、ときには一生世話になる便所のカミに祈願するためであると私は考えている。

以上のことから、便所で下駄をはく理由、それは井戸とおなじく、便所が地下他界とこの世を結ぶ通路であり、カミの籠る聖なる場であったためであることを理解していただけたと思う。地面に穴を掘り窪めてつくった便所に関する考察はこれで一応終わることにするが、便所と下駄、正確にいうならば排便と下駄のかかわりについては、今一つ問題が残されている。すなわち、土坑や石組形便所のように、地面に穴を掘った場所で下駄をはいて排便・排尿するのではなく、『餓鬼草紙』や『春日権現験記絵』などに描かれているように、路上で排便・排尿する人物が下駄をはいている問題である。

なぜ、便所ではなく、路上で排便・排尿する人物までもが下駄をはいているのであろうか。その理由として二点の理由が考えられる。一つは、足の汚れを防ぐためとみるもの、二つ目は、道も、井戸や便所とおなじく地下他界とこの世を結ぶカミの通路であり、カミの籠り場とみて、道に籠るカミに畏敬の念を表するために下駄をはいて排便・排尿したとするものである。路上の一角で多数の人間が排便・排尿すれば、当然、あたり一面が糞尿の海となり足が汚れるから、その予防のために下駄をはいたとみることは一見妥当に思える。しかし、一般庶民の多くがいまだ裸足であった時代に、年端もいかない裸の子供が下駄をはいていることや、『餓鬼草紙』に描かれている人物が、今日でいえばホームレスのような人びとで、下駄を日常的なはきものとしていたかどうか疑問であることなどを考えると、単に足が汚れるからという理由だけで下駄をはいて排便・排尿するとみるのは、いささか短絡的なのではなかろうか。[40]また、当時の人びとが、糞便にたいしてどれほどの嫌悪感・衛生的観念をもっていたかどうかも問題であり、この点の考察を抜きにして、現代的感覚で汚いとか清潔とかを判断するのはきわめて危険である。

第二の理由は、日本人のカミ観念の根幹にかかわる重要な問題である。道が、異界(カミの住まう世界)からこの世、この世から異界に通じる聖なる場であり、カミの支配する無所有・無縁の聖なる場「公界の大道」である反面、疫病神や魑魅魍魎という恐ろしいカミが寄り来り、牛・馬・犬だけでなく人間の死体までもが放置され、糞便があちこちに排泄されていた汚濁に満ちた場でもあったことは、近年の境界領域に関する多面的な研究成果によって明らかにされているところである。[41]

たとえば、旅人が峠や坂でカミへの捧物(手向け)をして旅の安全を祈願したのも、非定住民がかかわった事件は、それがたとえ犯罪的行為であっても実質的には咎められることがなかったのも、道で排便や排尿をしても咎められなかったのも、道で死者に遭遇しても触穢にあたらないとされたのも、村境や村の入り口に注連縄や勧請縄を張って悪霊や疫病神が入らないようにする道切りが行なわれたのも、道が異界とこの世を結ぶ聖なる通路であり、カミが支配する無所有・無縁の「公界の大道」であったためである。とりわけ、道が交差・分岐する衢《ちまた》や辻で、八衢祭や道饗祭などの国家的祭祀が行なわれたり、市が立ったり、未婚者の妻（夫）選びの場である歌垣が行なわれたり、精霊を送り迎えしたり、相撲や猿廻しなどの大道芸能や辻占が行なわれたり、地蔵や道祖神が祠られたりしたのは、辻や衢が、時間と空間を超越した世界が交わる聖なる場であり、実態はともかく、観念的には井戸や便所とおなじくこの世と異界を結ぶ中空なる構造物であり、カミが籠り・宿る聖なる場とみなされていたためである。したがって、路上で排便・排尿する場合にも、便所での重要な作法である下駄をはく必要があったと私は考えるのである。

なお、溝も、道や川とおなじく異界とこの世を結ぶ通路であり、水によって汚濁を祓い流す畏怖・畏敬すべき聖なる場として認識されていたことを考えると、絵画に描かれた例はないものの、溝架設形のいわゆる水洗便所でも下駄をはいていたとみるのが妥当である。

『餓鬼草紙』に描かれている排便・排尿する場が、一種の共同便所であった可能性は否定しがたい。その場合問題となるのは、そこで使用する下駄をだれが用意し、用を足したあとの糞便をだれが掃除したかである。有徳者や勧進聖が、功徳や滅罪浄穢として行なった可能性もあるが、国家組織としては、掃除および穢を統括していたのは平安時代中期までは衛門府、それ以降、南北朝時代までは検非違使庁が[42]、また、中世都市鎌倉では、地・保奉行であったことから[43]、史料的な裏付けはないが、私はそれら組織に属していたキヨメや犬神人とよばれる賤民が行なっていたのではないかと考えている。

宣教師ルイス・フロイスが著した『日欧文化比較』に

われわれの便所は家の後の、人目につかない所にある。彼らのは、家の前にあって、すべての人に開放されている。

と記されている。[44]この便所は、その文意からみる限り共同（公衆）便所であることは明らかである。近年、高橋本とよばれる『洛中洛外図』が発見され、そのなかに路上の便所とおもわれる建物が描かれているのが指摘され、[45]共同便所が洛中のあちこちに設置されていたことが改めて確認された。このような共同便所が、小路の一角を画した路上の共同便所が発展・展開したものであることは論をまたないであろう。

江戸時代、京都や大坂では、路傍に小便桶を置いて公衆便所としていたが、これも平安時代以来の共同便所の伝統があったからこそといえる。明治二十二年、大坂では公衆便所が一五〇〇カ所も設置されていたが、[46]これも上方における共同便所の伝統と無関係ではないであろう。それはともかく、『洛中洛外図』に描かれたこれら共同便所をだれがつくり、だれが管理していたのであろうか。具体的な史料はないが、おそらく、向こう三軒両隣とよばれた共同体か、両側町とよばれた自治組織であったとみるのが妥当である。『日欧文化比較』に

われわれは糞尿を取り去る人に金を払う。日本ではそれを買い、米と金を支払う。ヨーロッパでは馬の糞を菜園に投じ、人糞を塵芥捨場に投ずる。日本では馬糞を塵芥捨場に、人糞を菜園に投ず。

と記されているように、[47]十六世紀には糞尿が肥料として売買されていることを考慮すると、これら共同便所の管理者は、糞尿を農家に売って得た収入でその便所を管理し、余剰の金は、それら共同体の必要経費

に使われたのであろう。

『洛中洛外図』には、路上の便所の他にも、裏庭を共有する人びとの共同便所も描かれているが、これらの便所の描写のなかに、下駄をはいて用を足している人の姿はない。[48]『洛中洛外図』には、路上や裏庭に掘られた井戸も描かれているが、そこにも下駄をはいた人の姿はない。これは、十六世紀には便所や井戸で下駄をはかなくなったためとも考えられるが、『洛中洛外図』では、全体に人物の表現が小さく、足元の表現が十分にできなかったため、描かれなかったと私は考えている。それは、『洛中洛外図』に描かれた人物の多くが裸足で、下駄をはく人物がいないうえ、[49]たとえはきものをはいていてもごく簡単な描写にとどまっていることや、先に述べたように、江戸時代の書物には下駄をはいて用を足す光景があちこちに描かれていることからも明らかである。

第四章　絵巻物にみる下駄をはく人物

平安時代後期から室町時代にかけてさまざまな種類の絵巻物が制作されている。その絵巻物のなかにさまざまな階層・身分・職業の老若男女が下駄をはいた姿で描かれている。絵巻物には庶民も数多く描かれているから、もし下駄が庶民の日常のはきものならば、絵巻物には数多くの下駄をはいた庶民が描かれているはずである。ところが、刊行されている主要な絵巻物をみると、(1)下駄をはいている人物は、表にみるように全体でも一二〇人余りしか描かれていないのである。その一二〇人余のうち半数以上が僧侶で、庶民とみられる人物は、四〇人余りなのである。このなかには、先に述べた井戸端や便所（路上での排便者を含む）で下駄をはく人物も含まれているから、それらの人物を除くと、日常生活の場で下駄をはく人物は二〇人余りにすぎないのである。この数字は下駄が庶民のはきものであるという常識を覆すものであるが、それでは、この二〇人余の人物とは、いったいどんな人物なのであろうか。また、なぜ僧が、カミのはきものである下駄をはくのであろうか。

聖なる人物のはきもの

人間を「聖」と「俗」に分けると、俗世間から出家して、仏門に入った僧侶が、聖なる人物であること

絵巻物にみる下駄を履いた人物一覧

着用人物	様態
福富草紙	
男（琵琶法師）	杖．杖をつく足半の従者が琵琶を持つ．
稚児観音縁起	
僧	袈裟頭巾．
伊勢新名所絵歌合	
男（官人）	絹張りの大傘．立烏帽子．扇．
融通念仏縁起	
男（乞食僧？）	数珠．蓬髪．
老人	杈杖．
男（ぼろぼろ？）	頭巾．
男（ぼろぼろ）	拄杖．束髪．
男（乞食）	四つん這いになる．編傘をかぶる．鼻緒なしの下駄を手に持つ．
女（巫女）	市女笠．杖．杖をつき鼓を持つ草履姿の侏儒女が従う．
天狗草紙	
僧	袈裟頭巾の4人．4人とも塗り下駄．3人は後ろ姿．
僧	2人のうち1人は後ろ姿．
僧	袈裟頭巾の2人とも塗り下駄．
僧	袈裟頭巾．多数の僧のうち足元がみえるのは2人．2人とも塗り下駄．
僧	塗り下駄（後ろ姿）．
僧	袈裟頭巾．扇．多数の僧のうち足元がみえるのは1人．
僧	
春日権現験記絵	
老人（僧？）	撞木杖．手なし（鹿皮）．
僧	撞木杖．鉢巻き．数珠．塗り下駄．
女	鉢巻き．火箸．炭桶．火事場跡で炭を拾う．
少女	排便中．
僧	塗り下駄（後ろ姿）．
西行物語絵巻	
女	市女笠をかぶり杖をつく2人の盲女．
女（販女）	台輪を頭にのせ，その上に商品を入れた長方形の曲物をのせていた．
弘法大師行状絵詞	
僧	広縁笠の僧2人．1人は杖．2人とも数珠．
僧	塗り下駄の僧2人．1人は撞木杖．
男衾三郎絵詞	
男（ぼろぼろ）	向こう鉢巻．扇状のものを棹の先につけたものをかつぐ．
女（ぼろぼろ）	市女笠．
男（ぼろぼろ）	目籠状の笈を背負う．蓬髪．
法然上人絵伝	
僧	袈裟頭巾の僧7人．うち5人扇．1人刀．7人とも塗り下駄．1人は後ろ姿．

着用人物	様態
僧	頭巾.塗り下駄.
僧	傘（後ろ姿）.
僧	袈裟頭巾の僧2人.1人は扇.2人とも塗り下駄.1人は後ろ姿.
僧	袈裟頭巾.前を歩く女性の髪を持つ？塗り下駄.
老人	杈杖をつく子供の肩にすがって歩く.
慕帰絵詞	
僧	塗り下駄.
僧	数珠.塗り下駄.
僧	便所から出てきた僧.法衣を肩にかける.塗り下駄.
男（琵琶法師）	琵琶を持つ.杖.団扇と杖を持つ盲目の子供を従える.
善信聖人親鸞伝絵	
僧	杈杖.
僧	下駄を脱いで座る.
病草紙	
女（稗女）	借上げの侍女.
餓鬼草紙	
僧	腰に扇.手に数珠.
老人	排便中.杈杖.萎烏帽子.
女	排便中.
子供	排便中.チューギを持つ.
女	排便中.衣かずき（後ろ姿）.
老婆	排便中.撞木杖.頭巾.
鳥獣人物戯画	
猿	杈杖.木の葉の烏帽子（猿の競馬）.
少年	鞭（闘犬）.
猿	盲目の猿2匹.2匹とも杖.木の葉の琵琶を背負う盲目の猿を従える.
僧	袈裟頭巾の3人.3人とも扇.1人は日の丸扇.
カエル	扇.根つき菖蒲太刀.花を挿した広縁笠.
年中行事絵巻	
男	鶏を手にする.立烏帽子.
僧	
老人	杈杖.萎烏帽子.
僧	団扇.撞木杖.
男（琵琶法師）	杖.杖をつき琵琶を背負う盲目の子供を従える.
男（僧？）	広縁笠.塗り下駄.
男	広縁笠にませ垣を結った草庵を飾る.手に持つ扇に「忍」と記した紙片を吊す.
男	広縁笠に的と折れ矢を飾る.水干に槌・金箸などを吊す.一本歯の下駄.
男	広縁笠に酒瓶・銚子・折敷を飾る.
男	広縁笠.笠に何か飾るが不明.
男	立烏帽子.腰に鞭を差す.
女	市女笠.扇.

着用人物	様態
女（販女）	頭に商品を入れた方形の曲物をのせる.
男	広縁笠. 3種ほどの品を体につける. 一本歯の下駄.
男	編笠. 太刀. 一本歯の下駄.
男	広縁笠. 扇. 一本歯の下駄.
男	広縁笠（後ろ姿）.
老人	方扇. 撞木杖. 萎烏帽子.
男	下駄を手に持って走る. 烏帽子.
石山寺縁起	
僧	団扇.
老人	撞木杖. 萎烏帽子.
伴大納言絵詞	
男（僧）	広縁笠.
女	かずきをかぶる（後ろ姿）.
女	市女笠. 頭に平包をのせ, その上に笠をのせる.
女	平包を頭にのせる. 放ち髪.
男	萎烏帽子. 杖.
老人	萎烏帽子. 杈杖.
僧	塗り下駄（後ろ姿）.
直幹申文絵詞	
女（販女）	頭に商品を入れた方形の曲物をのせる.
一遍上人絵伝	
僧	傘. 雨衣.
僧	頭巾.
僧	広縁笠を背負う.
僧	杈杖. 塗り下駄.
僧	頭巾. あみ衣.
男（大井太郎）	烏帽子.
男（琵琶法師）	杖. 琵琶を背負う.
男（乞食僧？）	下駄をぬぎ, 鉄鉢をもって食物を乞う. 土下座する.
男（ぼろぼろ）	総髪. 団扇.
女（ぼろぼろ）	塗り笠. 赤子を抱く.
女（ぼろぼろ）	市女笠. 茣蓙.
男（ぼろぼろ）	蓬髪. 長柄傘. 笈.
僧	袈裟頭巾の僧2人. そのうち1人扇. 2人とも塗り下駄.
僧	市女笠. 扇.
僧	市女笠. 扇.
僧	笠. 団扇.
男（乞食）	鼻緒なしの下駄を手に持つ.
老人	萎烏帽子.
男（琵琶法師）	杖. 琵琶を背負う. 杖を持つ盲目の子供を従える.
男（ぼろぼろ）	鉢巻. 団扇.
僧	市女笠（後ろ姿）.
僧（一遍）	頭巾. 数珠.

着用人物	様態
不動利益縁起	
女	鉢巻.洗濯物を干す（井戸端）.
扇面古写経	
女	かずきをかぶる.
女	平包を頭にのせる.
女	井戸端で布を干す.
女	井戸端で着物を干す.
女	川（井戸から流れる水か？）で塗り箱を洗う.
女	たらいを頭に裸の子供の手を引く（井戸端）.
女	井戸端で鉢を洗う.
女	井戸から流れる水で布を洗う.
女	井戸端で袿をかぶってうずくまる（雷を恐れてか？）.
女	平包を頭にのせ,市女笠を背中にぶらさげる.
女（市女）	桝をのせた盆を頭にのせる.
女（市女）	見世棚においた盆の商品を左手に持った盆にうつす.
女	平包を頭にのせ,市女笠を背中にぶらさげる.
信貴山縁起	
老婆	

本表は『日本の絵巻』・『続日本の絵巻』・『続々日本絵巻大成』（中央公論社）所収の絵巻をもとに作成した.

に異論はないであろう。また、僧侶は、聖（ヒジリ）ともよばれているが、これは、僧侶が、カミの系譜を引く聖なる人物と考えられていたことを示している。下駄が聖なるはきものであるとすれば、聖なる人間である僧侶が下駄をはいていてもなんら不思議でなく当然なことといえる。下駄が聖なるはきもので、そのはきものをはく人物もまた聖なる人間であるとすると、下駄をはく俗人もまた聖なる人間ということになるが、どうなのであろうか。この問いに答えるためには、下駄をはく俗人が、どのような服装をし、どのような持物をもち、どのようなかぶり物をかぶっているかを一つ一つ検証し、そこに聖性がこめられているかどうかを判断する以外に方法はない。そこで、まず下駄をはく僧侶の服装や持物やかぶり物を取り上げ、その聖性を検討してゆくことにする。

先に、僧は聖なる人物と述べたが、僧といっても僧綱襟《そうこうえり》の法衣と七条袈裟を身にまとった高僧から、裹《か》頭《とう》姿の山法師、琵琶をもった盲目の琵琶法師、蓬髪の「ぼろぼろ」まで、その実態はさまざまである。高僧の場合は、一般に僧綱襟の法衣に五条とか七条とかの袈裟を身にまとい、手首に数珠を懸け、ときには、手に扇をもった姿であらわされている。下駄は、高下駄、平下駄、塗り下駄、素木下駄と一定しない。

山法師がかぶっている裹頭《かとう》とは、「かしらつつみ」という覆面の一種である。覆面姿は、「人ならぬ聖なる世界に自らを置くための姿」とされているように(2)、きわめて聖性を帯びた姿であった。すなわち、山法師は、僧という聖性に加えて、さらに下駄と裹頭という聖性を加え、聖性を二重にも三重にもアピールしたのである。山法師がそれほどまでに聖性にこだわる理由、それは、人びとに、みずからの聖性を強く認識させ、神木や神輿というカミを動座させる正当性を認めさせせんとしたためと考えられる。絵巻物に描かれた山法師は、裹頭以外は、手に扇をもつだけで、下駄をはいた裹頭姿の僧が自ら薙刀《なぎなた》をもつ例はない。その下駄は高下駄で、ほとんどが塗り下駄である。

3

1

2

1　下駄をはいた琵琶法師（続日本の絵巻 9『慕帰絵詞』より）
2　下駄をはいた猿の琵琶法師（日本の絵巻 6『鳥獣人物戯画』より）
3　下駄をはいた盲目の女『西行物語絵巻』（『絵巻物による　日本常民生活絵引　第3巻』より）

盲目の琵琶法師が、なにゆえにおぼつかない足元に高下駄をはくのか、多くの人が疑問をいだきつつもこれまで正面から取り上げられることはなかった。絵巻物に登場する琵琶法師は必ず従者をともなっている。多くの場合、琵琶は従者が持ち、琵琶法師は法衣を着て杖をつく姿であらわされている。このことは、琵琶そのものに聖性があったわけでないことを示唆している。もし、琵琶に聖性があったのであれば、琵琶法師は琵琶を常に身に帯びていなければならなかったからである。琵琶法師は、剃髪で法衣を着していることからみて、その名の通り僧という階層に属していたことは明らかである。とすると、盲目の琵琶法師が足元の危険をも顧みず高下駄をはく理由、それは、彼らが僧という聖なる人物であるがゆえであることになる。しかし、僧のなかにも下駄をはかない人物も数多くいることを考えると、盲目の琵琶法師が何も足元の危い高下駄をはかなくともよかったはずである。にもかかわらず、あえて高下駄をはいたのは、山法師とおなじく、琵琶法師たちも、自らが聖なる人物であることを強調せんとしたためとみるのが妥当であろう。それは、『鳥獣戯画』の猿の琵琶法師を含め、絵巻物に描かれている琵琶法師すべてが高下駄をはいていることからもうかがえる。赤坂憲雄が、

琵琶法師の無明の足元を彩る危うげな足駄は、やはりかれらの非日常的な〈聖なるもの〉としての存在を象徴する「聖具」であったというべきであろう。

と述べているが、(3) まさにその通りである。しかし、その聖具も、天下統一が完了する十六世紀になり、一種の合理主義的精神が広がると、その価値を失っていったことは、『洛中洛外図』に描かれた琵琶法師が、裸足姿であることによく示されている。(4) それはともかく、その琵琶法師の持物で注目されるのは、杖であ

る。盲人にとって杖は欠くことのできない持物であり、誰もが当然のこととして何の疑念ももたないが、後に述べるように杖は聖なる持物であったことを考えると、杖もまた、琵琶法師を聖なる人物であることを表象する持物であったとみるべきであろう。

「ぼろぼろ」とは、禅宗系統の修行者で、四〜五人を単位に女性連れで、施行《せぎょう》をうけながら諸国を行脚する僧たちをさす(5)。その姿態は、頭は、蓬髪や総髪・剃髪とさまざまであり、服装は、絵描きされた紙衣《かみこ》に黒袴を着用し、高下駄をはくというのが一般的であるが、なかには鉢巻をするものもいる。女性は笠をかぶり、高下駄をはくが、子供を抱いているものもいる。持物は、中心的な人物は、鳥箒・簓《ささら》・説教に使

4

5

4　ぼろぼろの一行　『一遍上人絵伝』（『絵巻物による　日本常民生活絵引　第２巻』より）
5　下駄をはき拄杖をもつぼろぼろ　『融通念仏絵巻』（『絵巻物による　日本常民生活絵引　第５巻』より）

用する巻物をくりつけた傘・拄杖《ちゅうじょう》・団扇・打刀などであるが、連れのなかには笈《おい》を担いだり、筵を腰に下げた人物もいる。このように、一見しただけではとても僧とは思えない、異様な風体であるぼろぼろが下駄をはく理由は、基本的には、彼らが僧であるからである。

彼らの持物のうち、鳥箒・篩・傘は、仏教絵画などを解説する絵解きのための道具であり、いずれも聖なるものとみて問題ないであろう。興味深いのは、傘を用いたその絵解きの方法で、黒田日出男は、巻物が、傘の柄の上部に括りつけられていることにヒントを得て、

さした傘はそのまま天蓋となり、そこに括りつけたまま巻物を垂らすと本尊像などのようになるというわけだ。こうすれば、どこでもたちどころに道場となる。

と、その使用法を推測している。(6) 傘を天蓋とみなし、絵解きをするという奇抜なアイディアは、後に述べる聖なる傘の性格を端的に示すものであり、ただただ感心するばかりである。絵解きの道具以外の持物のうち、拄杖は、後述するように聖なる持物であり、団扇も、後述するように聖なる持物である。ぼろぼろが、僧という聖なる人物であるにもかかわらず、拄杖や団扇という聖なるものを何点も所持するのは、一見しただけでは僧とはみえないため、聖性のシンボルである持物を二重・三重に持って、聖性をアピールしたものと私は考えている。

ぼろぼろで問題なのは、連れの女性がなぜ高下駄をはいているのかである。集団で行動するぼろぼろを、修行する僧の一団という括弧でくくるならば、女性も修行の（尼）僧とみなされるから下駄をはいていても問題ないことになる。しかし、絵解きをする修行僧の単なる連れ（妻）とすれば、その聖性の拠り所が

6

8

7

6　下駄をはいた裹頭姿の山法師　『法然上人絵伝』(『絵巻物による　日本常民生活絵引　第5巻』より)

7　奈良時代に描かれた幞頭の男（『國史大辭典』より）

8　頭巾をかぶり，下駄をはく一遍（日本の絵巻20『一遍上人絵伝』より）

問題となる。女性のぼろぼろのかぶり物や持物で共通するものといえば笠だけである。したがって、女性のぼろぼろの聖性をもとめるとすれば、それは、後に詳述する聖なるかぶり物である笠ということになるが、ぼろぼろの実態についてはいまだ十分な研究が行なわれていないので、その当否については、今後の課題としたい。

この他、僧のかぶり物としては、一遍をはじめとする時衆の一行が頭につけている頭巾《ずきん》、旅の僧(行脚僧)が、かぶったり、背負ったりしている市女笠や編笠、山法師以外の僧がかぶっている裹頭《かとう》、さらには、例は少ないが鉢巻がある。頭巾は、寒さや埃を防ぐかぶり物である。その由来は明確でないが、律令制では、成人男子は、黒い布帛製の幞頭《ぼくとう》をかぶることになっていた。幞頭は、別に頭巾とも書かれることや、その纓《えい》を取り外せば頭巾となることから、幞頭が略式化されて成立した可能性も考えられる。幞頭は、冠の一種であるから、もし頭巾が幞頭から派生したものとすれば、頭巾も聖なるかぶり物となる。しかし、頭巾を聖なるかぶり物とする民間信仰が現在あまり知られていないことや、一遍たちの頭巾姿が、晩秋から初春頃までの寒い季節に限られていることなどから(7)、頭巾に聖性があったとしてもきわめて希薄で、もっぱら実用品として使用されていたと考えられる。頭巾をかぶった俗人に、下駄をはいた人物をみうけないのは、頭巾の聖性が希薄であったためと私は考えている。

鉢巻は、抹額《まっこう》ともよばれ、冠や烏帽子《えぼし》が脱げ落ちるのを防ぐためにその縁に締めたものとされているが、埴輪にも鉢巻姿の人物像がみられることから、すでに古墳時代から、なんらかの呪的意味をもつかぶりものとして用いられてきたことが知られる。律令制のもとでは武官の朝服の一つであったためか、中世には武士の軍装の必需品として重視された。時代が下り、烏帽子が次第にかぶられなくなると、烏帽子の縁につけられていた鉢巻が、烏帽子に代わって儀礼などの際の威儀を正すかぶり物としての地位を占めるよう

になっていった。その風習は、いまなお祭礼の際の踊りや民間信仰にみられる。『嬉遊笑覧』には、(8)

鉢巻は男女ともにふるきふり也、田舎の女は木綿の単なる物を帯したる上に著、鉢巻するを礼服とす

と述べていることや、鉢巻は、植物の生命力を身体に移さんとして髪に結んだり、巻きつけたりした「鬘《かずら》」にその淵源をもつという説など(9)から考えると、鉢巻もまた聖なるかぶり物であったとみなして問題ないであろう。

以上、下駄をはいた僧のかぶり物と持物をみてきたが、いずれの僧も法衣や袈裟、数珠といった僧の身分を示すかぶり物と持物以外に、聖性をあらわすさまざまなかぶり物をかぶり、持物をもっていることが知られる。それにしても、なぜ聖なる僧が、聖なるかぶり物をかぶり、聖なる持物を持つのであろうか。一つは、実用のためとみることである。確かに、旅をする僧にとって杖や傘、笠は欠くことのできない道具であり、老いたる僧にとって杖は身体を支える重要な道具であった。しかし、「聖なる世界」の観念が、「人々の生活の細かい襞まで浸透していた(10)」古代末〜中世の社会において、聖なるかぶり物や持物を、当時の人びとが、単なる実用品として取り扱ったかどうかはきわめて疑わしい。とすると、時代的な変遷やその聖性の強弱はあるものの、聖なるものはあくまでもその聖性ゆえにかぶられ、持たれたとみるべきである。聖なる僧といっても、威儀を正し、一見しただけで僧とわかる高僧もいれば、ぼろぼろのように、一見しただけでは僧とは思えない乞食僧もいる。権力から遠い位置にいる僧ほど、僧としての聖性は弱く・薄くなる。そこで、聖性を高めるため、あるいは、聖なる僧であることを知らしめるため、聖なるか

ぶり物をかぶり、聖なる持物をもつようになったと私は推測している。そのような聖性を示す道具の一つとして、下駄もまたあったというのが私の考えである。

絵巻物に描かれたかぶり物と持物

下駄が聖なるはきものであるとすれば、下駄をはいた俗人もまた聖なる人物であることになるが、どうなのであろうか。そこで以下、絵巻物に描かれた下駄をはく俗人のかぶり物と持物を検討し、その当否を考察してみることにする。

俗人の持物として目につくのは、杖である。黒田日出男は杖の種類を、頭部に鹿の角を取りつけた鹿杖《かせづえ》、鉄製で頭部に鐶をつけかけた錫杖《しゃくじょう》、縄か蔓のようなものを巻きつけている拄杖《ちゅうじょう》などの長杖、把手がT字状になっている撞木杖《しゅもく》、杖の先が二股になっている杈杖《またぶりづえ》、荷物を運ぶときに使用する息杖などの短杖に整理・分類したうえで、杖の機能について、

第二に、機能面すなわち人々によってどのように使われているかに注目して杖を見ると、三つに分けられる。すなわち、①運搬労働などに用いられる労働用の杖と、②転ばぬ先の杖つまり老人や僧侶の用いる杖、そして③宗教者などが持つ聖なる杖があると言えよう。①の労働用の杖には「息杖」・「撞木杖」などが挙げられ、③の転ばぬ先の杖としては、「杈杖」・「撞木杖」などを挙示できる。そして③の聖なる杖としては「鹿杖」・「錫杖」などを挙げることができると言えよう。

つまり短杖は、機能的には主として①と②なのであり、運搬労働などに不可欠な杖や、身体を支え

11

10

9

13

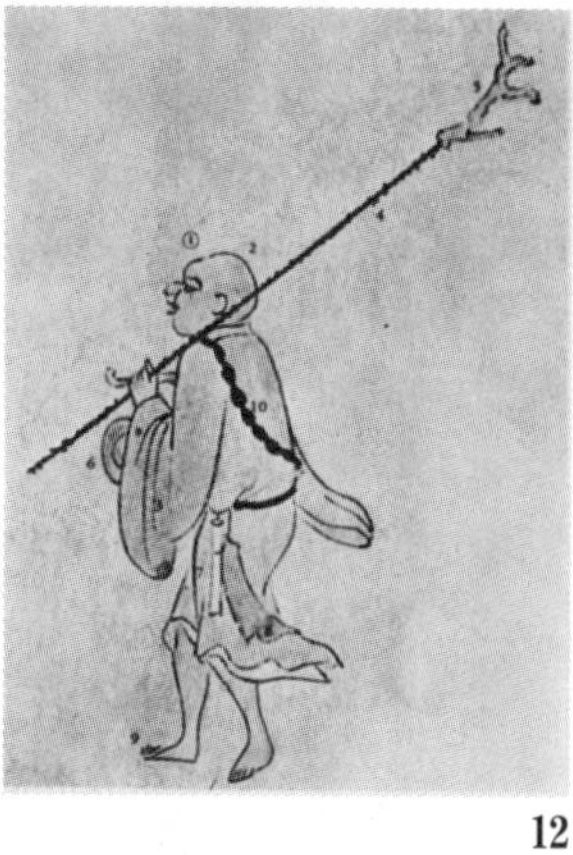

12

9　碧玉製玉杖　奈良県桜井市・茶臼山古墳出土（『世界考古学大系 3　日本III』より）
10　杈杖をつく老女『春日権現験記』（『絵巻物による　日本常民生活絵引　第 4 巻』より）
11　撞木杖をもつ僧『春日権現験記』（『絵巻物による　日本常民生活絵引　第 4 巻』より）
12　鉦鼓をもち鹿杖をかつぐ僧『法然上人絵伝』（『絵巻物による　日本常民生活絵引　第 5 巻』より）
13　拄杖をもつ僧『融通念仏絵巻』（『絵巻物による　日本常民生活絵引　第 5 巻』より）

るため、転ばぬための杖として、まさに日常的な杖であることを示している。それに対して長杖は、その先端に鹿角などをつけたりして、それが聖なる機能を持つことを示しているといえるだろう。つまり長くなると、それは何らかの聖性を帯びた杖となる。

と述べている。[11] 杖が実用的な持物であることは否定しえないが、鹿杖と錫杖、すなわち長杖だけが聖なる杖で、他の杖はすべて日常的な杖というのはどうであろうか。網野善彦は、

たしかに身体的条件からであるといえ、老人、琵琶法師、盲女の突く杖も、呪性と決して無関係ではなく、市女笠をかぶって蓑笠をつける旅人の杖、乞食や僧侶の杖、行商人の突く杖は、やはりその呪力とかかわりがあるとみなくてはならない。

と、杖の種類に関係なくその聖性を強調しているが、[12] 私もこの見解に賛同するものである。中国では、杖は神仙や皇帝、仙人に近い存在とされる老人の持物とされていたこと、わが国でも、長寿者に杖を下賜されていたこと、古墳の副葬品として玉杖とよばれる碧玉製の杖が出土すること、諏訪大社の神事において、諏訪社の神体とされる現人神の大祝《おおはふり》（八歳の童子）のもつ御杖が、降臨するカミの依代であるように、杖はカミの依代とみなされていること、全国各地に杖の奇瑞譚である杖立伝説が流布すること、杖が墓所に突き立てられること、さらには、杖を、竹や桑、ヌルデ（漆）、空木《うつぎ》（卯杖）、シマミサ（ダシカグサンとよばれる沖縄の杖）など、聖なる樹木でつくられることを考慮すると、杖の聖性をもっと重視してもよいのではないかというのが、私の考えである。

それでは、杖は、なぜ聖なる持物とみなされるのか。民俗学では、杖にカミが憑依するためであると説明している。それでは、なぜ杖にカミが憑依するのか。それは、杖の材料である樹木、とりわけ常緑樹が、カミの依代《よりしろ》であるためとされる。原材料がカミの依代であるから、その製品もまたカミの依代とするのは、あまりにも短絡的で説得力をもたない。天に向かってのびる樹木をカミの依代とする説は、カミは天に住まうという観念にもとづいて立てられた論理である。すなわち、天に住まうカミが天からカミの宿る聖なる樹木（杖）に降臨し、呪力を持つとするものである。しかし、地面に突き刺した杖が根づいて大木になるとか、清らかな泉が湧き出すとか、墓の上に突き立てるとか、土地の面積の単位に使用されるとか、境界を示す榜示杭に利用されるというように、杖は、土地や地面にかかわる事柄と深く結びついている。これは、杖が天とかかわるものではなく、土地、なかんずく地下他界と結びついていることを示唆するものである。すなわち、杖は単に身体を支えるために「衝く」ものではなく、まさに地面を「突く」ものなのである。

地面を突く、それは地面に穴をあけることを意味する。地面に穴をあけるとは、カミの住まう地下他界とこの世を結ぶ通路をつくることを意味する。地面に突き刺した杖が、根付いて大木となったり、清冽な泉が湧き出るのは、地下他界に住まうカミが、杖によってあけられた穴を通って杖に宿り、奇瑞をもたらしたのである。また、葬送儀礼に用いた杖を、はじき竹とか息つき竹とよんで墓の上に立てる風習も、杖を墓所に突き刺すことによって、地下他界とこの世との通路を確保し、杖に籠ったカミの霊力によって邪悪な霊から死者の霊魂を守り・祓わんとしたものであり、死者の霊魂がその通路を通って再びこの世に蘇ることを願ったものなのである。イザナキが黄泉平坂《よみのひらさか》で杖を投げつけた（杖を突き立てた）のも、地下他界からカミをよびだし、邪悪な霊がこの世に立ち入らないように結界として用いたものである。そうした

結界観念が、神功皇后の新羅征伐の際に、

爾《ここ》に其の御杖を、新羅の国主の門に衝き立てて、即ち墨江大神の荒御魂を、国守ります神と為《し》て祭り鎮めて還り渡りたまひき。

と、杖を、新羅の国主の門の前に衝き立て、その国の占有を表象するという行為を生むようになるのである[13]。

杖と同じような意味、というよりも杖の代用品として使用されたのではないかと考えられるのが「斎《い》串《ぐし》」である。斎串が祭祀において普遍的かつ重要な役割を果たしたことは、祭祀にかかわるとされる遺跡から必ずといってよいほど出土することからも理解される。なぜ、それほど普遍的に斎串が使用されるのか。それは、祭祀における基本的な神事である結界や占有という行為を、斎串という板切れを地面に挿すだけで簡便に行なうことができたためである。斎串が、結界や占有という役割を果たしえたのは、斎串を地面に突き刺し、穴をあけることによって、カミの住まう地下他界とこの世が結ばれ、カミが斎串に宿ると考えられたためである。九〜十世紀代になって斎串の使用がすたれ、かわって箸状木製品とよばれる祭祀品が登場してくる。箸状木製品は、その名の示すとおり、細長く、先端部がやや尖っているその形状からみて、この木製品が、斎串とおなじく地面に突き刺されたことはほぼ間違ないであろう。もちろん、その意味するところも斎串とおなじであることはいうまでもない。

杖といえば、腰の曲がった老人の姿をただちに思いうかべるように、杖と老人とは深くかかわっている。その関係について、佐野大和は、

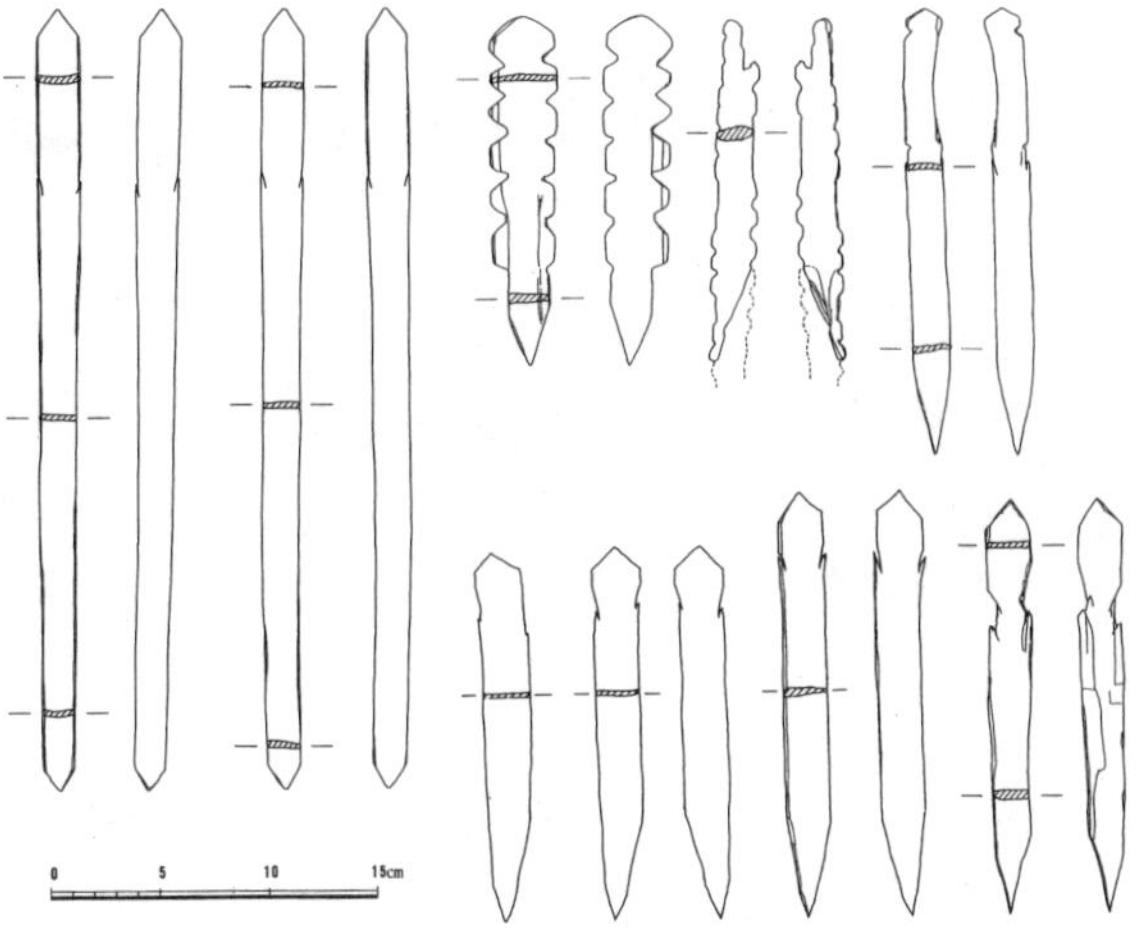

14

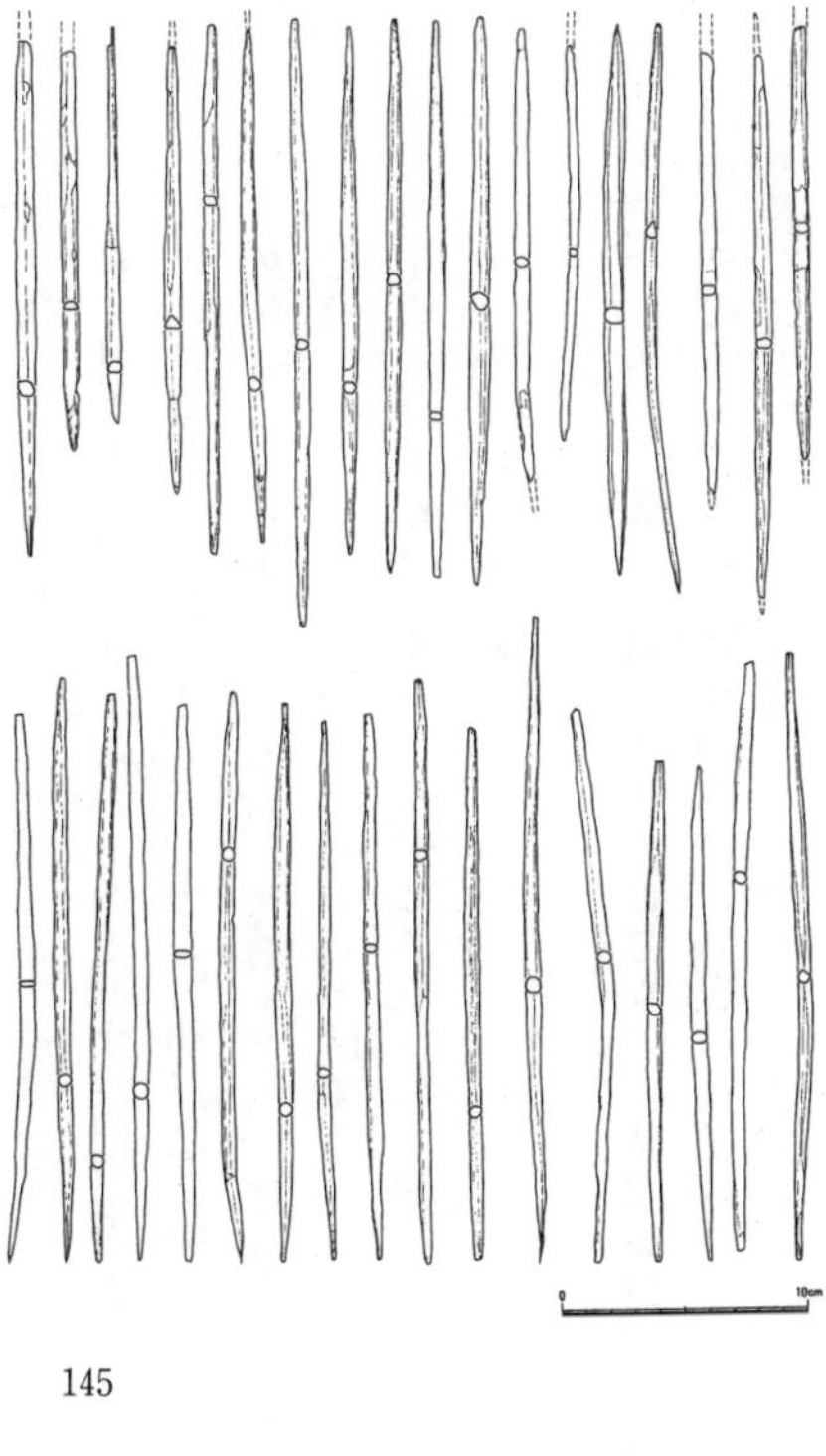

15

14 斎串実測図　大津市・穴太遺跡出土（『穴太遺跡発掘調査報告書II』より）

15 箸状木製品実測図　静岡市・大谷遺跡出土（『大谷川IV（遺物・考察編）』より）

18

17

16

16　杖杖に寄りかかる下駄をはいた老人　『伴大納言絵詞』（『絵巻物による　日本常民生活絵引　第4巻』より）
17　杖杖をもつ子供の肩に寄りかかる下駄をはいた老人　『法然上人絵伝』（『絵巻物による　日本常民生活絵引　第5巻』より）
18　杖杖に寄りかかる下駄をはいた老猿（日本の絵巻6『鳥獣人物戯画』より）

> 扨《さて》、杖を持つということが、右に述べた様に一種の神聖を身に備えることであるとすれば、後世の賜杖の制も、従って普通一般の人間以上に特殊の資格を身に備えた長寿者、神意にかなった長老の持つべきものが杖であったのだと解することが出来よう。長寿を保った人達はある意味で神性に近づいたのであった。

と述べている(14)。この見解は、杖だけでなく、聖なる持物と聖なる人物との関係を的確に言い表わしていて、共感をおぼえる。

そこで改めて、下駄をはいて杖をもつ人物をみてみることにする。先に述べたように、杖にはいくつかの種類があるが、鹿杖と錫杖をもつ人物に下駄をはいた人物はいない。この理由については明確にしがたいが、鹿杖と錫杖は、杖のなかでももっとも聖性の強いものであるため、下駄をはかなくとも、その杖をもつだけで、十分聖性を表しえたのではないかと私は考えている。拄杖を持つ人物は二人である。拄杖を持つ人物は禅宗系の僧に限られるようであるので、(15)拄杖を持ち、下駄をはく二人の人物は、ぼろぼろということになる。ぼろぼろは、蓬髪で婆娑羅《ばさら》姿であるが、僧であることにはかわりないので聖なる人物となり、杖を持ち、下駄をはいていても問題ない。撞木杖を持ち、下駄をはく人物は七人で、そのうち四人が僧で、二人が老人、一人が老婆である。老婆は排便中で頭巾をかぶっている。また、杈杖を持ち、下駄をはく人物は、六人と一匹の猿で、そのうち僧が二人、老人が四人である。猿も顔の表情が年寄りくさく描かれているので、これも老人とみてよいであろう。以上のように杖を持ち、下駄をはく人物をみていくと、僧以外の人物は、老人と老婆という神性に近づいた人物、能の世界では、翁と媼というカミとして登場する人物に限られるのである。ここにも、下駄をはく人物が聖性を帯びた人物であることが知られる。

先に杖の種類をいくつかに分類したが、そのいずれにも該当しない杖がある。その杖は、ただの棒切れのようでもあり、木の枝のようでもあり、何の特徴ももたないもので、あえて分類するならば息杖であるが、運搬用の息杖よりも長い。その杖を持ち、下駄をはく人物が、琵琶法師と盲女（瞽女か）、巫女に限られるのである。この杖をなんと呼べばよいのか私にはわからないが、いずれにしても、これらの人物が聖なる人物であることは多言を要さないであろう。

扇と団扇の聖性

下駄をはく俗人の今一つの持物は、扇と団扇《うちわ》である。団扇は、貴人の顔を隠したり、その存在を表徴するために用いられていた長柄の団扇である翳《さしば》が、中国からわが国にもたらされたあと、柄が短くなるなど変化して生まれたものとも、夏に涼をとったり、太陽の光を防いだり、風塵を避けたり、貴人や女性が顔を隠したり、儀式に用いたり、葬式の飾りに用いられていた団扇（中国では扇と書かれる）がわが国に伝わり使用されるようになったともされる。これに対して、扇（今日いうところの扇子《せんす》）は、奈良時代頃にわが国で創案されたとされている。

奈良時代における扇の史料は三点知られるが、そのうち注目される史料は、渤海の使節が帰国する際に檳榔《びんろう》扇が十枚贈遣されたという『続日本紀』の記述である。檳榔とは、宮崎県や鹿児島県以南の温暖地に生えるヤシ科の植物で、正確には蒲葵と書く。蒲葵は、シュロに似ているがさらに太く、葉柄は長く強靭で、葉身は掌状に深く裂け、脈に沿って褶稜があり、中辺より細裂している。沖縄では、クバとよばれ、聖なる木とされている。檳榔扇とは、この蒲葵の葉のうち細裂する中辺部で団扇状に切り欠いて作った「扇」であるから、当然折りたたむことはできない。とすると、この十枚の扇は、折りたたむことができない団扇を指していることになり、奈良時代には、いまだ団扇と扇の語が未分化であったことが知られる。団扇と扇は、十世紀前葉に成立した『和名類聚抄』には区別されて記載されているので、平安時代初頭、九世紀代には早くも区別されていたことになる。

蒲葵で作った団扇を沖縄では、クバオージとよび、現在でも用いている。この蒲葵団扇に酷似した扇が、平城宮跡から出土している(16)。この扇は、檜の薄板（骨）一一枚を、要と骨の中央やや上方にあけられた綴穴によって綴じ合わせたいわゆる檜扇《ひおうぎ》で、全開時には六〇度内外に開き、先縁が半楕円を描く。この檜扇は、その形態からみて、蒲葵団扇の褶稜をなす葉脈を一区画ごとに分割し、分割したその一つ一つを檜の薄板で作って開閉できるようにしたもので、全開すれば蒲葵団扇になるようにしたものと考えられる。この檜扇の出土した遺構の年代は、共伴した遺物から七四七年頃と考えられているので、今日の扇の原型は、すでに早く八世紀中頃には成立していたことが知られる。それはともかく、平城宮出土の檜扇は、扇が、

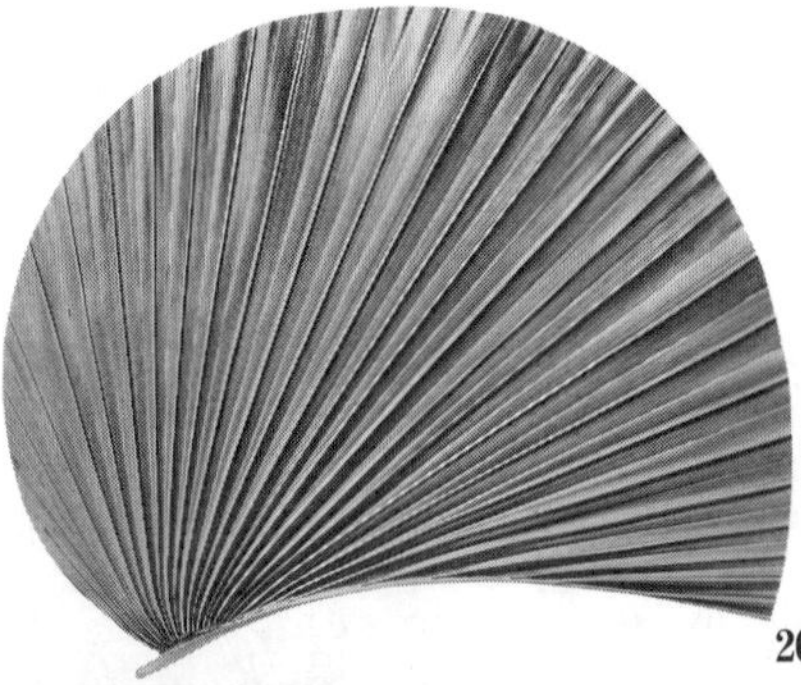

20

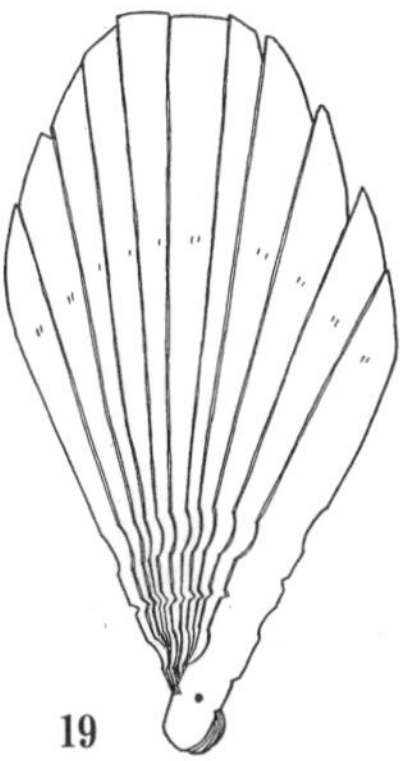

19

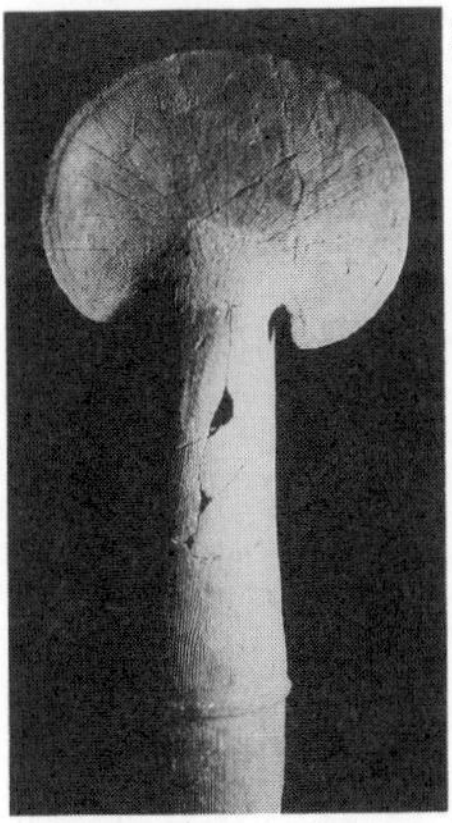

22

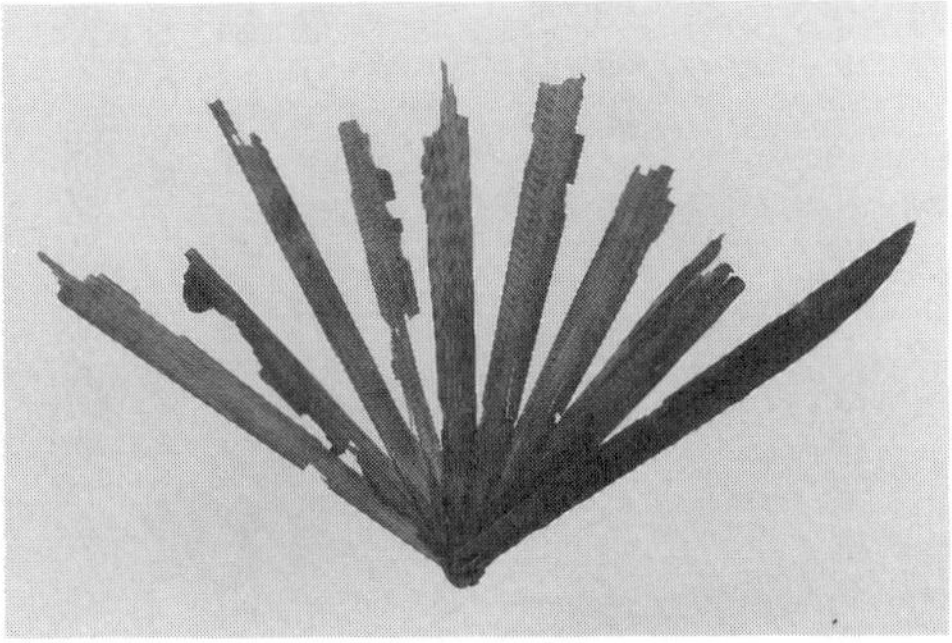

21

19　檜扇復元図　奈良市・平城京跡出土（『木器集成　近畿古代編』より）
20　蒲葵の葉でつくられたクバオージ
21　檜扇　滋賀県草津市・矢倉口遺跡出土
22　翳形埴輪　千葉県山武郡横芝町・殿塚古墳出土（日本の美術 No. 347『器財はにわ』より）

蒲葵団扇を雛型として発生したことを示す有力な証左となるもので、注目される。
現在では、その聖性をほとんど失ってしまっているが、団扇、とりわけ蒲葵の団扇が聖なる道具として用いられたことは、天皇の行幸の列に加えられたり、宮中で火を起こす際や天皇の御飯を冷ますために用いられたり[17]、修験者が護摩の火をあおぐために用いたりしたことからも明らかである。一方、扇（扇子）も、今日、さまざまなハレの場で使用されているように、聖なる持物であることは論をまたない。服部幸雄は、神楽における「採物」としての扇を取りあげて、

扇（中啓）も一種の祭具、呪具であり、神霊の宿る採物《とりもの》であった。その人は聖なる人の標となった。扇は悪霊を祓う呪力をもっていると考えられていたためである。……その蒲葵の葉には神霊が憑依すると信じられたから、巫女や神官が扇（中啓）を手にもつことにより、神はそれを媒介に降臨し、巫女や神官に依り憑き、貴種の象徴となり、また神がかりの姿をとってその顕現の事実を明らかに示したのである。

と、扇の意味を的確に指摘している[18]。その扇がなぜ聖なる持物となったのか、その理由については、扇が起こす風が悪気やケガレを祓うためとか、蒲葵が聖なる樹木であったためであるとか、末広がりであるためとか、郡司正勝のように、

神霊を煽ることとは〈はやす〉ことであり、〈囃子〉は音楽ばかりのことではなく、祭礼に御輿を大扇団であおぎまわるのも暑いからではなく、御輿に移された神霊に新たな力を振いおこさせるために

24

23

26

23　市女笠をかぶり，手に扇をもち，下駄をはいた女（日本の絵巻 8『年中行事絵巻』より）
24　下駄をはいて街路を練り歩く風流姿の男（日本の絵巻 8『年中行事絵巻』より）
25　風流笠をかぶり，手に扇をもち，下駄をはいた蛙（日本の絵巻 6『鳥獣人物戯画』より）
26　団扇と撞木杖をもち，下駄をはいた僧（日本の絵巻 8『年中行事絵巻』より）
27　腰に方扇を差し，撞木杖をもち，下駄をはいた老人（日本の絵巻 8『年中行事絵巻』より）

27

25

必要であったのである。清盛が落日を招きかえそうとした伝説も、この扇の呪力を忘れながらも利用したかたちとなっている。

と、扇・団扇には、ものの霊を動かす力があるためというように[19]、さまざまな説がある。これらの説は、それぞれそれなりの説得力があるが、団扇も扇も、ともに蒲葵の葉で作ることを原則としていたこと、島根県鹿島町の佐太神社の十二世紀前葉とされる檜扇のように、扇を開いたままの状態で、神殿奥深く納められた扇があること[20]、神仏に礼拝するにあたっては、広げた扇を神仏の前におくことが正式な拝礼法とされることなどから[21]、扇の形態、すなわち、扇の原型である蒲葵そのものに扇の聖性の理由が秘められている、と私は考えている。

沖縄では蒲葵を神木としていることから、沖縄の祭祀と結びつけて解釈する向きもある[22]。沖縄（琉球列島）の文化のなかに、原日本的ともいえる古い言語や習俗が残されていることは否定できない。しかし、沖縄本島に政治権力が誕生するのは、十二世紀頃、いわゆる本土の時代区分でいえば、平安時代末期頃とされており、本土の政治権力と接触をもち本格的に交流を開始するのは、それ以降と考えられる[23]。十二世紀以前に本土との交流がまったくなかったわけではないが、それは偶発的なもので、組織的・持続的なものでなかったとされている。そのようななかで、八世紀の律令時代に発生した扇と、現在の沖縄の団扇とを、単に似ているという理由だけで因果関係を云々することはきわめて問題といわざるをえない。たとえ扇が蒲葵の団扇を原型につくられたものであったとしても、その原型をわざわざ沖縄に求める必要はなく、蒲葵が自生する高知県や宮崎県、鹿児島県、なかでも、蒲葵をカミの憑依する聖樹とみる風習を今なお残す鹿児島県大隅半島[24]、すなわち、海人族である隼人の根拠地たる九州南部にもとめても、なんら差し支えないのではないだろうか。というよりも、蒲葵団扇の原産地を隼人の地とするほうが[25]、律令国家における隼人舞とか、隼人の盾・隼人の竹細工などとのかかわりからみて、より整合性があると私は考える。

それはともかく、蒲葵が、常世の国の聖なる植物として人びとに受け入れられた最も根本的な理由は、蒲葵の葉脈が褶稜をなしていて、葉の表面が凹凸を繰り返す、つまり山型に葉襞がくっきりとついていることにあると、私は考えている。凹凸・山型を、別の言葉でいいかえれば、それは「鋸歯文」である。鋸歯文とは、△形が連続したもので、先が尖って、突き刺すことを意味することから、悪霊除けの呪符記号とされている。私も、その解釈に異論はないが、蒲葵＝扇の聖性を考えていくと、ただそれだけではなく、別の意味もこめられていると思うようになった。

鋸歯文は、一般に先が尖っていることを重視しているが、私は反対に、凹んでいることに意味があるのではないかと考えている。それは、私が、凹面を穴、すなわち中空なるものと考えるからである。しばしば言及しているように、中空なるものにカミが籠り・宿るという観念の存在を認めるならば、鋸歯文は、まさに数多くのカミが籠り・宿るものとなる。蒲葵や扇のようなわずかな凹を中空とみることに疑問を呈する向きもあるかもしれないが、人の掌にカミが籠り・宿ると考えたり[26]、蓮の花の一枚の花弁にカミ（ホトケ）が宿ると考えたり[27]、神楽の舞太夫のかぶる烏帽子の窪みにカミが留まると考えた[28]日本人のカミ観念からみれば、けっして理不尽な考えではないと私は思っている。いくつもの中空をもつということは、数多くのカミが籠り・宿るということである。籠るカミが多いほど聖性が強く・高くなることはいうまでもない。凹凸をもたない団扇の聖性がいち早く失われ、多数の凹凸をもつ扇が今なお聖なる持物として尊ばれる。その理由を、私はこのようにみるが、どうであろうか。

絵巻物にみる下駄をはく俗人の持物としては、以上の他に、鶏と鞭がある。鶏は、埴輪にも表されているように、夜明けを告げるカミの使者であり、聖なる持物（生き物）である。また、鞭は、杖の一種とみれば、これもまた聖なる持物ということになる。このように、下駄をはく人物の持物は、なんらかのかたちで聖性を保持していることが知られる。

聖なるかぶり物——笠と傘

下駄をはく俗人の今一つの問題点は、かぶり物である。かぶり物については先に少し触れたが、ここでは、もう少し詳しく掘り下げてみたい。かぶり物の代表的な例は笠・傘である。笠・傘は、発音が同じであるため、笠はかぶりかさ、傘はさしがさとよんで区別されている。笠・傘の起源については諸説があり明確でないが、『倭名類聚抄』に「簦 音登俗云大笠於保賀佐 笠有柄也」と記されていることから、一般には、おおがさに柄がとりつけられたものが傘とされている。しかし、私は、傘は、中国では傘蓋とよばれていることや、わが国でも貴人が外出する際に背後からさしかけるかさを華蓋（キヌガサ）、さらには傘を「きぬがさ」とよんでいることなどから、蓋《きぬがさ》（繖）ともかかわるのではないかと考えている。それはともかく、笠も、蓋も、古墳を飾る埴輪に表現され[29]、すでに五～六世紀には存在していたことが知られる。蓋は、貴人の頭上を覆い、位階によって色や材質が異なっていたことなどから考えて、聖なるかぶり物であったことは明らかである。服部幸雄は、

傘の下にこしらえられた小宇宙は〈聖なる庭〉だった。ここは神の宿る〈場〉であり、ぼろぼろも説教師も祭文語りも神そのものに変身した。この〈場〉では聖と俗とが一体化している。

28

28　さし傘『春日若宮御祭礼略記』(『風流の図像誌』より)

29　蓋形埴輪　滋賀県野洲郡野洲町・小篠原1号墳出土

30　大傘を差し，手に扇をもち，下駄をはいた男『伊勢新名所歌合』(『絵巻物による　日本常民生活絵引　第3巻』より)

30

29

とか、[30]

傘もまた遠来の異形の者の行動を表す記号であった。長柄の、色あざやかな傘をさしかざすとき、その下は非日常的に区切られた聖空間であり、神の子としての貴人・神官・巫女・遊里の太夫など、神の資格をもつ人だけがそこに入った。中世の説教師や祭文語りが必ず傘の下に立って語ったのは、神霊を呼び降ろし、神の言葉を語った「神語り」の伝承を継いだのであろう。

と述べ[31]、傘の聖性を指摘している。

それでは笠はどうなのであろうか。笠も傘とおなじく、単なる実用品ではなく、田楽笠・花笠・踊り笠など、祭礼や神事にも用いられた。埴輪にも笠をかぶった人物が表現されている。郡司正勝は、

祭礼や盆踊の日に、笠を覆るのは、日常とは別の時空に入ることを意味する。

とか、

笠は、魂を招き寄せる呪力をもつ。

と述べ[32]、笠の聖性を強調している。しかし、わが国では、笠は、単独で語られることは少なく、『日本書紀』に、

素盞嗚尊《すさのをのみこと》、青草を結束ひて、笠蓑として、宿を衆神に乞う。……爾より以来、世、笠蓑を著て、他人の屋の内に入ることを諱《い》む。

と記されているように(33)、常に、蓑と一体のものとして取り扱われ、論じられてきた。折口信夫は、蓑・笠は遠くから来訪してくる神の旅装束であるというマレビト論を展開し、笠を頂き、蓑を纏《まと》うことが、人格を離れて神格に入る手段であったと結論づけている。蓑・笠をめぐる習俗の問題は、折口信夫のこの説を中心に今なお論議が続いているが、笠が蓑とともに、人ならぬもの、聖なるもののつけるべきものであることは、何人も異論はないようである。

以上のことから、傘と笠が聖なるかぶり物であることを理解していただけたと思うが、それではなぜ、傘・笠が、聖なるかぶり物となるのであろうか。それを解くカギ、それは、傘・笠が、顔や身を隠す道具であったことである。それを表象するのが、鬼ケ島の鬼が「かくれ蓑、かくれ笠」を宝物としていたことである。かくれ笠とは、かぶれば身体が隠れて見えなくなる笠のことである。それは、穴、すなわち中空なるものに入り、籠ることを意味する。中空なるものに身を隠し、人の目には見えないもの、いうまでもなく、それは、カミである。傘・笠が、聖なるかぶり物である理由、それは、笠の下は、カミの籠る中空なる場と認識されていたためである。カミが蓑・笠を着て来訪するというのは、蓑が身体をくるみ隠す外衣であるためである。笠と蓑という身体を隠すかぶり物を二重にかぶり身を隠す。それこそ、人の目には見えない、否、見てはならないカミが顕現し、籠り・宿るにふさわしい場であった。

歌舞伎の荒事の『押戻』の主人公は、蓑・笠を着て、下駄をはき、手に竹をもつという異形で悪鬼・邪霊の巨大な悪を押し戻すが(34)、蓑・笠を着たカミが、下駄をはくのは、歌舞伎の本質からみて単なる演出で

31　惣王神社太鼓踊りの花笠　滋賀県甲賀郡土山町黒瀧　長浜城歴史博物館（『近江の太鼓踊り　竜神信仰と雨乞い踊り』より）
32　今宮神社やすらい祭の花笠　京都市北区紫野（『風流の図像誌』より）

31

32

33　笠形埴輪　埼玉県大里郡大里村・円山古墳群出土（『笠の民俗』より）
34　笠をかぶり左手をあげた男子埴輪　千葉県山武郡横芝町・姫塚古墳出土（日本の美術 No. 346『人物・動物はにわ』より）
35　広縁笠をかぶり，下駄をはいた男（日本の絵巻 8『年中行事絵巻』より）
36　八幡神太鼓踊りの笠　滋賀県坂田郡伊吹町春照　長浜城歴史博物館（『近江の太鼓踊り　竜神信仰と雨乞い踊り』より）

34

35

33

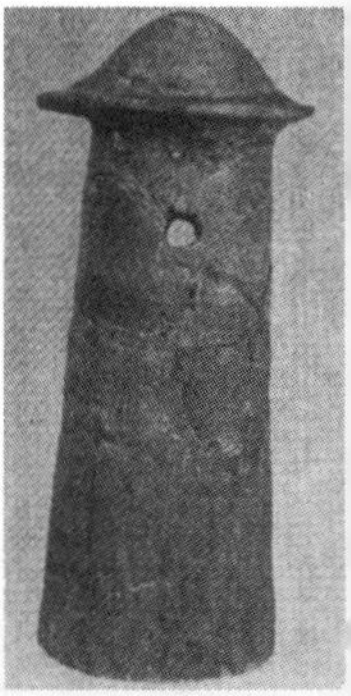

36

はなく、下駄が、カミのはきものであることを前提にしたものであることは明らかである。歌舞伎では、傘を差し、下駄をはいた人物がしばしば登場するが、これも単に粋《いき》とか伊達《だて》というものではなく、その心底に傘と下駄という聖なるかぶりものとはきものという意識の存在をみるのは穿ち過ぎであろうか。カミに仕える巫女の系譜を引く遊女のなかでも最も格式を誇る花魁《おいらん》が、雨も降らないのに、傘を差し懸けられ、三本歯の下駄をはいて道行《みちゆき》する姿は、傘と下駄の聖性を表象するものであると私は考えている。先に、江戸時代の井戸から下駄が出土することを指摘したが、歌舞伎や花街のはきものをみると、意識の問題はあるものの、下駄が聖なるはきものであるという観念が、いまだ人びとの心の底に残されているのではないかと思わずにはいられない。

下駄をはいた人物、とりわけ、女性のなかには、これといった持物はもたないが、市女笠《いちめがさ》をかぶったり、平包《ひらづつみ》や衣かずき、商品を入れた曲物《まげもの》を頭にのせるなど、なんらかのかたちで、頭を覆っている人物が少なからずみうけられる。市女笠とは、笠の中央頂部に高い巾子《こじ》を造り出したもので、当初のものは肩幅を超えるような大きなものであったとされる。巾子とは、髻を冠に納めるために冠の後頭部につけられた突起物である。市女笠が、冠の象徴ともいえる巾子を造り出し、大笠や天蓋のように身体全体を覆う大きさであったということは、市女笠が、かぶり物の本来の意義を正当に踏襲した聖なるかぶり物であることを示している。衣かずきは、袿《うちかけ》や小袖を頭にかぶったものであるから、笠と同義とみなすことができる。それは、歌舞伎で、袖を頭の上にかざすことを「肘カサ」とよび、袖を笠にみたてていることからも理解される。(35)

平包とは、容納用の袷《あわせ》の包み絹で、衣類などを平たくたたんで包んだものである。『扇面古写経』には、この平包を頭に載せ、下駄をはく女性が五人描かれているが、そのうち三人が、平包の上や、背中に市女笠を背負っている。平包の上に笠をかぶるということは、笠に意味があり、平包は付随物とみることもできる。しかし、それならば、市女笠をもたない二人が下駄をはく理由が説明できない。この場合、頭に載せた平包を笠とみなせば、平包もまた聖なるかぶり物となる。

このように、笠はかぶらないが、野菜や魚などを入れた曲物を頭に載せた女性で下駄をはく人物がいる。この場合、野菜や魚に聖性は認められないから、聖性があるとすれば曲物となる。曲物は、神事において重要な役割を担っていることや、曲物が中空構造をなしていること、下駄とともに井戸や祭祀遺跡から出土することを考えると、曲物を頭に載せることは、笠をかぶることと同義であった可能性がある。そのようにみなすことが許されるならば、これらの女性が下駄をはくことも問題なくなるが、はたしてどうなのであろうか。

平包や曲物を頭に載せたこれら女性は、笠の有無は別にして、いずれも市で商売をする販女《ひさぎめ》とみられる。通説に従えば、女性が市で商いをするためには、市女笠をかぶらなければ商売ができなかったとされる。とすると、これら市女笠をもたない女性商人は市女でないことになる。

市女笠について、笹本正治は、

市女笠も本来は市子（神女）の象徴であって、これを被ることによって初めて市女としての役割を担えるようになったのであり、市で物を売買するには市女笠を被ることが最低の条件になっていたと推察される。このことは商業・交易が神を媒介としてなされることに深く関係し、巫女であるが故に女性は商業ができるということにつながると考えられる。

38

37

41

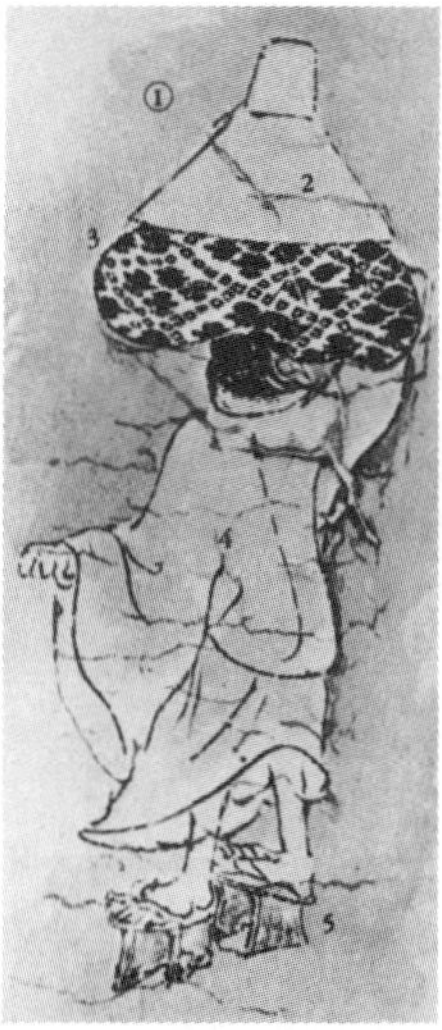

40

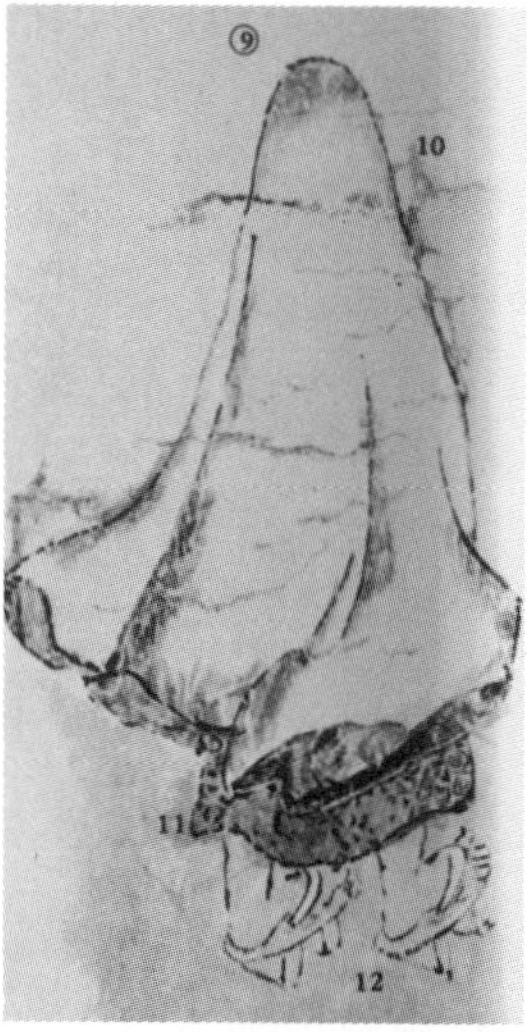

39

37　「押戻」の主人公の簑笠姿　三代目歌川豊国画（『花道のある風景　歌舞伎と文化』より）
38　市女笠をかぶり，下駄をはいた僧　『一遍上人絵伝』（『絵巻物による　日本常民生活絵引　第2巻』より）
39　かずきをかぶり，下駄をはいた後姿の女　『伴大納言絵詞』（『同上　第1巻』より）
40　平包を頭にのせて下駄をはいた後姿の女　『伴大納言絵詞』（『同上　第1巻』より）
41　平包を頭にのせて下駄をはいた女　『伴大納言絵詞』（『同上　第1巻』より）
42　市で物を売る下駄をはいた女と，商品を入れた曲物を頭にのせて下駄をはいた女，および平包を頭にのせて下駄をはいた女　『扇面古写経』（『同上　第1巻』より）
43　平包を頭にのせて下駄をはいた女と，かずきをかぶり下駄をはいた女　『扇面古写経』（『同上　第1巻』より）

42

43

と述べ[36]、市女笠は、市で商売するためには必ずかぶらなければならないものとしている。ところが、武田佐知子は、『一遍聖絵』のなかに、市の出入り口に市女笠が積み重ねられている光景に注目し、市で女性商人が店を出し商売するためには、市を差配する者、もしくはその代理人にたいして、市の出入り口で市女笠を託し、店のなかでは笠はかぶらなかったと指摘しているのである[37]。本来、市では市女笠をかぶらなければならなかったとするならば、なぜ中世になると市では笠をかぶらなくなるのか。その理由を武田は、

市庭空間が、小屋掛けされた建築物で構成されるものとなった段階では、市に出店することは屋根の内側で店をはることを意味していよう。そのさい、商人たちが履きものを脱ぎ、被りものをとるのは、当然の事態である。こうした自然の行為であったものに、いつか象徴的な意味が付与されるようになったのではないだろうか。つまりいわゆる座売りをおこなうさいの、市のメンバーシップが、笠と履きものの供託という行為と、象徴的に交換されるようになる。

と、店舗が露天ではなく、屋根をかけた恒常的な建物で営まれることになったため、屋内でかぶらなくなった笠や、はかなくなったはきものを供託するようになったとしている[38]。

先に述べたように市女笠は、高い巾子をもち、顔も隠れんばかりに深く、肩幅ほどもある大きな笠であることを考えると、いかに露天であれ、そのような笠をかぶって品物の売買がスムーズに行なえたかどうかきわめて疑問である。まして、小屋掛けの狭い屋内で市女笠をかぶって商いをするなど不可能に近いといってよい。武田は直接述べていないが、その論旨からすると、市が小屋掛けとなる以前には、市女も市女笠をかぶっていたと想定しているようである。しかし、小屋掛けする以前の露店でも市女が市女笠をか

ぶっていたかどうか問題があるとすれば、武田の説は、大きく揺らぐことになる。それだけでなく、市女笠の使用状況やその形態の謎を探っていくと、市女笠が、はたして女性専用のかぶり物であったのかどうかすら疑問となるのである。

市女笠の使用について『西宮記』は、

京内　雨降者、五位以上、著市女笠雨衣、

と、五位以上の公卿が着用するものであったことを記しているのである。[39] また、市女笠の表象ともいうべき巾子について、江戸時代の書物である『守貞謾稿』は、烏帽子の上からかぶるものであったため設けられたと述べている。これらのことを考えあわせると、市女笠とは、本来は高位高官の男性のかぶりものであったことになる。それがどうして市女笠とよばれるようになり、女性のかぶり物となったのか、残念ながらその理由を明らかにすることはできない。ただ、私は、市女は、市子と同義であり、市子とは、市で商いをする商人だけでなく、イチコとよばれる神巫・巫女をも意味するとされることから、市女笠は、この巫女となんらかのかかわりがあるのではないかと推察している。八世紀末〜十世紀にかけて、仏教が次第に勢力を伸長してゆくと、カミは徐々に零落してゆく。カミの零落は、神の子たる巫女の零落でもあった。そうしたなかで、巫女が、その聖性を誇示するため、五位以上の殿上人しかかぶれなかった笠（当初はなんとよばれていたのかは不明）をかぶるようになったのではないかというのが私の想定である。市女笠は、一種の「異形」であったのではないかと網野善彦は述べているが、[40] その異形を最初に体現した人物、それがイチコ（巫女）であったのではないだろうか。イチコがかぶる笠、それが転訛してイチメ笠になったとすれば、その名称の特異性も理解しえるのではなかろうか。その市女笠が、市で商いをする市女と音通であったため、いつしか市女のかぶる笠とされるようになったのであろう。その市女笠が、なぜ、市の入り口で預託されるのであろうか。『一遍聖絵』の福岡の市の場面をみながら検討してみよう。

『一遍聖絵』は、大きく聖戒本と宗俊本の二種にわけられるが、その聖戒本と宗俊本もまた幾種類かにわけられるのである。ここでは、武田の論文とかかわることもあり、武田の使用した聖戒本のうち、歓喜光寺本と御影堂本（新善光寺）を題材とした(41)。

歓喜光寺本の福岡の市には、市の入り口に笠の山はなく、男性が女性に草履とおもわれるはきものを渡している。武田は、この男性が裸足であることから、自分のはいていたはきものを脱いで渡したものとみている。このはきものを受け取っている女性の前、通りに面した側に一足の下駄を前に置いて座っている男性がいる。武田は、この下駄と男性については何も触れていない。しかし、この下駄が商品かどうかは、次に述べるように、きわめて重要な問題をはらんでいる。これに対して御影堂本では、店舗の裏手に笠の山が描かれ、通りに面した場所にはきものとおぼしきものを並べている男性に、別の男性がはきものらしきものを差し出している。この男性は、はきものをはいているので、差し出しているものがはきものだとすると、預託のためのはきものを別に用意してきたことになる。二種の絵巻を比較すると、笠の山は歓喜光寺本ではみられないが、はきものを市の入り口で何者かに差し出している光景は共通してみられる。この相違が何を意味するかは明らかでないが、単純にその相違だけを取りあげるならば、市の入り口で預託するものは、笠よりもはきもののほうが普遍的であったことになる。そのはきもので問題になるのは、御影堂本に描かれているはきもの（草履か下駄かは不明）が、商品なのか預託品なのかということである。武田の論調からすると、そのはきものは預託品とされる。歓喜光寺本に描かれている下駄は、御影堂本に

44

45

44　備前福岡市の入り口で草履を差し出す男（日本の絵巻20『一遍上人絵伝』より）
45　同　『一遍聖絵』（国宝・重要文化財大全Ｉ　絵画上巻』より）

描かれているはきものと、その光景といい、その場所といい、まったくおなじなのである。このことは、下駄が商品ではなく、御影堂本に描かれているはきものとおなじく預託品の可能性がきわめて高いことを示している。

絵巻物にはさまざまな市女（販女）が描かれているが、その多くが下駄をはいている。市の入り口に置かれた下駄と彼女らがはいている下駄とは、なんらかのかかわりがあるのだろうか。もし、かかわりがあるとすればどのようにかかわるのかが問われる。

先に、平包を頭に載せた女性のなかには市女笠をかぶったり、背中に背負って下駄をはくものと、市女笠をもたずに下駄をはくもの、また、野菜や魚を入れた曲物を頭に載せた女性は、市女笠をもたず、ただ下駄をはくだけであることを指摘したが、なぜ、市女笠をかぶらないにもかかわらず下駄をはくのであろうか。市の入り口で市女笠とはきもの（下駄）の二種類を預託しなければ市で商いができないとすれば、下駄をはいているだけで、市女笠をもたない女性は市に入ることが不可能となり、市女でないことになる。しかし、『年中行事絵巻』や『西行物語絵巻』・『直幹申文絵詞』に描かれている彼女たちの品物は、商品としかいいようのないものであり、どう考えても彼女たちは女性商人といわざるをえない。彼女たちが、市で商いをする市女でないとすれば、彼女たちは、店舗を構えず、商品を持ち歩き販売する行商人、いわゆる振売り商人とせざるをえない。もしそうであれば、座商人と振売り商人とを区別するもの、それは市女笠の有無ということになる。

市とはきもの

市が無縁《むえん》・公界《くがい》・楽《らく》の地、すなわち俗権力の介入できない平和で自由な領域（アジール）であることは、(42)いまさらいうまでもないであろう。私の論理でいえば、アジールとは、カミが籠り・宿る聖なる領域、この世に出現したカミの住まう世界（異界）、中空なる場であった。その市を守護するカミ、それが市姫とよばれる女性神である。なぜ女性神なのか、それは、取引きする物に籠る霊魂を旧所有者から新所有者に移す媒介者に聖性の強い女性（巫女）が携わったためと考えられている。その巫女がかぶった笠、それが市女笠であったとすればどうであろうか。市の入り口で市女笠を預託する、その行為の本来の意味は、市で商いをするために市神に捧げる聖なる供物であり、一種の鑑札であったと考えられる。それがいつの頃からか、その鑑札を市の入り口で預託するようになったのではないだろうか。とすると、振売りのはく下駄や、市の入り口で預託するはきもの（下駄・草履）は、どのような意味をもつのであろうか。

下駄が聖なるはきものであることは、これまで縷々述べてきた。市とカミとのかかわりが、いまだ人びとの観念のなかに残されていた時代、市神の代理者としての巫女は下駄をはいて、その聖なる役割をつとめていたと私は考えている。市を守護する巫女のその下駄が、いつしか市で商う人びとのはきものとなっていった。商いが市を離れ、街路で商取引きが行なわれるようになってもその伝統は受け継がれ、振売り商人も下駄をはいてその聖性を誇示した。とりわけ女性商人がことさら下駄をはくのは、その聖性を誇示することによって、商品の強奪などを避けんとしたためではないだろうか。福岡の市で商人たちがはきものを差し出しているのは、市人の証明であった下駄の意味が変化し、一種の鑑札がわりになった結果ではないかと、私は推察している。

市の入り口の預託品に草履が多いのは、『一遍聖絵』が描かれた時代には、下駄の聖性が薄れ、はきやすい草履にかわっていったためとみることができる。しかし、「草履もまた魔障を除き吉祥福徳をもたらす呪具であった」とする見解や[43]、『北野社家日記』に記されている次のような事件を考慮すると、その理由を単に利便性だけに求めてよいかどうかは問題があるかもしれない。その事件とは、慶長四年（一五九九）四月三十日、京都の北野天満宮で起きたもので、そのあらましを、横井清は、

一、当番丞仕（承仕）能タン（能丹）着到取来、はだしにて来、前々げた（下駄）なとはき候て来候者共、げたのはなを（鼻緒）きりたゝき申候故、はだしにて来也、

文中の「承仕」（しょうじ）とは「寺社の内殿を掃除し、仏具などを整備し、灯明を供え、香を焚くなどの雑役に従事するもの」で「承仕法師」ともいうように下級僧の一種である。その承仕の一人として同社の神宮寺に所属していた能丹が、当番役として当日の出勤簿を裸足で本部へ届けにきたということらしい。裸足で来たのには理由があって、以前に下駄など履いてやってきた者たちがあり、見咎められて鼻緒を切られ叩かれるという一幕があったためである。その時の「者共」には、たぶん彼も含まれていたのであろう。ちなみに、この日、当社での「御供」にさいして奉仕した「宮仕老若」は、「はだし（裸足）にて御供はこぶ（運ぶ）」と記されている。宮仕というのも掃除その他の雑役に従事していた下級の社僧で、老若を問わず裸足で勤仕していたのである。

ところで、当の能丹は、同じ日に又しても痛い目にあわねばならなかった。同記録の続きの一条である。

一、能丹、社内ニてぼこり（木履）をはきたるをミつけ成敗可仕と存候へ共、能存をよび（呼び）候て急度（＝きつく）申付、能存申様、はうばい中ニ能丹をたゝかぬ者は無御座と申、何畏由（＝恐縮しているとのこと）申帰、

47

49

48

46

50

46　商品を入れた方形の曲物を頭にのせて下駄をはいた女（日本の絵巻 8『年中行事絵巻』より）

47　暴れ馬に驚いて転倒し，頭の上にのせていた商品を入れた方形の曲物をひっくり返した下駄をはいた女　『西行物語絵巻』（『絵巻物による　日本常民生活絵引　第 3 巻』より）

48　腕に鶏を止まらせて下駄をはいた男（日本の絵巻 8『年中行事絵巻』より）

49　手にムチをもち下駄をはいた子供『鳥獣人物戯画』（『絵巻物による日本常民生活絵引　第 1 巻』より）

50　腰にムチを差し下駄をはいた男（日本の絵巻 8『年中行事絵巻』より）

裸足は殊勝だったのに、そのあとに境内を木履で歩いていたのが見咎められ、危うく厳罰をくらわされるところを間接の厳重注意で助かったのである。しかし、「傍輩中……」以下の能存の申告にも示されるように、能丹は同輩連中すべてから叩かれたらしいのである。

と述べている。[44] ここには、下駄の階級性とまではいかないまでも、明らかに、階層や身分によって「履《は》ける」「履けない」が厳然と存在していた事実を如実に物語っていてきわめて興味深い。

しかし、この日記には大きな問題が含まれている。それは、このような規制が、北野社という場に適用されたのか、それとも承仕という身分の人間に適用されたのかという問題である。これまで述べてきたように、下駄が聖なるはきものであるとすれば、北野社という聖なる場で下駄をはくことは、なんら問題となるべきことではない。それは絵巻物に描かれた社寺の境内に、さまざまな人物が下駄をはいている姿が散見されることからも明らかである。とすると、承仕という下級僧が、その身分のゆえに、はくことを禁じられていた下駄をはいたためということになる。しかし、先にも述べたように、ぼろぼろや琵琶法師などの乞食僧でも下駄をはいていることを考えると、僧、あるいは僧形ならば無条件に下駄をはくことができたと私は想定している。とすると、この事件は、承仕が僧でなかったために起きたことになる。しかし、横井も述べているように、承仕は俗人ではなく、下働きとはいえ、あくまでも僧であるから、この説は矛盾に陥り、成立しない。この事件の原因が、場でもなく人でもないとすれば、その原因は、いったい何であったのかということがあらためて問われるが、現時点では有効な解決法を見いだしえない。あえて求めるならば、近世初頭には、承仕の性格がそれまでの時代とは変わり、俗体のもの、さらにいえば賤民身分のものが勤仕していたとすることである。しかし、そのような問題を証明することは、私の能力を超えるものであり、ここでは、下駄の聖性が、形式化していたとはいえ、近世まで継続していた事実を指摘するにとどめ、結論は留保することにしたい。

はきものの階級性にもかかわる重要な事件の結論をえることはできなかったが、ともかくも、この事件が、『一遍聖絵』が描かれてから三百年も経過した時代に起きたことを考えると、『一遍聖絵』が描かれた時代には、下駄の聖性や規制はまだまだ根強く残っていたとみるのが妥当であろう。とくに、市という場

51

52

53

51　肥満の女（借上）に手をかす下駄をはいた婢女（日本の絵巻 7 『病草紙・他』より）

52　下駄を打ち振る男（日本の絵巻 8 『年中行事絵巻』より）

53　下駄をはいた老女　『信貴山縁起絵巻』（『絵巻物による日本常民生活絵引　第 1 巻』より）

は、とりわけ聖性が重視された場であるだけになおさらであったとせざるをえない。とすると、市への供託物が、下駄から草履へと変化する理由は、下駄の聖性が薄れたためだけではなく、別の理由も存在していた可能性も考えるべきかもしれない。しかし、現時点では、これ以上の究明は資料の制約もあり、留保せざるをえず、今後の研究課題としたい。

それにしても、なぜ、市の入り口で預託品として差し出すものが、笠と下駄であったのであろうか。『一遍聖絵』が描かれた時代には、市女笠をかぶる人物のほとんどが女性であることからみて、笠が女性の市人を表象するものであったことが知られる。とすると、『一遍聖絵』に描かれたはきものを差し出す人物が、歓喜光寺本も御影堂本のいずれもが男性であることからすると、男性の市人を表象するものははきもの（草履か下駄）ということになる。男性の市人が笠でなくはきものなのは、わが国では、男性が頭頂をみせることを忌み憚り、烏帽子を取りはずすことをしなかったためと考えてよいだろう。ただ、市女笠の発生が、早くとも奈良時代末と考えると、市女が市女笠をその表象とする以前は、市女も下駄を表象としていたのではないかと私は想定している。

以上、絵巻物に描かれた下駄をはく俗人の持物とかぶり物についてみてきた。その結果、それら俗人が、聖なる持物を持ち、聖なるかぶり物をかぶり、聖なる人物の資格を有していることが知られる。このことは、下駄が、聖なる場である井戸や便所ではかれ、下駄とともに出土する遺物のほとんどが祭祀品や呪具であることと対応するものであり、下駄が聖なるはきものであることを別の観点から示すものといえる。

しかし、残された問題もいくつかある。一つは、数は少ないが、『病草紙』の婢女や『信貴山縁起絵巻』の老女のように、下駄をはいた俗人のなかに、何も持たず、何もかぶらずに下駄をはく人物がいることである。下駄をはく人物が聖なる人物であるとすると、これらの人物のどこにその聖性があるのかが問題となるが、現時点では解釈の糸口がまったくなく、留保せざるをえない。先に下駄は、九〜十世紀頃にその使用法に変化が起こると述べたが、それは、下駄の聖性がうすれ、一般庶民のはきものとして普及する前兆と私は考えている。そうした観点からすると、聖性をもたない人物が下駄をはいたとしても別に問題はないことになるが、この点も明確にしがたく、今後の課題である。

今一つは、聖なる持物や、聖なるかぶり物をかぶっているにもかかわらず、下駄をはいていない人物が描かれていることである。そうした人物と下駄をはく人物の違い、すなわち、おなじかぶり物、おなじ持物をもっていても、下駄をはくか、はかないかの基準はなんであったのかという疑問である。単なる嗜好の問題であったのか、なんらかの理由であえて聖性を示す必要があったためなのか、いずれにしても現時点では明確にしがたく、今後の課題である。

第五章　下駄の使用法を探る

遺跡から出土した下駄は、さまざまな特徴をもっている。その特徴のいくつかをとりあげて、下駄の使用法を探ってみることにしたい。

まず第一にとりあげるのは、先にも述べたが、九世紀前半頃までの下駄は、前緒穴いわゆる前壺が、現在の下駄のように台（天）の中央ではなく、左右どちらかに片寄って穿たれているという事実である。このように前壺が片寄って穿たれた下駄の比率は、滋賀県だけでなく、全国的な集計結果をみても、約二対一の割合で、右足用（前壺が左）の下駄のほうが多いのである。[1]この数字が単なる偶然なのか、それとも、なんらかの意味がこめられているのかは、判断の分かれるところであるが、私は、下駄が一足（両足）ではなく、半足（片足）で使用されたことを示唆する数字であると考えている。それは、右足用、すなわち、利き足として一般的な右利きの下駄が、二対一（三点のうち二点）という比較的高い割合で出土することと、遺跡から出土する下駄のほとんどが片方であるという現象とがかかわっていると考えるからである。

下駄の使用痕

第二の特徴は、下駄の台に、母指だけでなく、母指のつけねにあたる母趾球や踵などの痕跡が、くっき

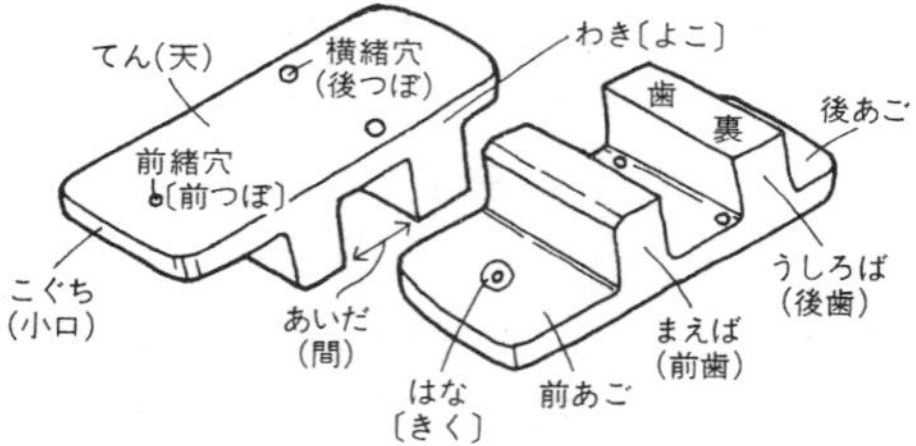

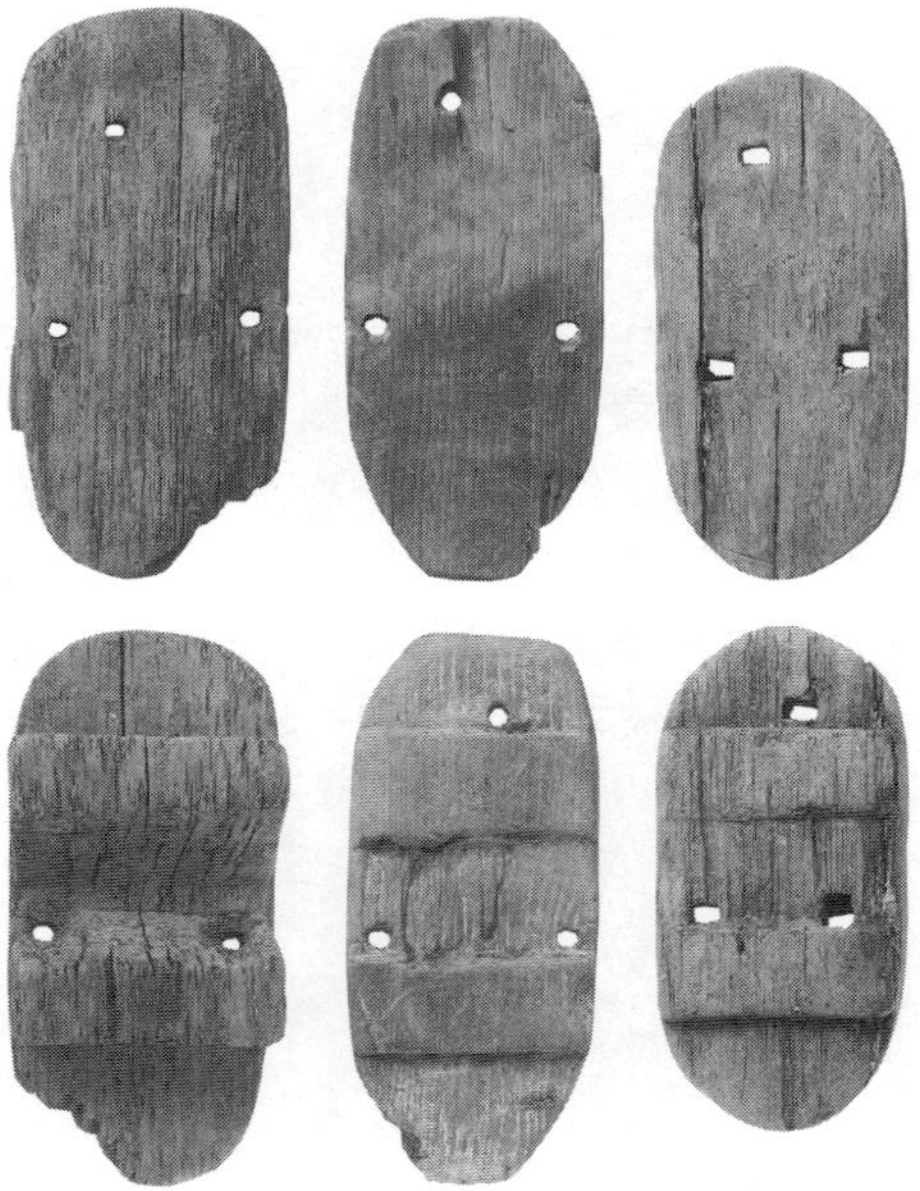

2a
b

3a
b

4a
b

1　下駄の各部の名称（『日本はきもの博物館・他　年報３』より）
2　前壺が左に片寄った右足用の下駄（ａ：表，ｂ：裏）　守山市・欲賀西遺跡出土
3　同上（ａ：表，ｂ：裏）　大津市・穴太遺跡出土
4　同上（ａ：表，ｂ：裏）　大津市・穴太遺跡出土
5　前壺が右に片寄った左足用の下駄（ａ：表，ｂ：裏）　大津市・湖西線関係遺跡出土（同上）
6　同上（ａ：表，ｂ：裏）　大津市・穴太遺跡出土
7　同上（ａ：表，ｂ：裏）　出土地不明（同上）
8　前壺が中央に位置する下駄（ａ：表，ｂ：裏）　大津市・湖西線関係遺跡出土
9　同上（ａ：表，ｂ：裏）　蒲生郡安土町・十七遺跡出土
10　同上（ａ：表，ｂ：裏）　高島郡新旭町・針江南遺跡出土

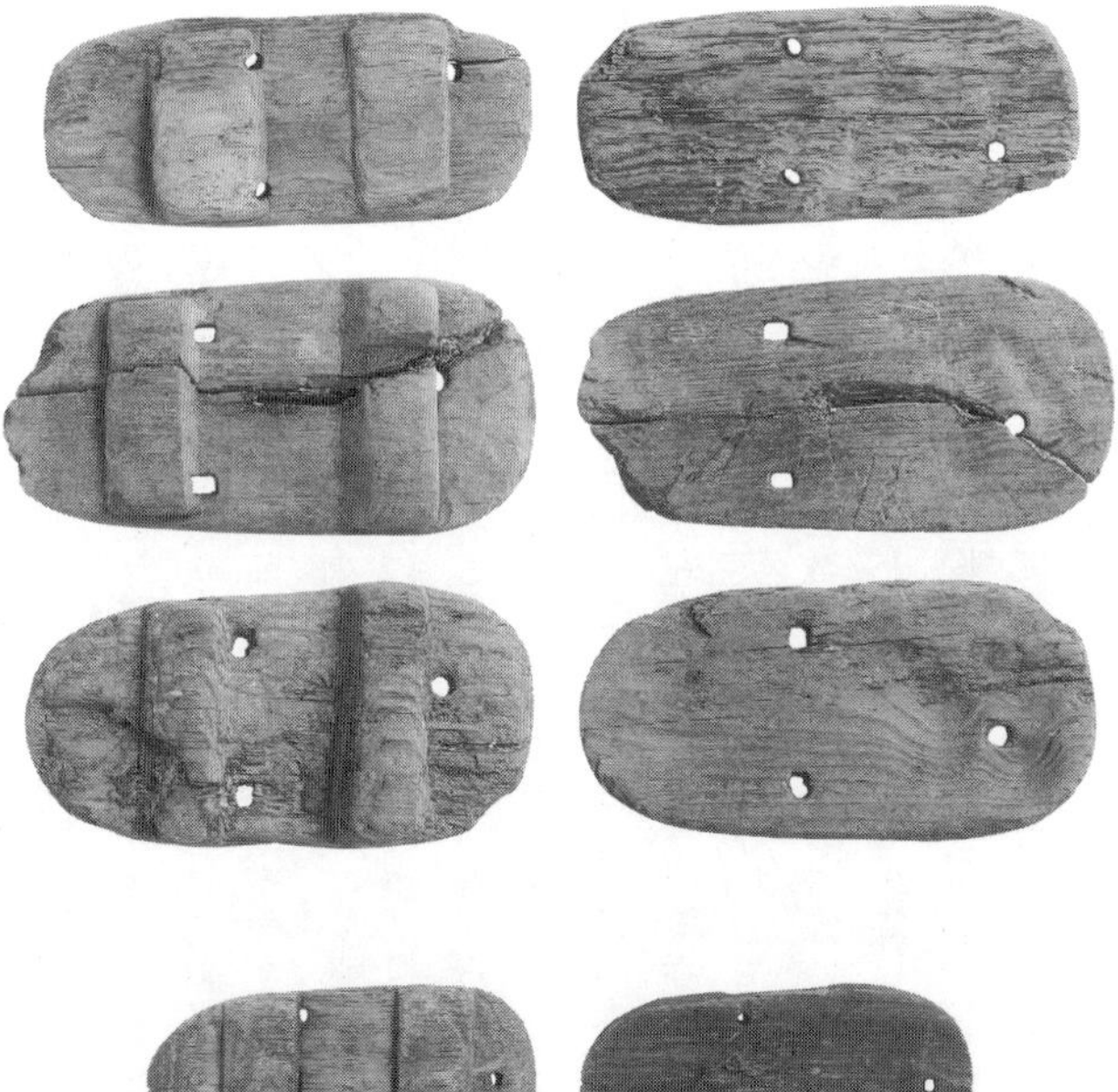

5a b

6a b

7a b

8a b

9a b

10a b

りとついていることである。なかには、土踏まず以外の足跡全体が見事にその痕跡をとどめているものもある。学生時代、はきものといえばもっぱら下駄であった私の経験からすると、下駄の歯がどれだけ「ちびっても（磨り減っても）」、下駄の台に足跡がつくことなどほとんどありえなかった。にもかかわらず、なぜ下駄の台に足跡がつくのか。この問題は、下駄の研究をはじめた当初の最大の関心事であった。

台に足跡のついた下駄は、そのほとんどが、前壺が左右どちらかに片寄った九世紀以前の下駄である。十世紀以降の下駄にも足跡のついたものはみられるが、その多くは母指だけで、母趾球や踵までついたものは少ない。この現象は、前壺が中央に固定化する現象とあいまって、九世紀頃を境として下駄の使用法に変化が生じたことを示す証左と私は考えている。

それでは、なぜ下駄の台に足跡がつくのか。材質が軟らかい桐でも、十分乾燥させれば足跡がつかないことは、下駄の愛好者である私の経験からも明らかである。とすると、考えられる理由は、台に樹液や樹脂などの水分が十分残された伐採直後の生木の状態で下駄を製作し、使用したためとせざるをえない。実験考古学と称し、私も伐採して一〇日ほどの杉の木で下駄を製作し、はいてみたが、水分を多量に含んでいて重たいうえに、前壺が左右に片寄っていて歩きづらかったことと、初冬の寒い季節であったこともあって二時間ほどで断念し、実験は失敗に終わってしまった。しかし、そのときの感触からすると、連続して一定程度の時間ないし日数をかけて下駄に強い力を加え続ければ、台に足跡がつく可能性は十分あると思った。その時間がどれほど必要かは明らかにしがたいが、いくら水分の多い生木とはいえ、薄板に加工しているため、短時間で乾燥してしまい、足跡がつきにくくなることを考えると、最長でも二日程度ではないだろうか。いずれにしても、下駄の台についた足跡は、下駄の使用法と密接にかかわると考えられるので、今後の重要な研究課題である。

出土した下駄が実際に使用されたことを示す痕跡は、台についた足跡だけでなく、前壺前方の小口の欠失や、歯の減り方からも知られる。前壺前方の小口が欠失している下駄は、六～十六世紀頃まで一貫してみられる。前壺前方の小口が欠失するということは、前緒に大きな力がかかることを意味している。下駄の使用時に、前緒に強い力がかかっていることは、前壺の周囲に母指をはじめとする足指の圧痕や、母趾球がついていることからも証される。しかし、いくら前壺に力がかかるといっても、何ミリもの厚さの木の板が簡単に欠失することは考えがたい。ただ、下駄のなかには、前壺が小口ぎりぎりに穿たれているものもあるので、その場合は、押し出されるようにして欠失することはありうるものの、石製下駄と異なり、木製下駄では、前壺を台の先端ぎりぎりに穿つ例は少なく、主な理由とはなしえない。古代・中世において、下駄の鼻緒がどのような材料でつくられていたのかはまったく明らかでないが、常識的にいえば、鼻緒に大きな力が加われば、下駄の本体が欠失する前にまず鼻緒がちぎれるとみるのが妥当である。土中に埋まっていた間に腐食して欠失したと考えられないこともないが、前壺前方の小口だけが腐食するというのは、いかにも不自然で説得力に欠ける。しかも、この前壺前方の小口の欠失は、前歯の摩滅よりも、後歯の摩滅のほうがいちじるしいという下駄の今一つの特徴と矛盾するのである。

滋賀県から出土した約二百点近い下駄の多くは、前歯よりも後歯のほうが、磨り減りかたが大きく、前歯のほうの磨り減りかたが大きい下駄は、わずか数点しかないのである。しかも、なかには後歯だけでなく、後顎の端部が磨り減っているものもあるのである。使用法がおなじであったかどうか明らかでないが、下駄とおなじはきものである木沓も、その多くが踵の部分が磨り減り、なかには穴のあいているものもある。この現象は、下駄の歯の磨り減りかたと軌を一にするものであり、きわめて注目される。後歯と後顎端部の磨滅状況から考えると、下駄をはいた人びとは、一様に踵に重心を置いて歩いていたことになる。

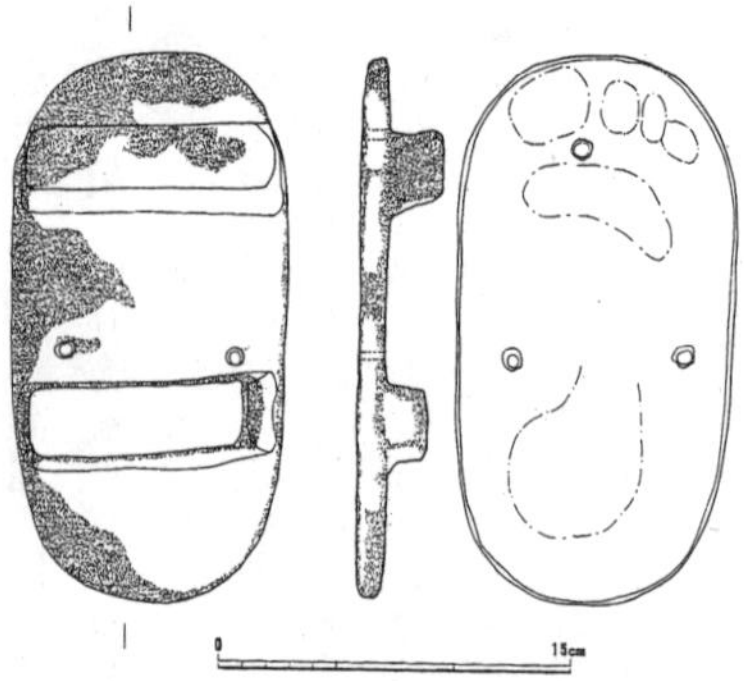

11

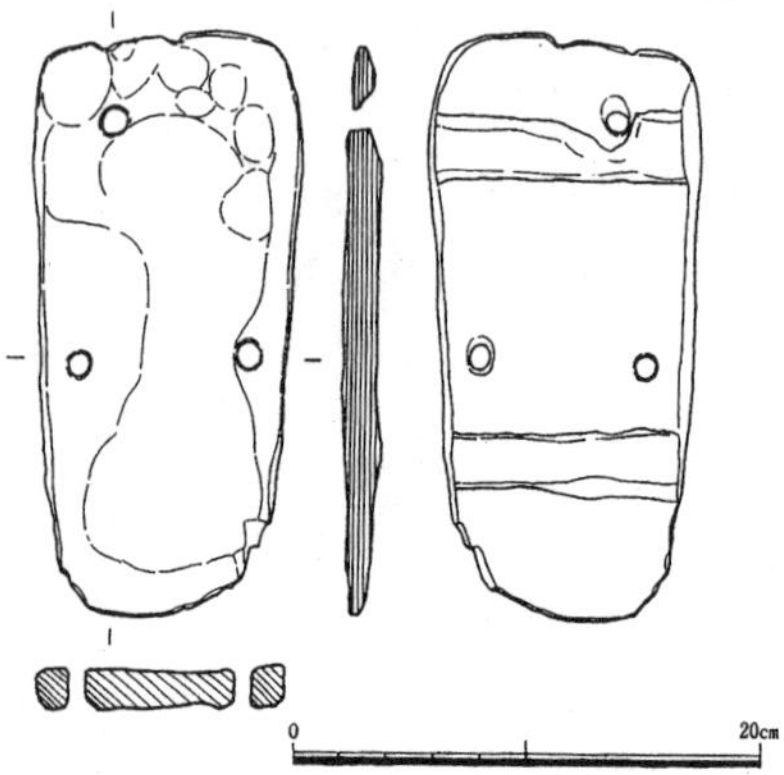

12

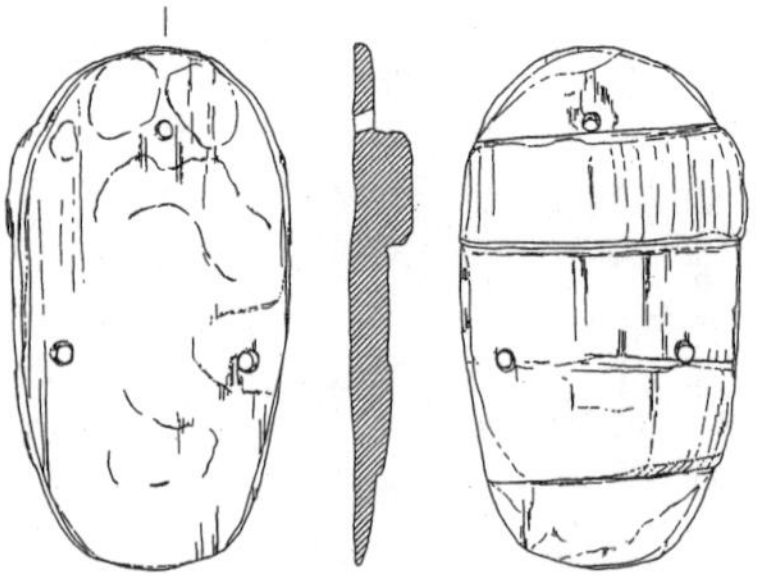

13

11　足の圧痕のある下駄実測図（網点は焼け焦げた箇所）　滋賀県草津市・北萱遺跡出土（『北萱遺跡発掘調査報告書』より）

12　足の圧痕のある無歯の下駄実測図　愛知県一宮市・大毛沖遺跡出土（『大毛沖遺跡』より）

13　足の圧痕のある下駄実測図（前壺の両側に親指の圧痕がある．右・左を問わず両足ではいたことを示している）　滋賀県高島郡新旭町・針江中遺跡出土（『針江中・針江南遺跡』より）

14　鼻緒が残存した下駄実測図　大阪府堺市・堺環濠都市遺跡出土（『堺市文化財調査報告　第51集』より）

15　前壺前方が欠失した下駄　滋賀県高島郡高島町・鴨遺跡出土

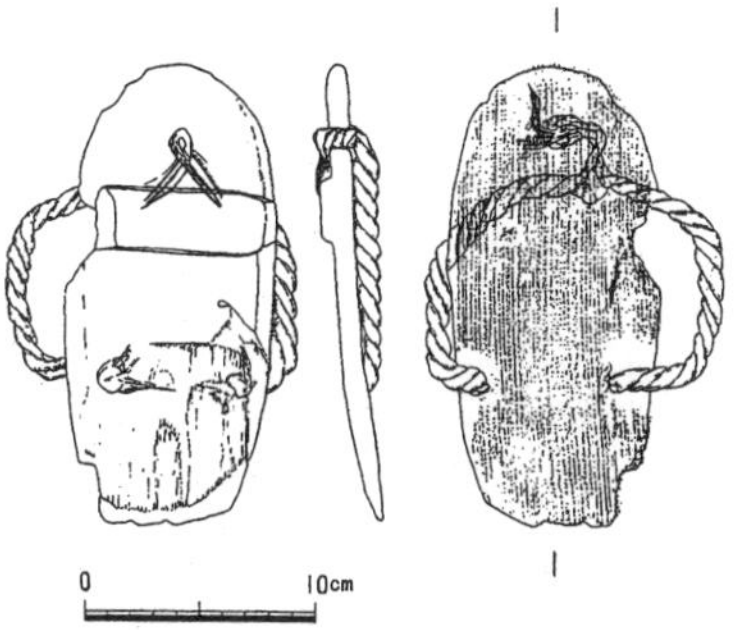

14

15

踵に重心を置いて歩けば、当然のことながら前壺前方に力はかからないはずである。ところが、先にみたように、出土した下駄には、前壺周辺に大きな力がかかった痕跡が明瞭に読み取れるのである。この矛盾する二つの現象は、いったい何を意味するのであろうか。

高取正男は、芸能界で「ナンバ」とよばれる半身の構えが、日本人の伝統的なすべての動作の基本になっていると、次のように述べている(2)。

だれかに力を添え、合力することを「肩入れする」という。本気になって力をだすのを「腰をすえる」などという。天秤棒を使うこつもそのとおりで、右で担ぐときは右肩を前に出して半身にかまえる。左足で地面を蹴って右足を前に踏みだすとき、左手を後に振ってはずみをつけ、右腰、右肩、右手を前に押しだし、このほうに力を入れて進む。

そのうえで高取は、

ゲタ、ゾウリ、ワラジなど、日本の伝統的な履物類には、西洋の靴のようなカカトにあたるものがない。そればかりか、以前はアシナカ(足半)とか足半ワラジとよぶゾウリがあった。その名のとおり足の裏の前半分しかないゾウリで、山坂を歩く人も、田や畑で働く人も多く愛用した。後足の爪先で地面を蹴る歩きかたをしていれば、西洋靴のカカトに相当するものはまったく不必要である。まして足腰の十分に鍛えられている人が、ナンバの身ごなしで重い荷を担ぎ働いたり歩いたりすると、カカトが地面につくひまはないから、足半ワラジのほうが軽快でよいということになる。

と、足半とよばれる、世界でも例をみない特異なはきものの意味を述べるとともに、下駄についても次のように述べている。

ゲタを履くと前歯のほうが早くちびる人と、反対に後歯のほうからへる人とがある。前歯のちびるのはせかせかと気ぜわしく、小心者とかカンシャク持ちといわれる。後歯の組は反対に大人物として、冗談半分に性格判断の材料にされてきた。しかし考えてみると、ゲタの前歯がちびるのは、それだけ後足の爪先で強く地面を蹴って歩くからであり、古風な働きものの歩きかたを律気に伝承しているタイプといえそうである。これに対して後歯のへるほうは、山坂道をせかせかと歩きまわる生活から離れた有閑人ということになり、むかしの舞台の約束ごとでいうと、逆ナンバで歩くのが似つかわしい。

高取のこの論法でいくと、下駄の後歯が大きく減るような歩き方は、日本人の労働や日常生活とは異なる歩き方、いわゆる非日常的な歩き方を行なっていたことになる。非日常的ということは、「ハレ」、すなわち、祭祀・祭礼にかかわることを意味している。

現在販売されている下駄をはいて歩くと、しばしば小口が地面に接触する。これは、現在の下駄の歯の位置が、九世紀以前の下駄に比して、前歯・後歯ともに後方に寄り、小口と前歯との距離が長いため、歩くときに少し前方に力をかけると、小口がカタンと簡単に前に倒れるためである。これに対して九世紀以前の下駄は、歯の厚さが現在の下駄の倍以上もあるうえ、前歯は小口寄りに、後歯は後顎末端寄りに削り出されていて、少々前に力をかけたくらいでは、小口が地面につくことはないのである。また、後歯も後顎末端に近接しているため、これも少々うしろに倒れかかっても、うしろ方向に倒れることもなく、きわめて安定感のよいはきものとなっているのである。

前歯よりも後歯の磨り減りかたが大きいということは、大尽のように後歯を引きずるようにして歩いたことを示している。この歩き方ならば、台に踵の痕跡がつくことは説明できる。しかし、このようなお大尽の歩き方では、前緒に力がかからないので、母指や母趾球の痕跡がつくことはなく、前緒の周囲についた母指や母趾球の痕跡を説明することはできない。高取は、右足をふみだし、右肩を前にだすとき、右腕だけを逆に後に振る逆ナンバだと前歯よりも後歯のほうが減ると述べているが、腕の振りかただけで、前歯よりも後歯のほうが大きく磨り減るとはとても考えがたい。それではどうすれば前歯よりも後歯のほうが磨り減り、前壺周辺に足指の痕跡がつくのであろうか。考えられる解決策はただ一つ、片足で「ケンケン」をして歩くことである。

現代の下駄では、ケンケンをすると、重心が前にかかり、後歯よりも前歯が減る可能性が高い。しかし、中世以前の連歯下駄、とりわけ前壺が片寄っている下駄は、私の実験考古学的経験からすると、歯の位置や歯の厚さの関係から、たとえケンケンをしても後歯に重心がかかり、後歯のほうが前歯よりもよく減ると考えられるのである。私が想定するケンケンとは、片足で飛び跳ねるようにして歩くことである。ケンケンをして飛び跳ねるように歩くとすれば、当然、前緒を母指と第二指でしっかりと挟まなければならない。下駄をはいてケンケンをすれば下駄の台全体に力がかかり、前壺周辺だけでなく踵にも痕跡がつくことになる。時によっては、前につんのめり前壺が損傷することも十分考えられる。その損傷が、最終的に前壺前方の小口の欠失につながる可能性は否定しきれない。下駄の使用法をこのようにケンケンと考えるならば、下駄が片方しか出土しない理由が比較的合理的に説明できる。しかし、文献史料や絵画資料には、片足でケンケンをするというような記述、描写はまったくなく、十分に説得力をもつ論理といえず問題が

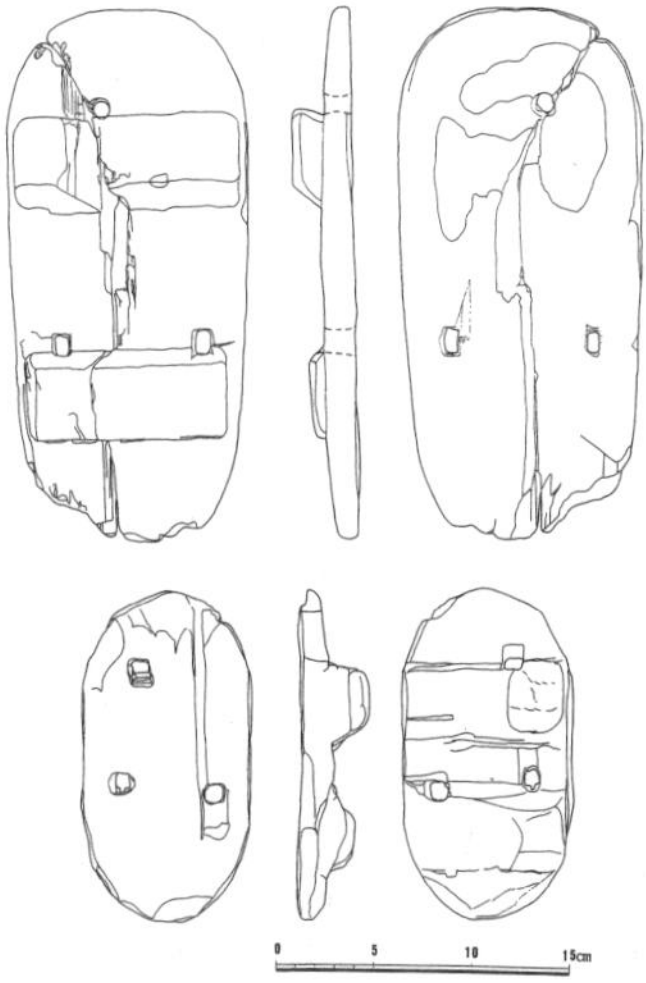

17

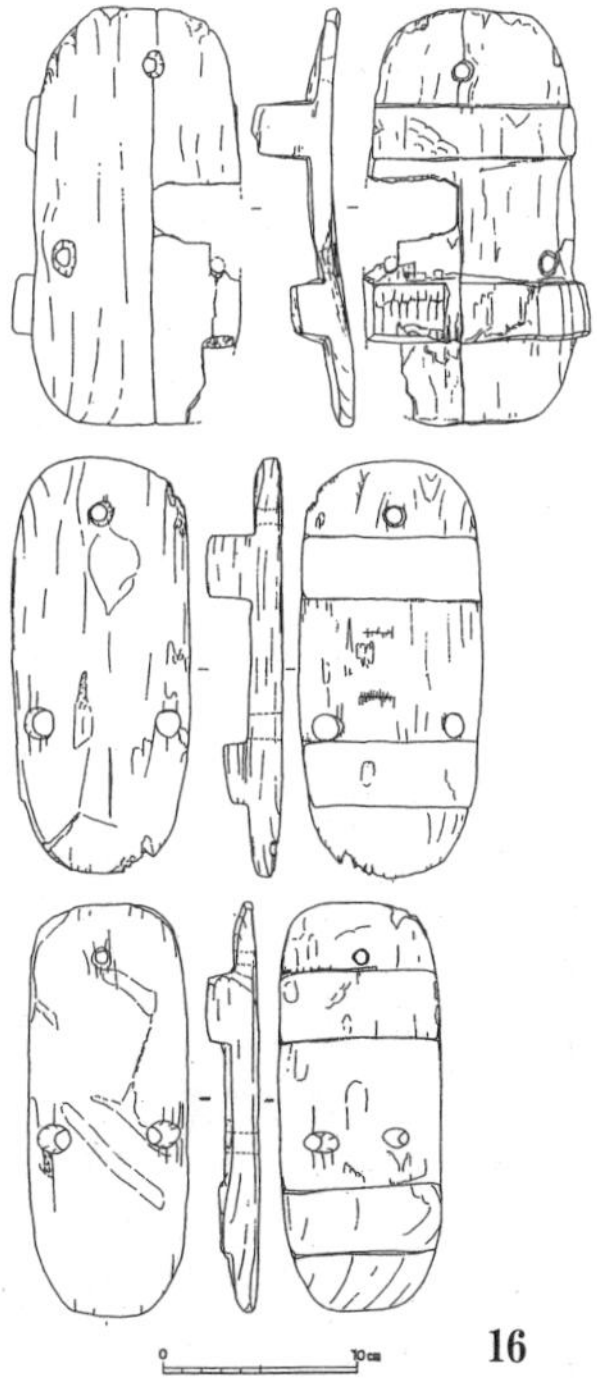

16

16　後歯の磨り減った下駄実測図　京都市・三条大路側溝出土（『三條西殿跡』より）

17　後歯の磨り減った下駄実測図　大津市・穴太遺跡出土（『穴太遺跡発掘調査報告書 II』より）

18・19　かかとの磨り減った木沓（a：表，b：裏）　滋賀県高島郡高島町・鴨遺跡出土

19 a b　18 a b

残る。

いずれにしても、出土した下駄の特徴をみるかぎり、下駄が、日常的な歩行用のはきものとして用いられたとは考えがたいことだけは理解していただけたと思う。これらの特徴と、下駄が片方しか出土しないこと、子供しかはけないような小さな下駄が出土することなどを考えあわせると、下駄は、単なる歩行用として使用されたのではなく、何か特別な用途に使用されたとみるのが妥当である。

「カランコロン」――鳴り響く下駄の音

下駄という言葉を聞いて、私がただちに思いうかべるのは、水木しげるの漫画、「ゲゲゲの鬼太郎」の主題歌で歌われる、「カランコロンカランコロン」という下駄の音である。現代社会において、下駄が不当な扱いをうけている最大の要因、それは、カランコロンというその音にあると私は考えている。下駄をカミのはきものと考える私にとって、現代社会における下駄の扱われ方は、カミに仕えたさまざまな職業の人々が、カミの零落にともなって差別されていく構図と二重写しになってみえるのである。はきものとしての下駄の最大の特徴、それは、高らかに鳴り響く「音」である。下駄の使用法を考えるとき、この音を無視することはできない。

六世紀前葉に仏教が伝来し、八世紀頃に、楽舞が伝来する以前、雷鳴と風と水という自然の音以外、わが国には、人工的に音を出す道具（楽器）として、どのようなものが存在したのであろうか。出土遺物や埴輪に表現された品々を列挙すると、琴・笛・鈴・鐸・太鼓などとなる。これら道具のうち、うるさいとまではいかないものの、身体に響くような大きな音をもつものといえばどれであろうか。琴は、弦を強く爪弾けば、かなり大きな音を発するが、八世紀以前の弦や構造の問題を考えると、現代の琴ほど大きな音量を出すことができたかどうか疑問である。笛や鈴、鐸（鉄鐸・馬鐸）は、いくら強く吹いたり、振ったりしてもその音量はしれている。それでは、太鼓はどうであろうか。

埴輪に表現された太鼓は、胴や膜の材質は明確でないが、人物の左腰あたりに肩から吊るした樽太鼓をかかえ、右手にもった桴《ばち》で上面を打ち、左手で下面を支えているようにみえる。このような太鼓の打ち方は、この埴輪の例を除いて、わが国では他に例がないことから、ほとんど行なわれなかった可能性が高いとされている。(3) それでは、一般に、どのような太鼓が使用されていたのであろうか。『古事記』や『万葉集』に、「つづみ」という語が記されていることから、これが太鼓をあらわすものとされている。いわゆる鼓太鼓である。このつづみは、その当初、竹筒を胴にしてつくられたため「筒身」の意から起こったものとされている。その後、材質が竹から丸太を刳り抜いたものとなり、今日みるような中央がくびれた形態のものになったとされている。このつづみが、どれほどの音を出したのかは明らかにしがたいが、『万葉集』に、「とどのふるつづみの音はいかづちの声と聞くまで」と、雷鳴に比されていることからすると、当時の人々の観念では、かなりの音量と意識されていたことになる。しかし、竹筒にしても丸太刳り抜きにしても、その大きさからみて、それほど大きな音量を発したとは考えがたく、この歌に詠われている「いかづちの声」という語は、一種の比喩とみるべきであろう。それはともかく、雷鳴とまではいかないにしても、音を出す道具のなかでは、つづみが最も大きな音を出すものであったことは確かであろう。

わが国において、音とカミが深くかかわることは、祭礼における重要な神事であるカミ下ろしやカミ移しの際に、太鼓や鉦などを激しく打ち鳴らしたり、湯立ての神事や巫女の神楽舞の際に、鈴を打ち振り、琴を弾くことからも明らかである。このように神事の際に、音の出る道具をさまざまな場面で用いるのは、カミが異界からこの世に顕現するときには、必ず音をともなって顕現すると考えられてきたためである。

白川静は、

音は言の下部の口が曰の形となったもの。口は祝詞を収める器で⊎の形。その中に小点を加えて、中に音のあることを示すのが音である。言は祝詞。その言の祈りに神の感応があって、その器が自ら鳴るのを音という。それは神の「音なひ」「訪れ」を示すものであった。

と、カミと音との関係を述べている。(4) すなわち、カミは、音を連れてこの世に訪れる。これを人間の側に立っていえば、カミをこの世に呼び寄せるためには、音を出さなければならなかったということである。能楽や歌舞伎において、カミや幽霊や精霊などの霊体が出現するとき、笛を吹いたり、太鼓を打ち鳴らしたりするが、これは、カミが顕現するときは音をともなうというわが国のカミ観念を、能楽や歌舞伎が忠実に継承しているためである。私の子供の頃には、箸で茶碗を叩いたり、夜に笛や口笛を吹くことを厳しく諌められたが、これは、カミの活動する時間帯(黄昏時・夜間)に音を出せば、カミ(悪霊をも含む)が顕現し、祟りをもたらす恐れがあると信じられていたためである。

ここで下駄とつづみの音量を比較するといえば、いかにも唐突に聞こえるが、音を出す道具が限られていた時代において、下駄の発する音は、つづみの音よりもはるかに大きかったと私は考えている。下駄をはいて音を出すためには、やや厚目の板や石などの堅固な材質の上に乗り、足を強く打ちつけなければならない。神話の世界における音として有名な出来事は、素戔嗚尊《すさのをのみこと》の横暴に耐えかねた天照大神が、天石窟戸に隠れ・籠ったとき、天鈿女命《あめのうずめのみこと》が、

21

20

20　太鼓を叩く男の埴輪　群馬県佐波郡境町・天神山古墳出土（日本の美術 No. 346『人物・動物はにわ』より）

21　鉄鐸を吊した鉾と鉄鐸　上右：長野県塩尻市・小野神社，上左：長野県上伊那郡辰野町・矢彦神社，下：長野県諏訪市・諏訪神社（『日本の原始美術⑦　銅鐸』より）

天の香山の天の日影を手次《たすき》に繋《か》けて、天の真折《まさき》を縵《かづら》と為《し》て、天の香山の小竹葉を手草に結ひて、天の石屋戸に汙気《うけ》伏せて蹈み登杼呂許志《とどろこし》、神懸り為て、胸乳を掛き出で裳緒《ものほ》を番登《ほと》に忍し垂れき。爾《ここ》に高天の原動みて、八百万の神共に咲《わら》ひき。

と、石窟戸の前で、伏せた汙気の上で舞い・踊り、天照大神が、何事かといぶかるほどの大きな音を立てたことである。[5] ウケとは、空筩（槽）のことで、内側を刳り抜いて空洞となった容器のことである。また、フミトドロコスとは、中が空洞になった槽の上に乗って足で槽を激しく踏みつけ、雷のような大きな音を轟かせることを表現したものである。この場面、『日本書紀』では「則ち手に茅纒の矟《ほこ》を持ち」と記されていて、天鈿女命が、矛を手に持って舞い・踊ったことが知られる。

この矛は、『古語拾遺』に、

手持着鐸之矛、而於石窟戸前覆誓槽古語宇気布禰約誓之意、挙庭燎、巧作俳優、

と記されていることから、[6] 長野県の上諏訪神社や小野神社・弥彦神社などで、戦国時代頃まで使用されていた宝鈴とよばれている鉄鐸を、矛の上端に吊るしたものと考えられている。『古語拾遺』のこの記述から、天鈿女命は、天石窟戸の前で、鉄鐸を吊るした矛を槽に激しく突き立てて音を出し、俳優《わざおぎ》したとされている。[7] しかし、鉄鐸を吊り下げているとはいえ、矛を槽に突き立てた程度では「踏み轟く」ような激しい音が出るとはとても考えられない。それでは、天鈿女命は、どのようにして踏み轟くような音を出したのであろうか。私は、フミトドロコスという言葉から、天鈿女命は下駄をはいて槽の上に乗り、下駄で槽

の底を激しく踏み鳴らしたと考えている。少々極端かもしれないが、音響効果が抜群の能舞台の上で、下駄を舞台の板に激しく踏みつけるというシーンを想像すればよい。

槽の実態については明確でないが、『古語拾遺』に「ウキフネ」の訓が施されていることから考えて、秋田県田沢湖町神代の大沼でかつて使用されていた「キッツ」とよばれる長さ約二・五〇メートル、最大幅約〇・七〇メートル、高さ約〇・三〇メートルの丸太刳り抜きの箱型の船のようなものであったと想定される。[8]なお、「キッツ」とは、長方形の槽または箱を意味する言葉とされている。「キッツ」のような構造、大きさの槽ならば、その上で激しく踊り・舞うことは十分可能であり、また、裏返しにされた槽の底に乗って、激しく下駄を踏み鳴らせば、雷のような大きな音が発したとしても、けっして誇張とはいえないであろう。ただ、このとき、下駄を両足にはいていたのか、片方しかはいていなかったのかは、現時点では推定のしようがなく留保せざるをえない。

『延喜式』の鎮魂祭の条に「宇気槽一隻」が使用され、その鎮魂祭に、猿女が参加し、「御巫及　女等依例舞」と、槽の上で舞ったとする記述がある。猿女の遠祖は天鈿女命であるから、この場合も、猿女は下駄をはいて槽の上で舞い・踊った可能性がある。いずれにしても、天石窟戸の前で行なわれた天鈿女命の俳優《わざおぎ》は、下駄の使用を示唆する貴重な例であると私は考えている。

大地を踏み鳴らす下駄

下駄をはいて大地を踏む。その行為にどのような意味がこめられていたのであろうか。白川静は、ふむ〔履・践（踐）・踏〕とは、履の正字は履で、舟に従う形。舟は刳り履の形である。〔説文〕八下に「足の依るところなり」とし、依・履の畳韻を以て解する。儀礼のときに用いるもので、いまの神官の用いるものに近いと考えてよい。西周の金文〔大𣪘《だいき》〕に「大（人名）の賜へる里を履《ふ》む」とあり、これが履の初文であろう。頁はその儀礼を行うときの姿である。自ら履《ふ》むことによって、その地霊を支配し、その地を占有しうると考えられた。

践はもと踐に作り、戔声。〔説文〕二下に「履むなり」とする。戔は薄いものを重ねる意で、践は何度も土を踏みならすことである。古く「踐土」といわれる儀礼があって、〔左伝、僖二十八年〕にその地名が残されている。践土は地霊を践み鎮める儀礼であった。わが国に陰陽道として伝えられている反閇《へんぱい》は、その遺法である。

踏の初形は蹋。〔説文〕二下に「踐むなり」という。沓も𦐇も何れも祝禱を収めた器である曰に対する呪的行為を示す字で、沓はそれに水をかける形。𦐇は習の倒文で、習は曰に対して羽で摺ってその呪能を刺激する意。これを倒にするのは、その呪能を害する意を示す。踏・蹋は、おそらく地霊に対して、これを鎮撫するための行為をいう字であろう。古代においては、その地を踏むということに重要な意味があり、周初の文献では、祭祀の場に「歩して入る」ことが、その儀礼の一部をなしていることが多い。「ふむ」にも、本来そのような古義があったものと思われる。

と述べているように(9)、中国では、踏むという行為は、土地の占有や土地に住まう地霊を鎮撫することを意味する重要な儀礼であり、呪術であった。

わが国においても、「足を挙げ踏行む」ことは、単なる芸能上の仕草でなく、きわめて重要な宗教的動

22

23

22　力士埴輪　出土地不明（日本の美術 No. 346『人物・動物はにわ』より）
23　方相氏『政事要略』（『サルタヒコ考　猿田彦信仰の展開』より）

作としてさまざまな場で行なわれてきた。「だだ」・「反閇《へんばい》」・「四股《しこ》」・「踏歌《とうか》」・「方相氏《ほうそうし》」などの足踏みがそれである。これらの足踏みは、わが国古来の鎮魂呪術における乱舞的足踏みを基本に、中国から伝えられた儀礼や道教、あるいは陰陽道をとりこみ、形式をととのえていったとされている。

四股は、いうまでもなく、力士が、足を左右かわるがわる高く上げ、力を込めて大地を踏む動作である。一般に相撲は、その年の豊凶を占う年占とされているが、それだけでなく、踏むという行為によって地霊を揺り動かす、すなわち、タマフリによって、地霊を鎮撫したり、喚起したりして、悪霊を祓ったり、作物の豊作を祈願したものと考えられている[10]。古墳に巡らされた埴輪に、力士像が少なからずみられることは[11]、四股を踏む、あるいは、相撲舞することが、呪的行為として重要な意味をもっていたことを示している。

踏歌は、中国の隋・唐で流行した風俗がわが国に伝えられたもので、多数の人が足で大地を踏み鳴らして歌う舞踏である。わが国の伝統的舞踏である歌垣と類似したものであったためか、正月十六日に、宮中をはじめ諸社寺・民間でも行なわれるようになり、現在でも踏歌神事として伝えられている(12)。

反閇《へんばい》は、陰陽道の呪法の一つで、天皇や貴人が外出する際、邪気を祓い安泰を祈願するために、陰陽師が呪文を唱えて特殊な足どりで地を踏み鎮める作法である(13)。この悪霊を祓う反閇呪術が、修験道や芸能にとりいれられ、さまざまな神態に変化していった。

方相氏とは、大晦日の夜に宮中で行なわれる追儺《ついな》(鬼追い)行事の際、黄金四目で、頭に角のはえた仮面をかぶり、手に戈と盾をもって、鬼に扮したものを内裏の四門をめぐって追いまわし、悪霊を払い、疫病を除く人物のことである。かつては、葬送のときに、棺を載せた車を先導する役をしたとされている(14)。

『政事要略』や『公事十二ケ月絵巻』には、下駄をはいた姿に描かれている。

「だだ」とは、「じだんだを踏む」、「だだを捏ねる」の「だだ」で、荒れすさぶる悪霊を鎮めおさえたり、憑依する巫女の身体に霊魂を鎮めるために行なわれる足踏みである(15)。

わが国の神事や祭礼、仏教行事の随所に姿をみせるこれら足踏みについて、五来重は、次のように述べている(16)。

すなわち「だだ」は足踏みの擬音的名称とかんがえられ「駄々をこねる」とか「地団駄をふむ」などの用語例で知られるように、その場で足踏みをくりかえすことであるが、これはわれわれが犬を追うしぐさにするとおり、敵を威嚇しておいはらう動作、または敵と対抗する(いわゆる「もがる」)動作に起源するものであろう。これを年のはじめに悪霊を攘却する呪術としておこなうばあいは「だだおし」「だったん」などとよばれ、修正会または修二会（おこない）にともなう鬼走りや鬼踊りの鬼の呪的舞踏をさすこととなっている。

このときの鬼（仮面をかむった芸能的宗教者）は祖霊の権化として子孫のために悪霊を攘却する呪術をおこなったものであろうが、これは密教的には呪師（しゅし、またはずし）の結界であり、古代末期からは呪師とよばれる大寺院隷属の芸能者によっておこなわれたところから、呪師の系統の芸能にはながく「だだ」が神聖な型として伝承されたのである。

すなわち能楽における足拍子はこの系統のもので、種々の秘伝があるが、とくに神聖視されるのは翁の天地人三才の足拍子であるのは、翁の舞が本来神態であったからにほかならない。平安時代末期に発生した白拍子も、もとは巫女として神態を演じたものであるから、男装して足拍子をふむことがこの名称を生んだものとおもう。

……密教の呪師の結界に「だだ」すなわち鎮魂の足踏みをもっともよくのこしているのは東大寺修二会（お水取り）の呪師であり、この足音は呪師以外の練行衆の行道や走りにも顕著であるから、「こもくりの僧の沓の音」というほどにこの行事を特徴づけたのである。

現在、堂内で松明をふる行事を「だったん」とよぶが、これが「だだ」の転化であることは、古い記録では達陀と書かれていることからもあきらかである。これはおそらく現在大和長谷寺の修正会や大和五条市阪合部念仏寺の修正会で、鬼が力足をふんで松明をふるのを「だだおし」（唯押）とよぶことからみても、東大寺修二会の「だったん」の変化を推察することができる。

郡司正勝もまた、

〈踏む〉ということが、大地の精霊に対する鎮魂と蘇生を意味する動作として、日本舞踏ではとくに重要な位置を占めたのである。踏むとき太鼓や鼓の調べに合わせるのも、古い宗教的表現であった。

と、足踏みすることの意義、とりわけ、足踏みすることと音とのかかわりの重要性を指摘している。[17]この指摘は、先に述べた槽の上で踏みとどろこすような大きな音を立てて俳優《わざおぎ》を行なった天鈿女命の所作にそのままあてはまるもので、天鈿女命が下駄をはいていた可能性を示唆するものとして注目される。

「大地を踏む」・「音を立てる」といえば、それは下駄である。方相氏が下駄をはく理由、それは、下駄で大地を踏み締めて、地霊を鎮魂し、邪僻を追い払うためであることは改めて述べるまでもないが、問題は、その下駄で音を立てたかどうかである。『國史大辭典』によると、[18]追儺の際、方相氏の役（中務省の大舎人の中から身体の大きな者が選ばれた）が侲子《わらわ》二〇人（後には八人）を率いて参入、王卿は侍従・大舎人などを率いて方相氏の後ろに列し、陰陽師は斎郎を率いて月華門より入り、祭りを行ない呪文を読み終わると、方相氏は大声を発して桙で盾を打つこと三度、群臣これに呼応して桃弓・葦矢で東西南北に分かれて疫鬼を駆逐したとされる。私は、方相氏が大声を出して桙で盾を打つとき、下駄を踏み鳴らしたのではないかと考えている。すなわち、声を出す、盾を打つと、いずれの行為も音とかかわることを考えると、音の出る下駄を使って音を出したとみるのが自然だからである。

宗教行事における下駄

宗教行事において下駄といえば、東大寺二月堂で行なわれる修二会《しゅにえ》、いわゆる「お水取り」をすぐにお

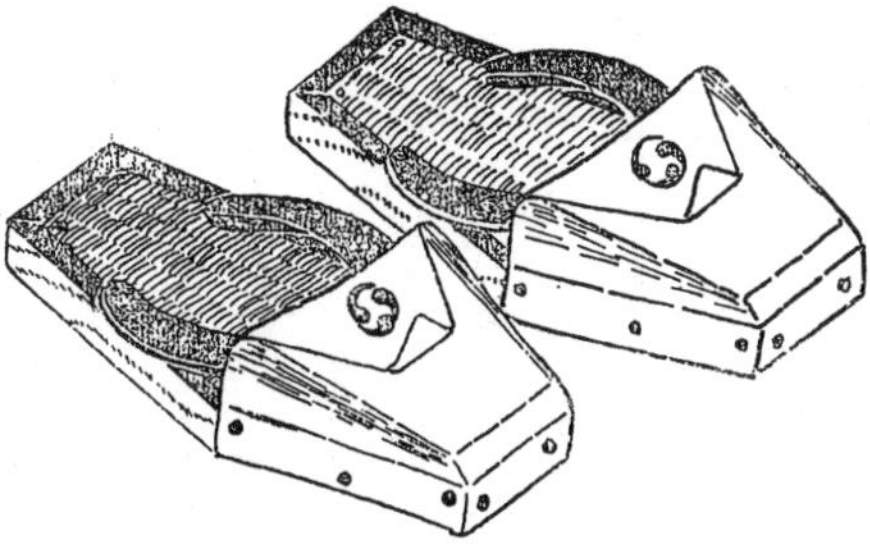

24　東大寺二月堂の「お水取り」の際に練行衆がはく「差懸」とよばれる下駄（『日本人とはきもの』より）

もいうかべる。お水取りのクライマックスである後夜に、「達陀の妙法」という修法が行なわれるが、そのとき八人の練行衆が、燃えさかる達陀松明とよばれる大松明をかついで、狭い内陣の本尊のまわりをバタバタという足音を立てて走りまわる。このバタバタと走りまわる足音を、松尾芭蕉は、「水取りや　氷の僧の　沓の音」とよんでいるが、堂内を走りまわるこの足音は、実は沓ではなく、厚板の表に畳表をつけ鼻緒をすげて、帽子とよばれる爪掛けをつけた「差懸《さしかけ》」とよばれる無歯の下駄の音なのである[19]。この達陀が、先にも述べたように呪術的な足踏みである「だだ」の転訛であることはいうまでもない。修法の最後の場面で、松明で火の粉を撒き散らし、下駄で激しく音を立てて堂内を巡るということは、堂の内と外を結界し、悪霊が、堂に近づいたり、入らないようにするためであった[20]。修正会《しゆしようえ》や修二会の際に、下駄をはいて堂内を駆け巡ることは、東大寺だけでなく、大分県豊後高田市の天念寺の鬼会、奈良県五条市の念仏寺駄々堂の鬼走り、三重県阿山郡島ケ原村の観菩提寺の修正会などがある。五条市念仏堂の場合、「駄々」堂と、まさに下駄で足踏みする行為を端的に表現しており、下駄と音とが緊密な関係にあることが知られる。

　修正会は、正月行事を仏教的な法会として寺院で行なったものであるが、その修正会に鬼が登場し、追われたり、走り廻ったりするのは、その行事が追儺《ついな》とかかわって成立したためである。修正会に下駄が用いられた理由、それは修正会に追儺行事、とりわけ、方相氏の呪法が大きく取り入れられたためである。それでは鬼が登場しない東大寺修二会の下駄はどのような理由から用いられるようになったのであろうか。仏教と下駄とはなんらかかわりをもたないから、仏教行事に下駄が取り入れられるとすれば陰陽道や修験道とかかわるとしか考えられない。東大寺のお水取りの修法にかかわる伝承のなかに、天狗に関する伝承がいくつかみられることや、八天とよばれる八人の練行衆を八天狗に想定する説があることから考えると、下駄をはいて行なう「駄陀の妙法」は、修験道の影響をうけて成立したといわざるをえない(21)。なぜならば、天狗は修験者である山伏を象徴したものであるからである。

天狗といえば、羽団扇《うちわ》と一本歯の下駄をおもいうかべる。その天狗像については、山の神の霊威を母胎に、怨霊や御霊などの浮遊霊の信仰を合わせ、さらに修験道と結びついて想像されたとされている。天狗の名はすでにはやく『日本書紀』にみえるが、それは、中国の天狗像の一つ、音を発して宇宙を飛行する彗星を意味していたと考えられている(22)。天狗の名が本格的にみられるようになるのは、十一世紀末〜十二世紀初頭頃からで、十三〜十四世紀には、公卿の日記や説話物語、お伽草子、軍記物など、さまざまな分野で天狗の活躍が語られるようになる。わが国の天狗像には、鳥の喙《くちばし》と翼を備えた鳥頭人身の鳥類型天狗像と、鼻高・剃髪の僧侶型天狗像の二種類が並行して描かれてきたが、いつの頃からか、鼻高で翼を持つ鳥類型天狗と僧侶型天狗をミックスし、その姿は白装束の山伏という山伏型天狗へと変化していったようである(23)。その山伏型天狗像も、その当初は、今日みるような顔が赤く、鼻が高く、翼と嘴があり、羽団扇を持ち、一本歯の下駄をはくという姿ではないので、このような形態の天狗像はさらに後の時代に成立したことになる。

天狗の形姿のうち、赤い顔や鼻高は伎楽の治道面《ちどうめん》の、翼や嘴は八部衆の一つである迦楼羅《かるーら》をモデルにしたと考えられている。図像に関しては私も異論はないが、私が問題にするのは、なぜ人びとは、天狗の鼻を高くしたり、翼をつけたり、一本歯の下駄をはかせたのかといった疑問である。私は、その基本的な理由として、カミの住まう聖なる山で修行する験者・山臥の超人間的な行動力（体力）にあったと考えている。修験者が、山中で実際にどのような修行を行なったのかは明確でないが、現在知られる山岳修行から推測すると、不眠不休で何日ものあいだ経文を唱えたり、厳寒の真冬に滝の水にうたれたり、乏しい食料で何年ものあいだ窟に籠ったり、峻険な山々を一日に何十キロメートルも飛ぶが如く駆け巡ったり、垂直に近い岩壁を素手で登ったり、燃えさかる火のなかを素足で歩いたりしたと考えられる。もちろん、なんらかの方法で経典や漢籍を入手し、勉学に励んだこともあったであろう。そのような厳しい修行を積んで、人間とはおもえない強靱な体力・智力を身につけた験者の逞しさ・偉大さを、赤い顔、長い鼻、翼などに仮託し表徴したものと私は考えている。それでは、今日では、天狗の鼻と同じ程度に有名になった一本歯の下駄は何を表徴しているのであろうか。

先に、天狗が一本歯の下駄をはくようになった時代が比較的新しくなる可能性を指摘した。しかし、これは単なる想像であるが、天狗の原型の一つである山伏（山臥・験者）は、すでにはやくから一本歯の下駄をはいて修行していたのではないかと私は考えている。山伏が拠点とした霊山には、必ずといってよいほど巨石が存在する。その巨石のうち、山頂および山頂部に位置するものは磐座《いわくら》として崇拝の対象として神聖視されてきたので、多くの場合、手や足を触れることはなかった。しかし、それ以外の巨石、とりわけ、絶壁状に切り立った岩や、そそり立ったり、塊状になって地上から浮き上がったようになった巨石は、修行の場、いわゆる行場として用いられた。奈良県の大峰山や滋賀・岐阜県境の伊吹山の山頂部に位置する「平等岩」とよばれる巨石は、かつて「行道岩」とよばれ、この巨石に抱きついたりしながら巡り廻ったことを五来重は明らかにしているが、[24] 私は、こうした岩巡りや岩登りの際に一本歯の下駄をはいたのではないかと想定するのである。

修験者たちにとってももっとも困難で危険な修行は、垂直に近い絶壁を登ることではなかったかと私は考えている。垂直に近い絶壁とは、大峰山の「東の覗き」とか、「西の覗き」とよばれている絶壁、栃木県・日光男体山山頂の絶壁、富山県・立山室堂玉殿磐屋周辺の絶壁、四国八十八カ所の曼荼羅寺の我拝師《がはいし》山の捨身嶽の絶壁、同じく八十八カ所の岩屋寺の菅生の岩屋の絶壁、神奈川県・大山の山中にある絶壁を思い浮かべてもらえればよい。これらの絶壁は、大峰山で「のぞき」とよばれているように、現在では、上から覗き、恐怖心を克服する場とされている。しかし、本来はまったく逆で、修行の一貫としてこの絶壁を下から登ったものと私は考えている。捨身嶽（岩）という名は、実際に岩の上から身を投げたために名づけられたのではなく、登る途中で転落し、死去した修験者を悼んで名づけられたものと私はみている。何も道具を使用しないで、手と足だけを使って岩壁を登ることは、現在でもフリークライミングとよばれ、岩登りの一つとして行なわれており、このような絶壁登りは、けっして荒唐無稽な話ではないのである。このような岩壁を登るとき、現在のロッククライミングでは、鉄の鋲やタイヤに類したゴムを付けた登山靴、ハーケン・カナビラ・あぶみなどの登山用具を使用するが、手は素手であるから、かつても素手であったとみて問題ないであろう。問題は足である。

岩面に凹凸やクラックのある岩壁では、素足でも十分登攀できたかもしれない。しかし、そのような岩場では、逆に足のなかでももっとも皮膚の弱い爪先の裏を傷つける可能性も高く危険であった。これに対して、手掛かりや足掛かりの少ない岩壁では、素足で登るのはきわめて困難、というよりも、ほぼ不可能であったといっても過言でないであろう。山に登る時は、滑り止めになるといってワラジをはくことが薦められるが、垂直に近い岩壁、とりわけ手掛かりや足掛かりの乏しい岩壁では、足の爪先しか使用しないから、爪先がはみ出ることもあるワラジはもちろん、爪先の使用に重点を置く足半《あしなか》でも滑ったり、ときには鼻緒が切れたりして役に立たなかったであろう。

それでは、登山用具をまったく使用しないで修験者たちはどのようにして、手掛かりや足掛かりのほとんどない垂直の岩壁を登ったのであろうか。私は、天狗のはく一本歯の下駄、それこそ岩壁登りの登攀用具であったと考えている。ロッククライミングでは、手や肘や膝をできるだけ使わず、足をホールドの上に立てて登るのがよいとされている。一見しただけではツルツルの岩肌にみえる垂直の岩壁も、よく観察すると、数ミリ〜数センチの突起がある。ロッククライミング用の靴でも、そのような小さな突起を足掛かりにすることは困難である。しかし、一本歯の下駄ならば、たとえ数ミリの突起でも足掛かりにすることは可能であると私は確信している。下駄の歯は、凹面には何の威力も発揮しないが、突起ならばどんな小さなものでも引っかかり、大きな威力を発揮するのである。とりわけ、一本歯の下駄は、突起にたいする足掛かりがきわめて優れていて、岩登りには格好のはきものとなるのである。

一本歯の下駄

この一本歯の下駄が、いつ頃から修験に使用されたのかは今となっては明らかにしえない。しかし、すでに八世紀後半〜十世紀前半には、日光男体山や剣岳・立山、白山、大峰山などの霊場に修験者が入って修行を行なっていたことが、発掘調査によって確認されていること、(25)一本歯の下駄が、修験者が山に入っていた八世紀末には出土していること、十二世紀末の絵巻物に描かれていることなどを考えあわせると、早ければ八世紀代、おそくとも十世紀代には、岩壁登りの修行に一本歯の下駄は使用されていたのではないかと私は想像している。それではなぜ江戸時代になるまで、天狗は一本歯の下駄をはかなかったのかということになるが、それはカミの籠る聖なる山での修行の実態を修験者たちが秘して語らなかったため、後々まで、世間には知られなかったのが原因であるというのが私の考えである。

出土した下駄のなかで確実に一本歯の下駄とみることができるのは、平城京東一坊大路西側溝跡から出土した下駄だけである。[26] この下駄は、現存長が九・〇センチ、最大幅が五・五センチ、現存高が一一・一センチ、現存最大歯幅が一一・九センチで、ムクロジでつくられた小型の下駄である。この下駄は、人面墨書土器・ミニチュアの炊飯具・土馬・銅製人形・鉄製人形・小型素文銅鏡・銅鈴・木製人形・斎串・刀形・鉾形・琴形・横櫛・陽物・馬を主とした動物の骨など、さまざまな祭祀品と一緒に出土していることから、祭祀に使用されたことが知られる。時代は、出土土器や銭貨の組成から奈良時代後半〜平安時代初頭とされている。この出土例から、一本歯の下駄がおそくとも八世紀末には出現していたことが知られるが、それにしても、一本歯という異形の下駄が、何のために作られたのであろうか。

天狗以外で一本歯の下駄をはく人物といえば、祭礼の先頭を練り歩く猿田彦命があげられる。しかし、猿田彦と鼻高面のかかわりは早くから知られているものの、猿田彦と一本歯の下駄とのかかわりについては、その時期・理由ともに明確にしがたい。[27]『年中行事絵巻』の「稲荷祭礼」の場面に、風流姿で一本歯の下駄をはいた人物が数人描かれている。この光景からすると、一本歯の下駄は、祭礼の場などで、人目を引くための一種の余興的・曲技的なはきものとして使用されたことが考えられる。また、『鳥獣戯画』のなかに、一本歯の下駄をはいて笛を吹く田楽法師が描かれているが、これも、田楽のもつ性格からみて曲技的なはきものとして使用されたとみてよいであろう。田楽とは、散楽（猿楽）と田遊びとが結びつい

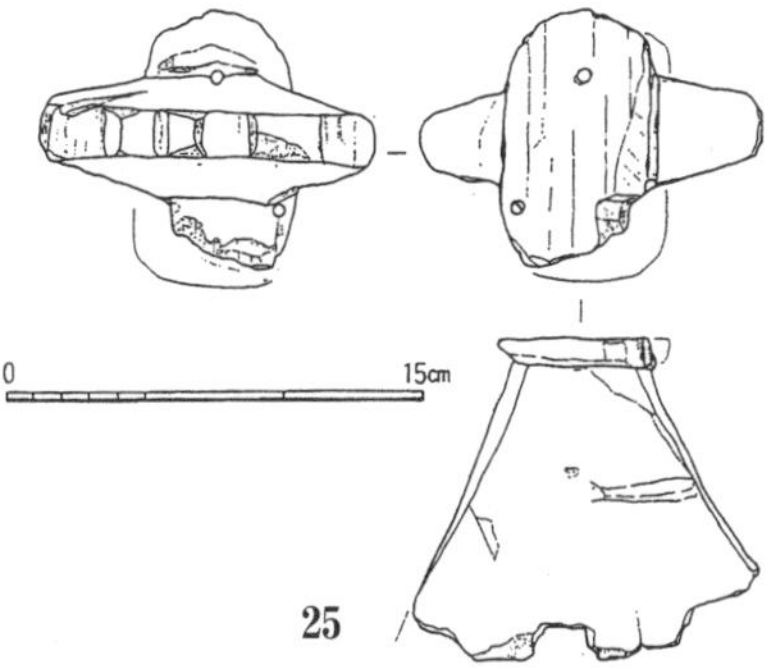

25

26

27

25　一本歯の小型下駄実測図　奈良市・平城京跡出土（『平城京左京七条一坊十五・十六坪発掘調査報告』より）

26　風流姿で馬の轡を取る一本歯の下駄をはいた男（日本の絵巻 8『年中行事絵巻』より）

27　一本歯の下駄をはいて街路を練り歩く風流姿の男たち（日本の絵巻 8『年中行事絵巻』より）

て成立したものとされている。その散楽は、七世紀後葉頃に渡来した芸能で、雅楽の末尾に付属的に演じられた曲芸や奇術・滑稽技などを指す。その散楽のなかに、「一足」・「二足」とか「高足」とよばれる演目がある。一足とは、長い棒に横木を打ちつけた竹馬状のものである[28]。一足・二足と高足とが、どのように異なるのかは明確でないが、おそらく、一足とは一本の足で、二足とは二本の足で、高足とは横木がかなり高い箇所に取り付けられた足を使用して、さまざまな芸をしたものと考えられる。一本の串を刺して焼いた豆腐を田楽とよぶが、これは、一本足で芸を演じる田楽にちなんで名づけられたのであろう。一本歯の下駄が、散楽の一足の影響のもとに成立したことは、使用場所や方法から考えて多言を要さないであろう。一本歯の下駄が、田楽や風流という遊びの要素の強い祭礼や芸能に用いられたということは、一本歯の下駄が、人目を引くための余興的・曲技的なはきものであったことを示唆している。しかし、一足は、具体的な内容は明らかでないが、元来、田植え神事の際の呪いとして行なわれたとされているので[29]、一本歯の下駄も、そのような要素をこめて使用されていた可能性も考える必要がある。たとえば、猿田彦命が、一本歯の下駄をはいて祭礼の先頭を歩く理由を、一本歯の下駄のもつ呪的性格と関連づけて考えることもできる。

平城京東一坊大路西側溝から出土した一本歯の下駄は、復元してもその長さは一〇センチになるかならないかという程度である。この大きさは、よちよち歩きの幼児の足の寸法よりも小さく、はたして実用品であったかどうか疑問をいだかざるをえない。一〇センチ前後というこのような小さな下駄は、一本歯の下駄だけでなく、二本歯の下駄にもみられる。小型の下駄には、一〇センチ前後とまではいかないものの、一五センチ前後の下駄ならば、古墳時代から江戸時代初頭まで、全国各地の遺跡から出土している。これらの下駄も、他の下駄とおなじく、足指や母趾球・踵の痕跡がついていたり、後歯が前歯よりも減ってい

29

28

31

30

28　田楽で横吹を吹く一本歯の下駄をはいた男　『鳥獣人物戯画』『絵巻物による日本常民生活絵引　第１巻』より）

29　イロリに突き刺された豆腐の田楽（左端13）『慕帰絵詞』（『絵巻物による　日本常民生活絵引　第５巻』より）

30　高足に乗る田楽法師（『世界大百科辞典』より）

31　下駄をはいた姿に表現された修験道の祖・役行者像（重文）（滋賀県神崎郡五個荘町・石馬寺蔵）

るのである。この事実は、これら小型下駄が、他の下駄とおなじような方法で使用されたことを物語るものである。一五センチ前後といえば、三〜五歳、いくら足が小さい子供でも七歳にならない程度の子供の足の大きさである。七歳といえば、いまだカミの範疇に入る年齢であるから、カミのはきものである下駄を、子供がはいて祭祀に参列したとしても問題はない。しかし、いまだ踏む力も弱く、年端もいかない子供がはいて、下駄に足指の痕跡がついたり、後歯が異常に磨り減ったりするであろうか。答えは、もちろん、否である。小型の下駄が、子供用でないとすると、このような小さな下駄をどのような人物がはいたのかが改めて問われることになる。

小人と下駄

子供でなく大人で、足の小さい人物として考えられる人物といえば、「侏儒」（小人）しか考えられない。それでは、侏儒とよばれた人びとの背丈や足の大きさはどれほどであったのであろうか。『日本書紀』天智天皇十年三月の条に、

常陸国、中臣部若子貢る。長尺六寸。其の生れし年丙辰より此の歳に至るまで、十六年なり。

と、年齢が十六歳にもかかわらず、身長は一尺六寸（約四八センチ）しかない若者が貢進されたと記されている。(30) また、藤原頼長の日記である『台記』久安三年（一一四七）十月六日の条に、

早旦、侏儒僧来、其長三尺二寸八分〈勾全〉年二十八

と、二十八歳で身長が約九九センチの僧侶が訪れてきたことを記している。[31] 身長が約五〇センチというのはにわかには信じがたいが、もし、そのような小人がいたとするならば、足の大きさは一〇センチをこえるかどうかというくらいと想像される。また、身長が一メートルとして、身長と足の大きさの相関関係が、小人にもそのまま適用できるとすれば、大雑把に推定して約一五センチ前後とみるのが妥当である。

小人に関しては、その身長や足の寸法までは記されていないが、神話や説話にしばしば語られ人口に膾炙している。たとえば、『記紀』の国作り神話に登場する「少彦名命（スクナヒコナノミコト）」は、粟茎にのぼったところ弾かれて常世郷まで飛ばされたというから、このカミは明らかに小人神であった。ちなみに、スクナとは、小の義であるとされている。また、『日本書紀』や『日本霊異記』に、雄略天皇に命じられて雷を捕まえたという小子部連栖軽《ちいさこべのむらじすがる》もまた小人であったと考えられているし、『病草紙』に描かれている法体の侏儒も、子供たちに笑い蔑まれる小人であった。[32]

侏儒（小さ子）が、その異形のゆえに聖なる存在であったことは、竹取物語の「かぐや姫」や「瓜子姫」・「桃太郎」・「一寸法師」などの小さ子物語からもうかがえる。その一方、小人は、その妖しき姿ゆえに宮中の幇間や道化師を勤める俳優でもあったことは、俳優侏儒とか倡優侏儒、さらには侏儒舞などの語からもうかがわれる。[33] 白川静によると、わざおぎ〔俳優〕とは、

神意をうかがうもの。「わざ」は隠されている神意。その神意を「招き」求めることをいう。神前で滑稽なしぐさをして神を楽しませる人を、また「わざひと」「わざをきひと」という。のち人を楽

32

34

33

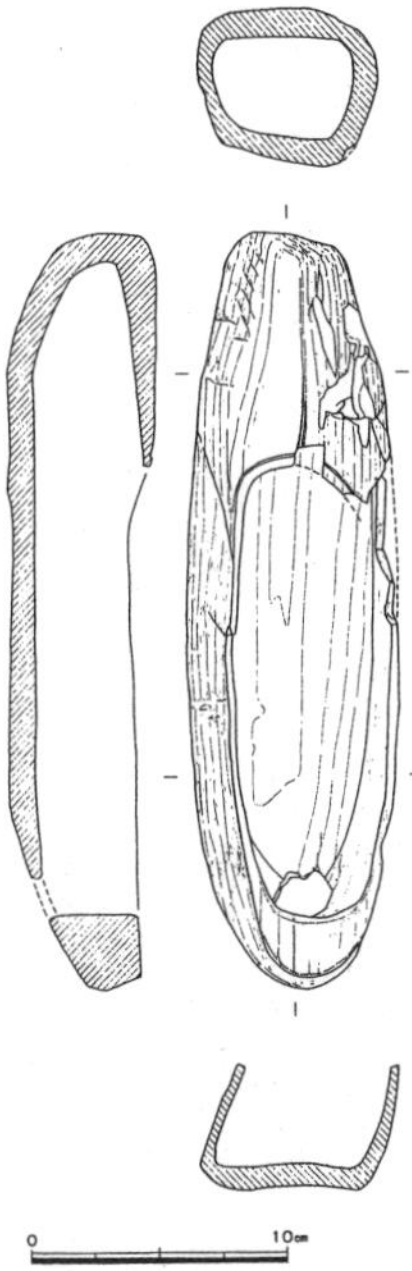

35b　35a

36

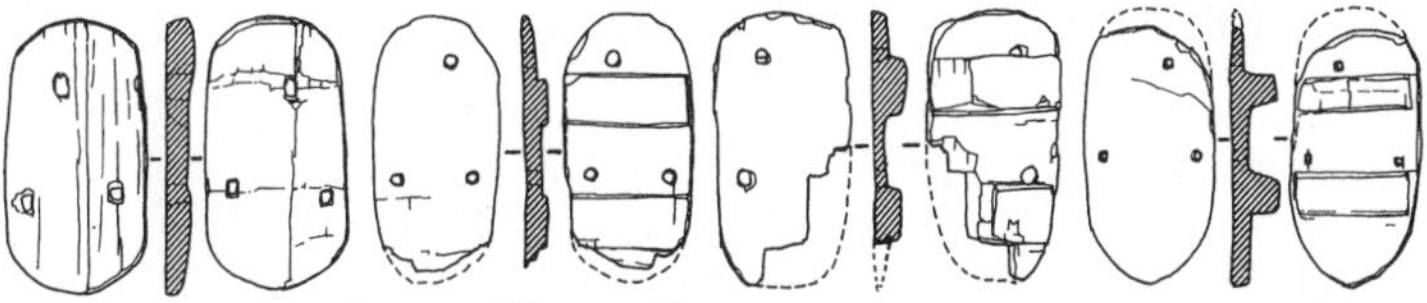

37

32　侏儒とよばれた小人の僧侶（新修日本絵巻物全集　第7巻『病草紙・他』より）
33　道場法師とよばれる力持ちの小人がはいていた下駄の跡（日本の絵巻16『石山寺縁起絵巻』より）
34　舞妓と一緒に撮影された小人（『宮武外骨　絵葉書コレクション』より）
35　かかとの磨り減った足幅の極端に狭い木沓（a：表，b：裏）滋賀県草津市・矢倉口遺跡出土
36　同右実測図（『矢倉口遺跡発掘調査報告書』より）
37　さまざまな小型下駄実測図（『湖西線関係遺跡調査報告書』より）

しませる遊芸者の意となった。遊芸のことは、古く神事に起源するものが多い。
と、俳優が、カミマツリと深くかかわることを述べている。[34] 小人が聖なる存在であり、俳優であるとすれば、小人が、聖なるはきものである下駄をはいて祭祀や祭礼に加わっていたとみても別に問題ない、というよりも、その可能性のほうが高いとみるのが妥当であろう。とすれば、遺跡から出土する小型の下駄の大きさや使用痕などが比較的合理的に説明できるのである。それだけでなく、はき口の幅が極端に狭い木沓の踵の部分が磨り減っている理由も、小人が使用したとみれば、納得できるのである。

現代人の常識からすれば、小人と下駄の関係などまったく考えおよばないが、どんな理由かは明らかでないが、説話などには、小人と下駄のかかわりが随所に見え隠れするのである。御伽話のなかでもとりわけ有名な一寸法師は、小さ子物語の典型的な例であるが、この一寸法師が、下駄の歯の下に隠れて難を逃れたという話は、下駄と小人のかかわりを示唆する一例である。また、藤原頼長が石山寺に参詣した折り、

次見閼伽井、乗恵曰、道場法師以爪搔出此水、又有道場法師屐跡幷一二石等。

と、石山寺の閼伽井の脇に、小人であった道場法師の下駄の痕跡があったと、日記に記しているが、[35]『石山寺縁起絵巻』をひもとくと、確かに閼伽《あかい》井のそばに二筋の凹線が描かれており、石山寺では、古くからその二筋の窪みが、小人であり、聖なる人物であった道場法師の下駄の痕跡と信じられていたことが知られる。この伝承は、また、小人である道場法師が下駄をはいて各地の霊場を巡り歩き、奇瑞をもたらしたと当時の人々が信じていたことをうかがわせるもので、小人と下駄のかかわりを示すエピソードとして注

目される。小さ子は、下駄だけでなく、さらに笛もかかわると、郡司正勝は、次のように述べている。[36]

『春日若宮御祭礼略記』にみられる「田楽法師一座」の田楽奉仕団のうちで、足駄を穿いているのは笛吹きの役である。頭上には大きな花笠をかぶり、二臈法師がこれを勤める。今日では、笛の役は、花笠をつけないが、やはり塗り足駄を穿いている。おそらく、この笛役が足駄を穿いているのと、鹿笛が傾城の足駄で造るがいいという言い伝えは、どこかで繋るはずである。

しかし、笛の役が足駄を穿くという習俗は動かせない様式となって後世へ亘るので、牛若丸が五条橋を笛を吹きながら通る姿がそれである。『義経記』などには、牛若が足駄を穿いていたとは書いてないが、清水の舞台では女の衣をかづき、女装している。ここにも少年に傾城遊女の面影を宿している理があるのかも知れない。しかも、も一つ、牛若丸は、小人であり、稚児であり、小男であったということに、笛はつながる。

小人と下駄がかかわることは、これまで述べてきたことからおおよそは理解していただけたと思うが、小人と下駄に加えて、さらに笛がかかわるというのは、笛が小部氏の職掌であったとはいえ[37]、今の私にはまったく理解をこえる問題であり、ここでは留保せざるをえない。なお、引用文中のうち、鹿笛を傾城の足駄で造るのがよいという一節は、『徒然草』第九段の、

女のはける足駄にて作れる笛には、秋の鹿必ず寄るとぞ、いひ伝へ侍る

という条を指している。鹿笛を遊女の下駄で作ればよいという言い伝えは、江戸時代でも広く一般に知られていたようであるが[38]、なぜ遊女の下駄と鹿笛とがかかわるのかも、現時点では謎である。

いずれにしても、小型の下駄は、小人とかかわる可能性が強いことが、これらの事例から推測される。しかし、小型下駄は、全国各地の遺跡から出土していることを考えると、それだけの数の小人（侏儒）が、全国的規模で存在していたことになるがどうなのかという問題。また、侏儒の役割や社会的地位も、古代と中世では異なっており、小人（侏儒）が、近世初頭まで祭祀や祭礼に参加していたかどうかも検討の必要がある。以上、小型下駄に関して述べてきたが、まだまだ解明すべき課題は多く、今後の研究成果に期待したい。

先に下駄と音とのかかわりを述べた。その時の音は、轟くような高い音を対象とした。しかし、下駄の音は、ステップの踏みかたによっては、音楽とまではいえないまでも、踊りにあわせてリズミカルな拍子を打ち響かすこともできた。下駄と踊りといえば、直ちに盆踊りを連想する。盆踊りは、すでに十五世紀前半には成立していたようであるが、いつ頃から下駄をはくようになったのかは明らかでない。盆踊りに下駄をはくようになった理由はいくつか考えられるが、まず第一は、単に浴衣が下駄に似合うといった卑俗な理由である。もしそうだとすると、幕藩体制下で大がかりで華美な盆踊りが容易に許可されなかったことや、浴衣の材料である木綿の生産が江戸時代中期以降に盛んになるという歴史的経緯を考えると、下駄をはいて盆踊りを行なったのは、幕末ということになる。今一つは、盆の行事である精霊迎え・精霊送りは、その一方で、カミ迎え・カミ送りでもあることから、カミの心意にかなうものとして、音を出す聖なるはきものである下駄をはいて踊ったとみるものである。下駄が庶民のはきものとして定着するのは、江戸時代中期以降であるから、この場合でも、下駄の使用は、幕末ということになる。もう一つは、念仏

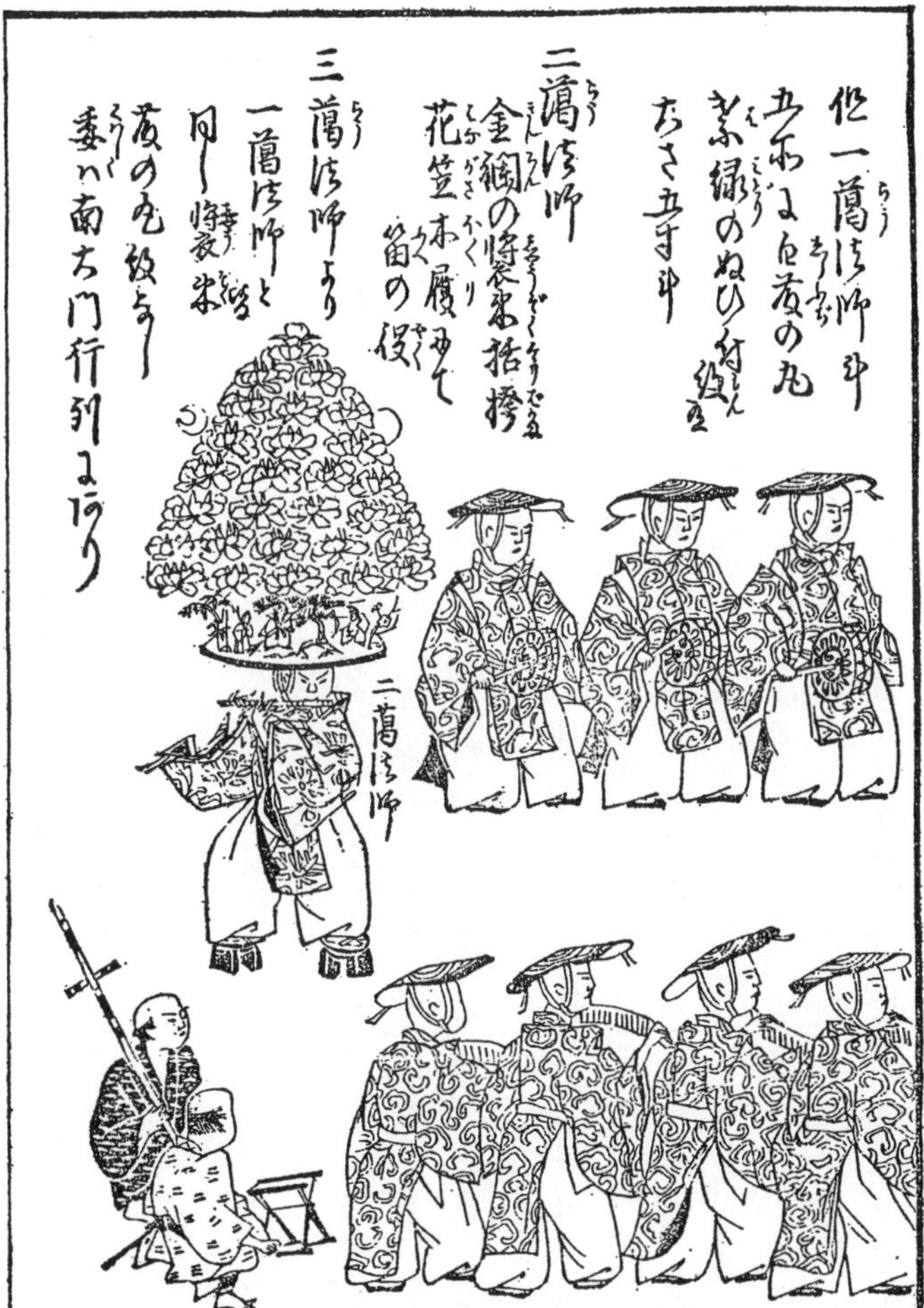

38　田楽で下駄をはいて笛を吹く男『春日若宮御祭礼略記』(『童子考』より)

踊りと下駄とが、念仏踊りの発生当初からかかわっていたため、念仏踊りに風流の練り物が加わって成立した盆踊りには、必然的に下駄がともなうことになったとみるものである。

念仏踊りと下駄

踊り念仏の開祖ともいうべき一遍をはじめ、その同行者の多くが下駄をはいていることは、『一遍聖絵』をみれば明らかである。彼らは、単に僧という身分を示すためだけに下駄をはいていたのであろうか。それとも他にも理由があってはいていたのであろうか。なぜこのようなことにこだわるのかといえば、先に述べた「ぼろぼろ」とよばれる下駄をはいた禅宗系の乞食僧もまた念仏踊りを教化の手段としていたとされるからである[39]。これは、私の想像にしかすぎないのであるが、念仏踊りと下駄とはなんらかの関係があるのではないかと想定するからである。

一遍たちが踊る舞台に、下駄をはいた僧・尼はいない。すべて裸足である。舞台上で踊る彼ら、彼女たちは、首から吊り下げた鉦鼓を打ち鳴らし、その軽快なリズムにあわせて踊っている。しかし、一遍一行の旅姿をみると、誰も鉦鼓など持ち歩いていない。絵画という性格を考慮しても、念仏踊りの必需品である鉦鼓を持ち歩かないというのは問題がある。おそらく、念仏踊りに必要な道具は、「俗時衆」や「結縁衆」とよばれた人たちが現地で調達したのであろう。とすると、予定外の場所で念仏踊りを行なう必要が生じた場合、鉦鼓にかわってリズムをとる道具として、何を使用したのであろうか。鉦鼓にかわるその道具、それが下駄であったと私は想定している。『一遍聖絵』に、信濃国佐久郡の大井太郎の家で、急遽念仏踊りが催行され、一遍一行が、縁の板を踏み抜いた家から退出する場面がある。この場面、一遍一行の

39

40

39 念仏踊りを終えて大井太郎の家を立ち去る一遍一行，一行の半数近くが下駄をはいている 『一遍上人絵伝』(『絵巻物による 日本常民生活絵引 第2巻』より)
40 一遍一行を見送る下駄をはいた大井太郎（日本の絵巻20『一遍上人絵伝』より）

なかには、鉦鼓など持つものはいない。注目されるのは、立ち去る僧のほとんどが下駄をはいていることである。しかもこの場面には、発心し、一遍一行を見送る大井太郎も下駄をはいているのである。なぜ、大井太郎が下駄をはくのか。下駄をはく理由を持物とかぶりものから追及していた私にとって、何の持物ももたず、ただ烏帽子をかぶるだけの大井太郎のその姿は、まったくの謎であった。しかし、仮に、念仏踊りの際に、一遍たちと一緒に下駄をはいて踊っていたとすれば、念仏踊りが終わった直後の彼が、下駄をはいて放心状態で立ち尽くしている理由が理解できるのである。

このように考えれば、絵解きだけでなく、念仏踊りもしながら放浪遍歴するぼろぼろが、下駄をはく理由もまた理解できるのである。絵解きと念仏踊りがどのようにかかわるのかは明確でないが、絵解きの際に下駄で拍子やリズムをとって、聞き手の関心を引きつけんとしたことは十分考えられる。おそらく、ぼろぼろの念仏踊りも、下駄をその踊りの道具としたのであろう。念仏踊りには、一遍の念仏踊りとは別に、ぼろぼろや放下・鉢叩などによる念仏踊りもあった。[40] これら「手の舞、足の踏みどころを知らずといった」念仏踊りが、[41] のちに大念仏や盆踊り、さらには歌舞伎へと展開していくのである。念仏踊りと下駄とがかかわるならば、盆踊りに下駄をはく風習も、江戸時代には存在していてもよいはずであるが、現時点では否定的である。いずれにしても、（念仏）踊りと下駄が関係あるか否かは、今後の研究課題である。

第六章　庶民化する下駄

平安時代の中頃まで、下駄は、一般庶民はおろか、一般貴族にもほとんど縁のない聖なるはきものであった。しかし、平安時代中頃をすぎると、次第に中・下級貴族のはきものとして普及する兆しがみえはじめ、鎌倉時代以降、いわゆる中世に入ると、いまだ限られた階層ではあったが、富裕層を中心とする庶民にも拡大していった。下駄（足駄）の語が、平安時代後半以降から物語や随筆・日記などに登場するようになるが、それは、このような普及の状況をあらわすものである。下駄の出土する中世遺跡を概観すると、幕府の所在地である鎌倉とか、越前朝倉氏の城下町である一乗谷とか、中世の門前町であり港町である草戸千軒町遺跡というように、商工業者、いわゆる商人が集住する都市遺跡からの出土が多いことが知られる。これは、下駄が、都市住民のはきものとして普及していったことを示唆している。下駄が都市住民を中心に普及していったことは、江戸時代になると、江戸城下町をはじめ、各地の城下町や宿場町から多量に下駄が出土することからも証される。

しかし、下駄が都市住民のはきものになったからといって、下駄の聖性がまったく失われたわけではない。それは、江戸時代になっても、井戸や祭祀的な遺物が出土する土坑から下駄が出土することなどからもうかがわれる。本章では、前章までの考察とは異なり、下駄が、一般庶民、とりわけ都市住民のはきものとして普及・発達してゆく理由をさまざまな角度から明らかにすることを目的とするものであるが、それとともに、下駄が、一般庶民のはきものとなっても、意識されることはなかったが、人びとの心の底に、下駄が聖なるはきものとして、つい近年まで保持され続けてきた実態についても明らかにしたいと考えている。

下駄の出土地の最北端は、北海道千歳市の『美々8遺跡』で、アイヌ語でピラッカとよばれる下駄が一四点出土している。(1) この美々8遺跡は、太平洋側と日本海側とを結ぶ「ユウフツ越」とか「シコツ越」とよばれる交通の要衝に位置し、江戸時代初期から栄えた場所であった。遺跡のこのような立地を考えると、出土した下駄は、この地に住みついた和人がはいていたとみることもできる。しかし、和人が、北海道に本格的に進出し、居住するようになるのは十八世紀後葉以降、それも海運の便のよい日本海側とされている。この遺跡から出土した遺物は、遺物包含層の上下を覆っている火山灰層から、上限は、一六六七年(寛文七)降下の樽前b降下火山灰堆積層、下限は一七三九年(元文四)降下の樽前a降下火山灰堆積層に限定されるから、和人が交易に訪れた可能性までは否定しえないまでも、定住したとは考えがたい年代なのである。出土した遺物のなかには、伊万里の磁器・ガラス製品・キセル・鉄鍋・寛永通宝など、和製品も多数含まれているが、アイウシ文やモレイ文とよばれるアイヌ特有の模様を刻んだ杓子や花矢・棒酒箸などが多数出土しているだけでなく、アイヌのカミマツリである「物送り場」の遺構も数多く発見されており、この遺跡が、アイヌの集落であったことは疑いえないのである。

ハレのはきものからケのはきものへ

一般に、アイヌは、普段は裸足であるが、遠出するときや、ハレの日などには、ブドウ蔓のわらじ(ス

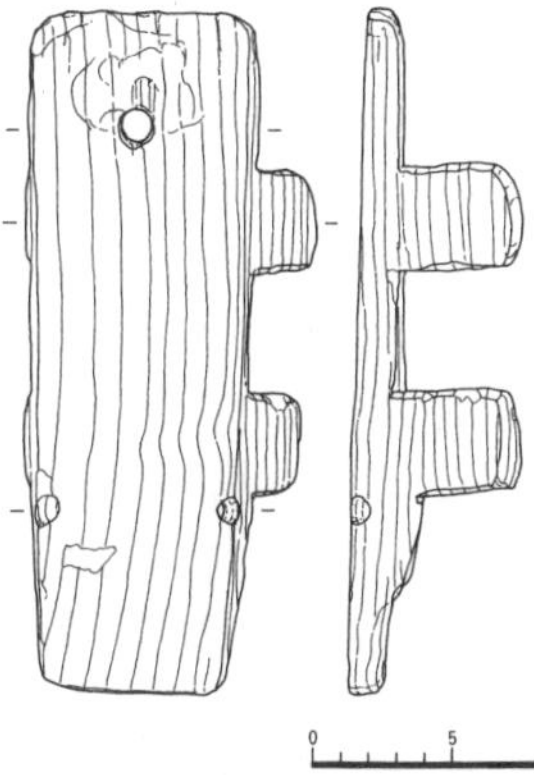

2

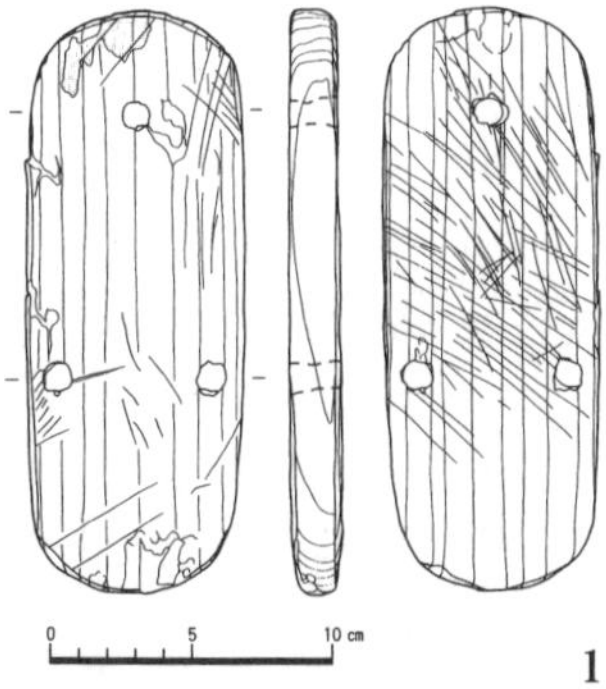

1

5

4

3

1　杉の皮がついた無歯の下駄実測図　北海道千歳市・美々 8 遺跡出土（『美沢川流域の遺跡群 XX』より）

2　台裏に×印の呪符記号が刻印された連歯下駄実測図　北海道千歳市・美々 8 遺跡出土（『美沢川流域の遺跡群 XX』より）

3　長万部のアイヌの長老の妻（『アイヌの秋　日本の先住民族を訪ねて』より）

4　平取のアイヌ（『アイヌの秋　日本の先住民族を訪ねて』より）

5　アイヌの渡し守（『アイヌの秋　日本の先住民族を訪ねて』より）

トケリ）や鮭の皮の靴（チュプケリ）、シカの皮の靴（ユッケリ）などをはくとされているが、[2]下駄を日常のはきものに使用したとはどこにも記されていない。後に述べるように、本州でも、下駄が、日常的に使用されるのは、江戸時代の中頃、十八世紀前後、それも城下町や宿場町などの都市部に限られていたことを考えると、下駄というはきもの文化をもたなかったアイヌが、下駄を日常のはきものとして利用していたとはとても考えられない。それでは、美々8遺跡のアイヌは、どのような目的で、これらの下駄をはいていたのであろうか。

下駄の樹種は、キハダ、ハリギリ、モクレン、カツラ、スギと同定されている。下駄の材料に使用されているこれらの樹木は、スギ以外は遺跡周辺に生えている樹木とされているので、アイヌの自製品である可能性が高い。問題は、北海道では産出しないスギ材の下駄である。「スギ材？」と、疑問符のついたものも含めると、スギ材の下駄は四点を数える。とりわけ、樹皮のついた無歯の下駄は、自製品とすると、スギの原木を、本州からわざわざ取り寄せて作ったことになり、何か特別な意図をもって作ったとしか考えられない。しかも、無歯の下駄は、本州でも、中世以降はほとんど出土しない特殊な形態の下駄であるだけに、その用途もまた、特別であった可能性を予見させる。

この遺跡からは、灰や炭化物が集中した遺構が多数検出されているが、これらの遺構は、食用植物送り（ムルクタウシカムイ）・道具送り（イワクテ）・動物送り（オプニレ）を複合した灰送り場と考えられている。また、出土した狩猟具や漁撈具・生活用具のなかに、意図的に切断した遺物が数多くみられるが、これらもまた、アイヌのカミマツリである「送り儀礼」にかかわるものと考えられている。これらカミマツリに関する遺構や遺物と、北海道では産出しないスギ材の下駄が出土していること、本来、冬の凍結時にははかないはずの下駄に、氷雪時にも歩行できるようにするため、下駄の歯の底面に滑り止めと考えられる鉄鋲を打ち込んだ下駄が出土していること、台裏に呪符記号である×印が刻まれた下駄が出土していること、台先上面だけが炭化した他の木製品とは様相を異にした下駄が出土していること、儀器としか考えられない鼻緒穴を穿たない特異な下駄が出土していることなどを考え合わせると、これらの下駄は、「送り儀礼」の際に使用された祭器と考えるのが妥当である。

美々8遺跡から出土した下駄が、アイヌのカミマツリである「送り儀礼」に使用された祭器とすれば、アイヌもまた、下駄を聖なるはきものとみなしていたことになる。アイヌと和人とのカミ観念が共通していれば問題はないが、異なっているとするならば、こうした観念が、いつ、どのような形でアイヌ社会にもたらされ、アイヌは、どのような思考のもとに、その観念を受容したのかが今後の研究課題となる。

アイヌの民俗について述べた書物のなかには、下駄に関する記述はほとんどみられないが、明治末年から大正初年に北海道を訪れたヤン・ハヴラサが撮影した写真のなかには、下駄をはいたアイヌが多数写っている。(3)このような写真が、どのような状況のもとで撮影されたのかが明らかでないので、下駄がアイヌの日常のはきものとして普及していたとは断定できないが、普段着姿の老婆や渡し守りなども下駄をはいていることからみると、かなり普及していたと考えざるをえない。アイヌ語の辞典のなかには、「下駄は、物語中では和人の象徴としても用いられるが、和人に限らず、これをはいて登場するものは悪人である」と述べられている。(4)物語とは、アイヌの長編叙事詩であるユーカラとみられるが、もしそうであるならば、アイヌの文化が崩壊しつつある明治時代の末年とはいえ、なぜ悪人のはく下駄を、明らかに盛装したアイヌの族長までもがはいているのかが問題となる。二十世紀初頭のこれらの下駄と、美々8遺跡出土の十七〜十八世紀の聖なる下駄と、ユーカラの世界の下駄との歴史的なかかわりが明らかでない現時点では、この問題に関しては今後の研究に委ねざるをえないが、アイヌの歴史や文化、とりわけ、和人とのかかわりを知るうえで、きわめて興味深いものがある。

下駄が、近年まで、聖なるはきもの、いわゆる「ハレ（晴）の日」のはきものとみなされていたことは、民俗学者・宮本常一が、みずからの体験として、

> 田舎では、当時まだ下駄は盆や正月にはくもので、日常は裸足が普通だった。子供の頃、皹でひび割れた嫁さんの足を、痛々しく見た。つかの間の昼休み、カッテの板の間でゴロンと横になるその足は、台所に伸びており、その足裏が私の目に写るのであった。その嫁さんは、町へ買い物に行くにも裸足で自転車にのっていった。夕方、姑婆さんが、「ヨォー、足を洗えなあー」というのが、嫁を労働から解放して、「仕事を止めろ」の言葉であった。嫁さんは、下駄や草履をはいているようでは、仕事にならぬと思っていたらしいし、働いていることをシュウトに示す意味で裸足でいたのであろう。

と語っていることからも知られる。[5] 一方、民俗学では、下駄は、庶民の日常のはきもの、すなわち、「ケ（褻）」のはきものとされている。日本人は、ハレとケとを厳密に使い分けていたから、はきものに対するこの二つの見解は、明らかに矛盾するものである。下駄に対するこの二つの見解のどちらが正しいのかと問われれば、私は、どちらも正しいと答えざるをえない。下駄が、その出現時の四～五世紀から二十世紀半ばの昭和初期にいたるまで、聖なるはきものとみなされてきたことは、これまで縷々述べてきたことからも理解していただけるであろう。江戸時代になると、下駄が庶民の日常のはきものとなったことは、城下町や宿場町から、さまざまな種類の下駄が数多く出土することや、浮世絵などの絵画に、下駄をはくさまざまな庶民の姿が描かれていることや、文献資料に庶民と下駄のかかわりを示す記述が数多くみられる

8

6

7

6　室町時代の足駄職人　焼け火箸で露卯下駄の鼻緒穴をあけている『七十一番職人歌合』（旅の民俗と歴史 6『旅の民俗　はきものとのりもの』より）
7　江戸神田の下駄新道の下駄屋の店先　右上端：原木から台木を挽く．左上端：舞錐で鼻緒穴をあける．右下端：駒下駄に黒漆を塗る．右中段：完成した下駄を束ねて運ぶ『江戸名所図会』（旅の民俗と歴史 6『旅の民俗　はきものとのりもの』より）
8　下駄（陰卯下駄）の歯を差し替える職人『風俗画報』（旅の民俗と歴史 6『旅の民俗　はきものとのりもの』より）

ことからも明らかであり、江戸時代には、下駄が庶民のはきものであったこともまた否定しがたい事実である。下駄の二面性とでもいえるこのような状況を、私たちは、どのように理解すればよいのであろうか。この相反する問題を合理的に解釈する論理、それは、下駄が、労働のためのはきものではなかったということである。宮本も述べているように、下駄をはいていては農作業を行なうことなど、とうてい不可能であった。下駄が、労働のためのはきものでないことは、下駄が、カミマツリのためのはきものとして出現したというその経緯から考えても当然である。夜明けから日暮れまで、一日中、野良仕事にでている農民にとって、下駄というはきものは、日常的なはきものにはなりえなかった。その下駄（草履ではなく下駄）が、盆や正月という非日常的なハレのはきものとして取り扱われていたのは、下駄が、聖なるはきものであるという観念が、二十世紀の人びとにも無意識のうちに継承されてきたためである。私たちの子供の頃には、下駄を空に向けて蹴りあげ、落ちてきた下駄が、表を向いているか、裏を向いているかで、翌日の天気を当てる「下駄占い」という遊びがあった。靴でもなく、草履でもなく、下駄が占いの道具（呪具）となる。それは、まぎれもなく、下駄が聖なるはきものである（あった）ことを証するものである。

農村では、近年まで、下駄は、聖なるはきものとみなされ、ハレの日にしかはかなかったにもかかわらず、なぜ城下町や宿場町などの都市では日常のはきものとしてはかれるようになったのであろうか。これは、大変難しい問題であるが、私は、その理由として二つの歴史的背景を考えている。第一は、都市住民の衣服の問題、第二は、都市の住宅の問題である。

最初にも述べたように、衣服とはきものとは、密接な相関関係にあると私は考えているが、そのような視点から研究した論考はない。『魏志倭人伝』には、男子は皆露紒し、木綿《もめん》を以って頭に招《か》け、其の衣は横幅、但々結束して相連ね、略々縫うこと無し。婦人は被髪屈紒し、衣を作ること単被《ひとえ》の如く、其の中央を穿ち、頭を貫きて之を衣る。

と記されている。(6) すなわち、三世紀代の倭人は、男子は、布を横幅に用いて裁縫もせず、ただ連ねて身体を覆う形式の「横幅衣」とよばれる衣服を着ており、女子は、一枚の布に穴をあけて、ここから首を通す形式の「貫頭衣」とよばれる衣服を着ていると記されている。横幅衣も貫頭衣も、その具体的な形状については明らかでないが、いずれにしても、下半身の衣服の状況は、ズボンではなく、丈の短いスカート型の衣服であったとすることに異論はないようである。わが国の衣服は、こうしたスカート型の衣服を基本として展開してきたとされている。(7) 七世紀後半に律令制が施行されると、大陸からあらたな服飾(唐風服飾)が次々ともたらされた。十～十一世紀になると、それらの唐風服飾が次第に変容、いわゆる国風化(和様化)しはじめる。衣服の国風化とは、身丈が長くなり、身幅や袖幅が寛闊になっていったということである。(8) 端的にいえば、身にピッタリと付くような暑苦しい大陸の衣服が、湿潤なわが国の風土に適した貫頭衣や横幅衣のようなゆったりとした衣服に変わるということである。これに、優雅とか、華やかさとか、細やかさとか、なまめかしさとかいった、わが国独特の美意識が加わり、独自の展開を遂げていったのである。第一章で、この時期に、草履を中心とするさまざまなはきものが出現すると述べたが、それも国風化の一つのあらわれとみることができる。

それはともかく、衣服の身丈が長くなるということは、雨天や雨後の歩行の際に、裾が濡れたり、泥が跳ね上がったりして衣服が汚れる可能性が高くなることを意味していた。現在のように路面はアスファルトなどで舗装されていないから、雨天や雨後の道路は、手無しや小袖裳・小袴を着て、裸足やワラジで歩くならともかく、壺装束や衣被などの身丈の長い衣服では、歩行が難渋することは避けられなかったであろう。そうした歩行の困難さを解消するはきものとして、聖なる下駄が、貴族、とくに女官たちに用いられるようになり、下駄の使用が一般化していく一つの契機になったと私は考えている。しかし、十五世紀頃までは、いまだ下駄の聖性が強かったためか、製作者や製作技術の問題、あるいは、下駄に関するいまだ知られざる問題が存在したためか、庶民が、下駄を日常的にはくまでにはいたらなかったことは、第四章でみた通りである。この時期の庶民のはきものは、絵巻物や出土遺物からみる限り、草履や板草履などの草履を中心とするはきものであったようである。

十五世紀末〜十六世紀後葉、いわゆる戦国時代、各地に割拠した戦国大名は、直属家臣と商工業者の掌握をめざして、城下町を建設していった。福井市の一乗谷朝倉氏遺跡をはじめとするこれら戦国時代の城下町遺跡からは数多くの下駄が出土している。中世になると、道路や河川などの交通の要衝に、物資を交易するための市が各地に立ち、そこに商工業者が集住して都市に発展する場合があった。そうした中世都市遺跡からも多量の下駄が出土している。その代表的な例が、広島県福山市の草戸千軒町遺跡である。それにしても、なぜ、城下町や中世都市から下駄が出土するのであろうか。城下町や中世都市が活況を呈すると、それにともない、富裕商人や職人が出現する。これら富裕商工業者や、その妻子のなかには、武士階級に倣って、高級で身丈の長い衣服を着るものもあったであろうから、これらの人物が下駄を使用したことは十分考えられる。しかも、十四〜十五世紀頃に、ろくろ細工による開閉自在の傘が出現すると(9)、身丈の長い衣服を着ても、下駄をはき、傘をさせば、雨天の日でも外出が容易にできるようになる。経済活動が活発になり、雨天の日でも出歩く必要のあった商工業者にとって、下駄の使用と傘の使用は、大きな福音であった。戦国時代になって下駄の使用が増大する要因の一つに、富裕層などに限られていたとはい

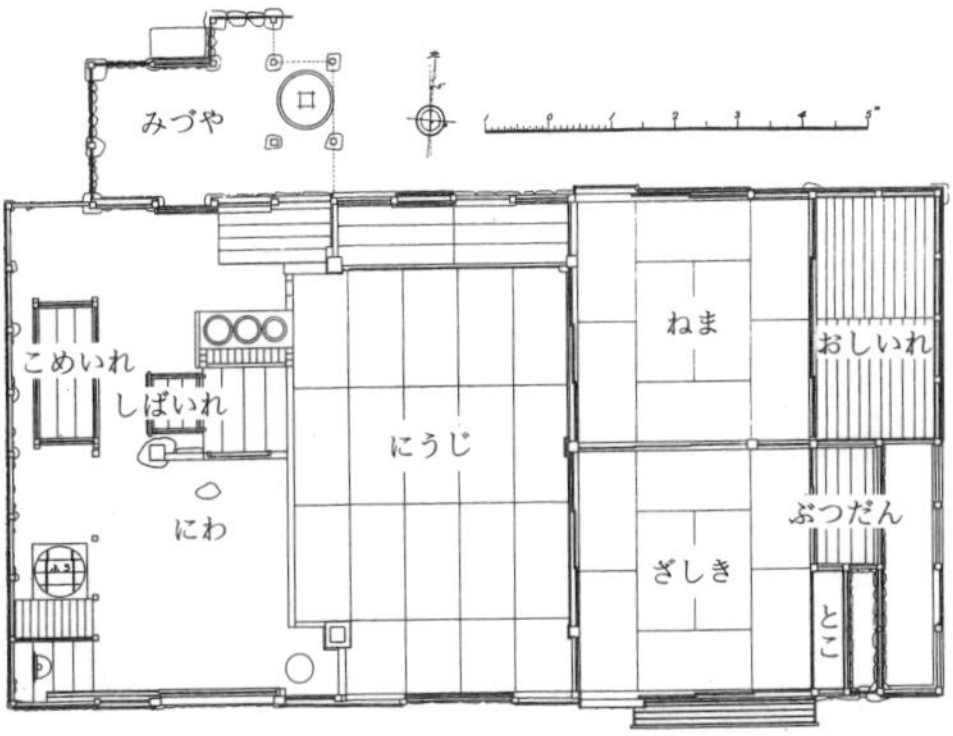

10

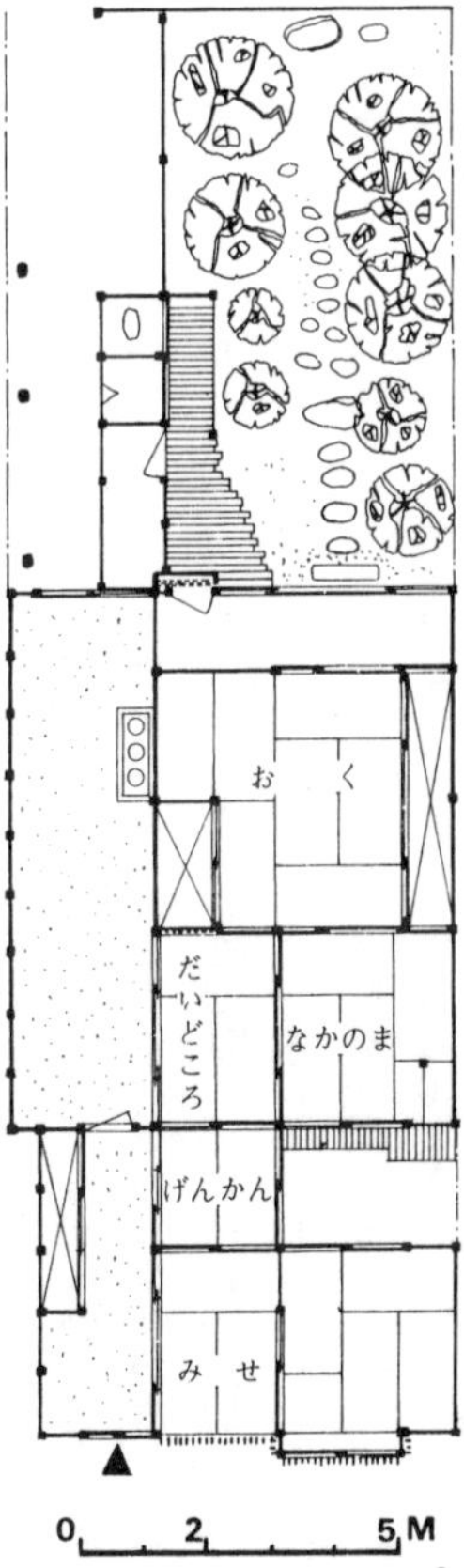

9

9　滋賀県近江八幡市の店舗町家の平面図　左側が通り土間となっている．この町家は，居室が左右2列，前後に4室あるので，2列4室型とよばれている（『近江八幡　町なみ調査報告』より）

10　滋賀県湖北地方の余呉型とよばれる農家の平面図　中流農家の家屋で，就寝をともなう普段の生活は，にうじとばれるモミガラを下敷に，ムシロを上敷にした土座で行なわれていたという（『重要文化財　旧宮地家の住宅移築修理工事報告書』より）

え、このろくろ細工による傘の普及があったと私は想定している。

生活様式の変化と下駄の普及

以上、十六世紀以降の都市住民が、下駄をはくようになった理由を、衣服の変化と傘の出現にもとめてみたが、下駄の使用者層の拡大には、今一つの大きな要因があった。それは、住宅様式の変化である。

わが国の家は、ドマ（土間）とユカ（床座（板間・畳の間））とによって構成されている。住まいの形態を模式図的にいえば、支配階級はユカの家に、被支配階級はドマの家に住んでいた。しかし、農村出自の武士が権力を掌握し、商工業者が経済力をもち、政治権力と関係を深めるにつれ、ドマの家にユカを取り入れた混成タイプの家が造られるようになる。[10] 限られた面積の城下町や市場に、多くの商工業者が、商売に便利なように道路に面して居住するためには、間口が狭く、奥行きの深い敷地がもっとも合理的であった。[11] そのような敷地を効率よく利用する家として建てられたのが、いまなお京都などの町屋にみられる片側をドマ（通り土間）とし、片側を板間や畳の間とした家である。ドマだけの家ならば、はきものをはかないで、裸足だけで生活することができるが、ドマよりも一段高く造られた清潔感のつよい板間や畳の間を、ドマや野外を歩いて汚れた裸足でそのまま上がれば、板や畳が汚れるだけでなく、大切な商品や衣服も汚れることになる。とりわけ、雨天や雨後などは、その汚れが一層はなはだしく、目も当てられない状況になることは想像に余りある。こうした事態を避けるためにとられた方法、それは、一部の富裕層で、雨天・雨後のはきものとして用いられてきた下駄を使用することであった。ここに、下駄は、より広い階層の人びとのはきものとしてクローズアップされるのである。

これに対して、農村では、板間（寝間）や座敷（仏間）をもつ家もあったが、ほとんどの農家は、ドマに籾殻を敷き、そのうえに筵を敷いたニウジとかニワとかイドコとよばれるドマ（土座）と、ウチニワとよばれる作業場でもあるドマを中心に日常生活が営まれていた。農民は、基本的に雨の日は、屋内（ウチニワ）で、自給自足のためのさまざまな手仕事を行ない、外出しなかったし、たとえ足が汚れても、ワラスベで泥を落とし、そのまま土座にあがり、そのまま生活を営んでいたから、労働するはきものとしては不適格な下駄などは必要なかった。もちろん、日常の衣服は、働きやすい筒袖や巻袖、山袴や股引など、汚れることを前提とした仕事着であったから、衣服が汚れるからといって下駄をはく必要はなかった。さらに、農民の雨具は、自製の蓑・笠であったから、これもまた、濡れたり・汚れたりすることは、別に厭われなかった。このようにみてくると、農村においては、ハレの日以外は、下駄や草履は必要なかったことが知られる。

下駄が、城下町遺跡や中世都市遺跡から日常生活品として数多く出土するにもかかわらず、農村部ではほとんど出土せず、つい数十年前までは聖なるはきものとして取り扱われていた理由を、以上の考察から理解していただけたと思う。しかし、下駄が本当に庶民のはきものとなるのは、江戸時代も後半、十八世紀頃と考えられる。それは、この頃から、各地の城下町や宿場町などの遺跡から、それまでとは比較にならないくらい、多種・多様な下駄が出土することや、江戸時代の絵画に、下駄をはく長屋のおかみさんの姿が描かれていたりすることからも知られる。一般庶民への下駄の普及、それは、これまでみてきた衣服の変化や、住宅様式の変化、傘の普及、町人の経済力の向上など、前代からの要因が一層進んだ結果であるが、江戸時代になってあらたに加わった要因がある。それは、湯屋、いわゆる銭湯の出現である。

銭湯という語が出現したのは、十八世紀後半から十九世紀にかけてで、それまでは湯屋とか風呂屋とよばれていた。湯屋は温湯をみたした浴槽に身体をひたすもので、風呂屋は蒸風呂で、密室に湯気をみなぎらせて沐浴するものである。銭湯は、この湯屋と風呂屋を折衷したものである。[12] 京都や大坂では、自家浴室が発達していたため、銭湯は八町に一戸程度しかなかったが、江戸では、家屋が密集して、火災の危険性が高まったことと、水利条件が悪く井戸を掘るのに多大の経費を必要としたため、一町に一戸と、数多くの銭湯が営業されていた。大店などの良家の子女、旅籠屋の旅客なども銭湯に通ったため、一町に一戸でも少ないくらいで、銭湯はいつも混んでいた。[13] また、京・大坂の銭湯では、二階に浴客を上げず、ただ入浴するだけであったが、江戸の銭湯は、二階が休憩所になっていて、碁や将棋をしたり、手軽な読物が置かれていたり、壁に寄席・見世物・その他催物の引札が貼られるなど、町内の人びとの集会所として、社交場としての役割を果たしていた。こうした銭湯への行き・帰りにはかれたはきもの、それが風呂下駄である。せっかく、風呂に入って清潔にしたのに、裸足で家路についたのでは元も子も無かった。しかし、風呂下駄がはやった理由は、そうした実用的な点だけではなかった。湯船につかってほてった足を、ひんやりとした木質の下駄をはいて家路につく感触、粋で伊達な江戸っ子にとって、この感触はこたえられない情趣であった。しかも、バスタオルの役目をはたす浴衣がはやると、下駄と浴衣のとりあわせが醸し出すその艶めかしい姿は、江戸っ子の心を大いにくすぐったようである。歌舞伎に浴衣姿の人物が登場したり、浮世絵に女性だけでなく、歌舞伎役者の浴衣姿が描かれたりしたのは、江戸っ子にとって浴衣姿がいかに魅力的であったかをよくあらわしている。現在でも、京都祇園祭りの宵山に、下駄をはいた浴衣姿の若い女性を数多くみかけるが、それは、二百年以上経過した現在でも、下駄と浴衣姿が、最新のファッションとして生き続けていることを如実に示している。奈良東大寺二月堂のお水取りに、差懸以外にも、風呂下駄を別にはくとされているが、その風呂下駄の風習が、いつ頃から始まったのか、古式を伝えるとさ

11

12

11　江戸下町の長屋の露地の入り口　下駄をはいた長屋のおかみさん連中が描かれている『浮世床』(『大江戸ものしり図鑑』より)
12　銭湯に通う役者たち　下駄をはき，着替えの浴衣などを持っている『役者夏の富士』(『大江戸生活体験事情』より)

れる伝統行事だけに、興味あるところである。
十六世紀頃から急速に下駄の使用は拡大するが、江戸時代に入ると地方都市でも、下駄が普及していったことが、富山県小矢部市に所在した今石動《いまいするぎ》城下町の慶長年間（一五九六〜一六一四）の戸口調査記録「今石動町続福町村家数高并商売柄書上帳」から、その様子を知ることができる。(14)

今石動町続福町村
一、九軒　足駄並草履商売人
後谷村出村町端
一、壱軒　足駄等商売人
今石動上野町江上野村　飛地家左ニ家数高
一、壱軒　豆腐並足駄等商売人

と、江戸時代の初頭である慶長年間に、わずか四万石の戦国大名の城下町に一一軒もの下駄を扱う商人がいたことからも知られる。江戸時代初頭の地方都市でも、これだけの下駄屋があり、城下町などの遺跡から出土するはきものも、ほとんどが下駄であることからすると、戦国時代以降の日常のはきものは下駄であったかのように思われる。しかし、はきものが、一般庶民にも普及する奈良時代から明治時代まで、日常のはきものの主流は草履、のちには雪踏で、下駄は、近所歩きの際の仮のはきものであり、経済力を誇示するための町人の服飾的なはきものであったのである。下駄は木質であるため、江戸のように湿地を埋め立てた水分が多い土中では残存率が高いが、植物繊維で作られた草履類は、腐食しやすく残らないため、一見すると、下駄が、はきものの主流であったかのようにみえるのである。下駄と雪踏の関係を端的に示すエピソード、それは、明治時代に雪踏と靴の新旧対立の論争が起きたときの風刺話によくあらわれている。

文明つ児のくつ曰「とうからんくつは唐物にきけ、近くは買って目にもみよしのかんかついでだち、今りうこうの舶来くつ、雨のふる日もせいてんも、足はよごれず、冬あたたかくくつにやまさるものはあるめへ」

駒下駄曰「まあ　待つてお二人さん、どちらにも理屈がある。そこはお駒があずかつて、妾がいふではなけれど少し降っても天気でも、足はよごれぬこの駒下駄、畳の上のそと知らず、近くの道も遠道も二歩か三歩のこまげたに、まけて笑つて下さんせいな」

セツタ曰「かくの雪踏はきみだちも、はいたるところは心地よく、夏はほてらずチヤラと、運ぶ足ぶみ勇ぎよく、畳みの冬あたたか、一寸日暮の夕立も紙に包んで懐中え、入てちんまりするせつた。なんと足具の第一番、この返答はな、なんと」

これは、文明開化の象徴としての靴と、その当時のはきものの主流である雪踏とが言い争う話であるが[15]、ここで注目されるのは、駒（連歯）下駄が二種類のはきものの仲介をすることである。下駄が仲介役になることと、みずからを妾と称していることを重ねあわせると、下駄は、江戸時代のはきものとしては、けっして主流をなすものでなかったことが知られる。『守貞謾稿』[16]の「礼服ノ時ノミ、雪踏ヲハク」という記述は、当時の下駄と雪踏の関係をよくあらわしている。また、多くの人が指摘しているように、江戸の町を描いた名所図会や風景画には、あまり下駄をはいた人物は登場しない。江戸時代で下駄をはく人物が登場する絵画といえば、傘をさしたり、傘を手に持ったりして下駄をはく美人画や役者絵、銭湯の行き帰りや夕涼みに浴衣を着る人物画、井戸端で洗濯する女性、洗い張りをする女性を描いた風俗画、遊女や花魁などの花街の女性を描いた浮世絵、門付けをする芸能者などを描いた絵本などにほぼ限られるのである。下駄をはいたこれらの人物は、前章まで詳しくみてきた下駄をはく聖なる人物とその多くが重なる。このことは、下駄が、一般庶民のはきものとなったといっても、大きな流れのなかでみれば、下駄が聖なるはきものという下駄本来の意味が、かすかながらも、連綿と継承されていることを示している。

下駄に記された刻印・焼印

下駄の台表や台裏に、刻印や焼印が記されている例がしばしばみられる。管見の限りで最も早い時期の刻印は、岩手県西磐井郡平泉町の柳之御所の十二世紀の井戸から出土した「丁」である。次に古いのは、宮城県多賀城市の新田遺跡の十三〜十四世紀の溝から出土した「大」の刻印である。こうした刻印は、時代が下がるにつれて増える傾向にある。しかし、下駄の出土量は、時代が下がるにつれて増大するから、比率的にみれば、それほど大きな変化はなく、見かけだけの問題であるのかもしれない。これら刻印・焼印は、使用者を判別するための目印とみる説もある。確かに刻印・焼印のなかには、所有者をしめす屋号と思われるものもあるが、その種のものは、おおむね十八〜十九世紀、幕末から明治にかけてのものであるうえ、その出土数もごく限られていて、比較的新しい現象とみることができる(17)。また、刻印のなかには、草花や楓、笹の葉を台表にあしらったものもあるが、これは、所有者を判別するためというより、下駄を

15

13

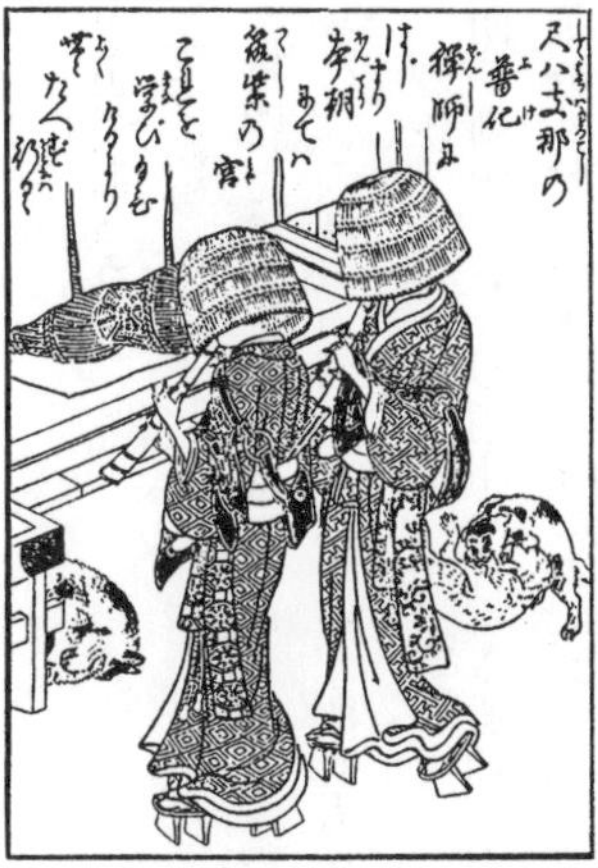

16

14

13　染め張りをする下駄をはいた女性『染物早指南』(『横川一丁目遺跡』より)

14　井戸端で下駄をはく女性たち　国貞『雪のあした』(目で見る日本風俗誌１『江戸町人の生活』より)

15　一本歯の下駄をはく高野行人　高さ１尺２〜３寸の鉄の延べがねで作った一本歯の下駄をはいて，笠にのせた手挿の水をこぼさずに，鉦をたたいて町々を遊行した『只今お笑草』(旅の民俗と歴史６『旅の民俗　はきものとのりもの』より)

16　尺八を吹き，喜捨を乞う普化宗の僧『絵木吾妻扶』(『大江戸ものしり図鑑』より)

粋なはきものに仕立てるための装飾とみるのが妥当であろう。

下駄に記された刻印・焼印はさまざまであるが、複数例出土したものをとりあげると、「大」・「×」・「✡」・「△」・「⌒」などである。これらの刻印・焼印には、中世のものもあるが、その多くは十六世紀以降、戦国時代から江戸時代末にかけてのものが多い。これらの刻印・焼印が、所有者を判別するものでなかったとすれば、いったい何なのであろうか。

遺跡から出土する遺物のなかに、これらの焼印や刻印とおなじ刻印を有する遺物がある。それは、常滑窯とか信楽窯とか越前窯とよばれる中世陶器、とりわけ蔵骨器に使用された比較的小さな壺である。一般に、これらの刻印は、陶器を何人かで共同で焼成した際の所有者を判別するための目印（窯印）とされている。確かに、越前窯では十六世紀後葉の大窯で、信楽窯では十八世紀代の登窯で、明らかに屋号と思われる刻印が記されているので、所有者を判別するための刻印とする説もあながち否定することはできない。しかし、中世陶器にみられるこれら刻印は、壺、それも比較的小さな壺にほぼ限られ、甕や大壺、擂鉢などにはほとんどみられないこと、古代や中世の土器のなかにも、おなじ刻印や墨書をもつものが多数出土していることなど、多種多様な器物にこれらの刻印が記されていることを考えると、これらの刻印が、器物の所有者を判別するための単なる記号とみる説には疑問を呈さざるをえない。沢田由治は、中世陶器に記されたこれら刻印を降魔招福の印形、すなわち、呪符記号とみなした(18)。この説を評価する人は現在でもほとんどいない。しかし、これらの刻印が、蔵骨器として使用された壺にしかみられないこと、カミマツリに使用されたと考えられる土器のなかに、これらの刻印や墨書が多数みられることなどから、私は、沢田の説に賛意を表するものである。

これらの刻印を呪符記号とすれば、その刻印には、どのような意味がこめられているのであろうか。

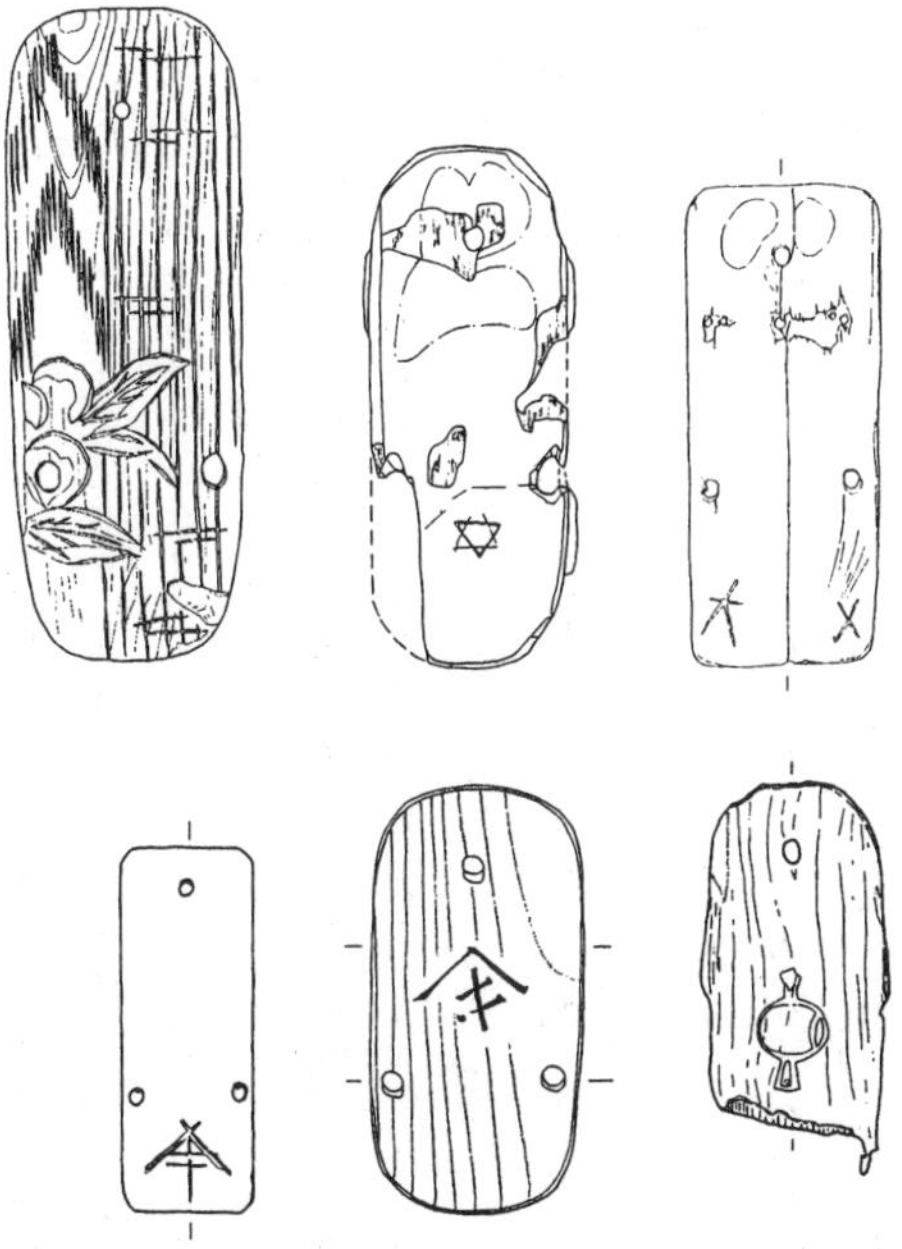

17

17　刻文や焼印が記された下駄実測図　右上：東京都千代田区・丸の内一丁目遺跡出土（『丸の内一丁目遺跡』より），中上：大阪府東大阪市・若江遺跡出土（『若江遺跡第38次発掘調査報告』より），左上：東京都新宿区・西早稲田三丁目遺跡出土（『西早稲田三丁目遺跡II』より），右下：大阪府泉佐野市・大場遺跡出土（『大阪府埋蔵文化財協会調査報告書　第56輯』より），中下：宮城県仙台市・富沢遺跡出土（『仙台市文化財調査報告書第203集』より），左下：東京都千代田区・溜池遺跡出土（『溜池遺跡』より）

18「大」と「×」の刻印のある信楽小壺実測図　奈良市・元興寺古墓出土

19「大」の墨書のある黒色土器実測図　滋賀県守山市・伊勢遺跡出土（『守山市文化財調査報告書　第63冊』より）

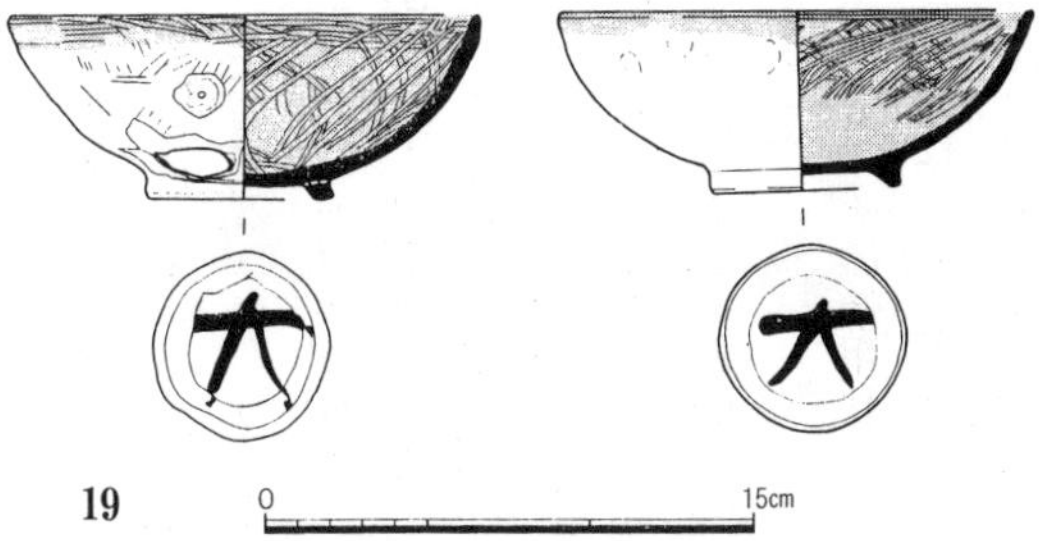

19

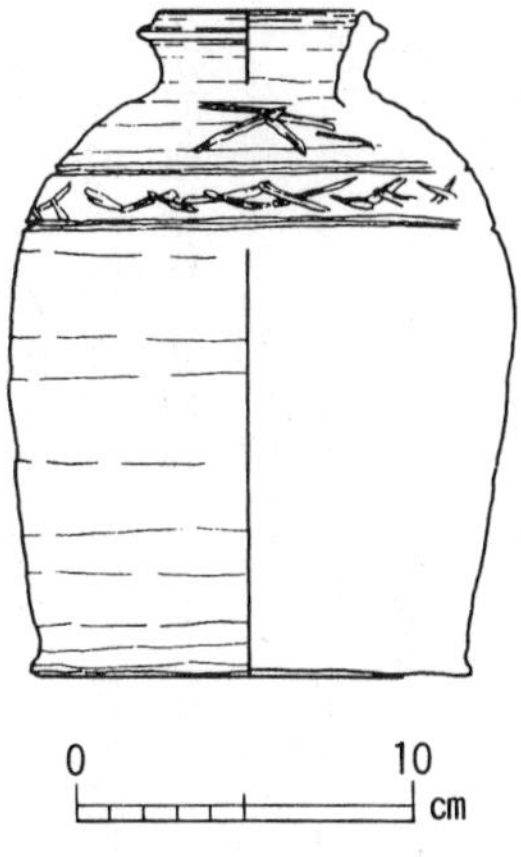

18

「×」は、封じる、あるいは禁じるという結界を示す呪符記号とされる。小野瀬順一は、この×印が、神社の窓・扉・透垣、ときには身舎などに多用されていることを指摘したうえで、×印が、「この世とは異なった世界を表すシンボルであった」と述べている(19)。すなわち、×の向こうは、カミの住まう世界であり、入るのはおろか、触れることすらもできない世界であることを、×のデザインが示しているというのである。この指摘は、抽象的な観念である×印の意味を、具体的な形を通して説明したもので、注目すべき見解である。この見解からすると、蔵骨器やカミマツリに使用された土器に、×印が刻印されたり、墨書されたりするのは、悪霊や邪悪なものが、蔵骨器に侵入したり、聖なる土器に取り付かないようにしたものと考えることができる。先に、アイヌの集落跡である美々8遺跡から出土した×印を刻んだ下駄を、アイヌの送り儀礼に使用した祭器とみなしたが、×印をカミマツリと深くかかわる呪符記号とすれば、この解釈が、けっして不当なものでないことを理解していただけるであろう。

×印をこのように封じる・禁じることを意味する呪符記号とすると、その使用状況からみて、他の刻印も、呪符記号とみるのが妥当である。すなわち、「△」印や「∧」印は、ノコギリのように先端が尖っていることから、鋭く尖ったその先で悪霊を突き刺し、悪霊の侵入を防ぐ鋸歯文とよばれる呪符記号であるし、「✡」印は、セーマンとよばれる陰陽道の悪霊徐けの呪符記号となる。鋸歯文とよばれる△印は、すでに早く弥生時代の銅鐸に悪霊除けとして使用されているし、元来は道教の呪符であったが、後に陰陽道を代表する呪符記号となった✡印は、現在でも、伊勢地方の海女が悪霊徐けに使用している。海女は、セイメー(五芒星)とよぶ✡印を左側に、ドーマン(九字)とよばれる▦印を右側に縫い取った手拭を頭にかぶって海に入る。✡の略された呪符が「大」で、▦の略された呪符が「井」である。井の印は、現時点では下駄の刻印として確認できないが、蔵骨器やカミマツリに使用された土器などには数多くみられる。

現在でも、お宮参りのときに、赤子の額に大の字を朱書するが、これは、いまだ霊魂が体内に固定しない赤子を悪霊から守るための役割を担う呪符なのである。

下駄に記された刻印が、悪霊徐けの呪符だとすると、江戸時代においても、下駄が聖なるはきものとしての意味を完全に失わず、俗信仰などのかたちでその聖性が保持されていた可能性が高い。江戸時代の井戸から出土する下駄は、共伴遺物をほとんどともなわないが、これは、なんらかの理由で井戸を埋めなければならない必要性が生じた際、井戸鎮めとして、当時流布していた俗信仰にもとづいて、下駄だけを井戸に投入したためと考えられる。その俗信仰がどのようなものであったかは明らかにしがたいが、そうした俗信仰と、一般庶民にまでひろがった陰陽道とが結びつき、下駄をはく人物に悪霊が取り付かないことを願って、下駄に呪符記号を刻印したり、焼印したりしたものと考えられる。このような呪符記号以外に、下駄には、打出小槌や銭といった刻印や焼印がみられるが、これも、下駄を聖なるはきものとみなし、富貴を願ったものと考えられる。いずれにしても、下駄に記された刻印や焼印は、江戸時代の人びとの下駄に対する観念を知るうえで大きな手掛かりになるものであり、今後の研究成果が期待される。

江戸時代に入ると、さまざまな種類の下駄が出現する。その理由について市田京子は、

下駄は江戸の町人文化のもとで花開いたといわれ、町人の経済力の発達で服飾品として用いられるようになり、天候にかかわらず町歩きの外出用に用いられるようになる。それで、それまでの「足駄」という言葉のもつ性格に対して「下駄」という言葉が使われたのではないかと思われる。このように衣服として履かれるようになると、いわゆる流行品となり、流行を作っていくために形や装飾にいろいろな工夫が凝らされて、さまざまに形が変わる。そしてそれぞれに呼び名がついてくるために、

名称が変化していっている面もある。

と述べている。[20] 徳川幕府は、町人が華美を競い、奢侈に走ることを経済の浪費とみて、日常生活の細かな部分まで規制せんとした。しかし、町人は、そのたびに新たな素材で新たな服飾を生み出し、ますます華美になるといういたちごっこを繰り返し、最終的には、町人が勝利することになる。髪形や衣服・持ち物に贅を尽くせば、当然、足元のはきものも、その姿にふさわしい美麗なはきものにしなければバランスがとれなかった。下駄は、草履と異なり、材料や形態・鼻緒・色と、さまざまな箇所に工夫の余地があったため、他と差異をつけることが比較的容易であったことも、下駄のファッション化に拍車をかける結果となった。

さまざまな下駄——その分類

下駄は、連歯下駄とよばれる台と歯とが共木（一木）の下駄と、無歯下駄とよばれる歯をもたない下駄と、差歯下駄とよばれる台に歯を差し込んだ下駄の三種類に分けられる。これら三種類の下駄にもさまざまな形態があり、時代によっても変化する。現在の私には、下駄の分類とその歴史的変化について改めて考察する余力はないので、ここでは、下駄の民俗学的研究の第一人者である市田の論考を引用して、その概略とする。

市田は、下駄を図20と、図21のように分類し、次のように述べている。[21]

下駄は、古墳時代には出土例があり、以来使われてきているわけであるが、中世以前の下駄はすべてIの連歯下駄類1-Aの二枚歯のタイプであった。それが中世になってから差歯下駄が出現する。すなわち十三世紀には「露卯《ろぼう》下駄」と「陰卯《いんぼう》下駄」の二つのタイプの差歯下駄がほとんど同時に出現するのである。

「露卯下駄」は歯に削り出した枘《ほぞ》があり、これを台にあけた枘穴に差し込んで接続するタイプである。「陰卯下駄」は枘がなく、溝だけに歯を接続するものである。この「陰卯下駄」のなかに、IIIの差歯下駄類2-Cがあるが、これは「蟻差」という差し込み部を斜めに削り、接続強固にしてあるものである。これも十六世紀には福井県の一乗谷朝倉氏遺跡で出土している。一方、Iの連歯下駄類5-A、前述の「馬下駄」であるが、これも中世、十四世紀には出土している。またIIの無歯下駄類とした板状のものも中世の遺跡で出土している。

江戸以降になって出てくる変化で目につくのは、連歯下駄類と無歯下駄類の、いわゆる一木作りの下駄である。これは二枚歯の連歯下駄や差歯下駄がきわめて実用的な側面をもっているのに対して、服飾品としての変化が大きく現れていることを示すものと思われる。

江戸時代の中期以降になると、Iの連歯下駄類5-Aの「馬下駄」は、5-Bや5-Cのように前が斜めに削られるようになる。これは「のめり」と呼ばれ、歩くときに爪先で蹴って歩けるので、歩行しやすい形である。特に5-Cのタイプの前も後ろも斜めに削ったものは江戸時代の伝世品のなかに多く見られ、また浮世絵などにもきわめて多く描かれている。図中に点線で示したように台の裏から内側が削り込んであるが、ここを斜めに削ることによって、土離れや雪離れがよくなり、悪天候にもふさわしいといわれている。

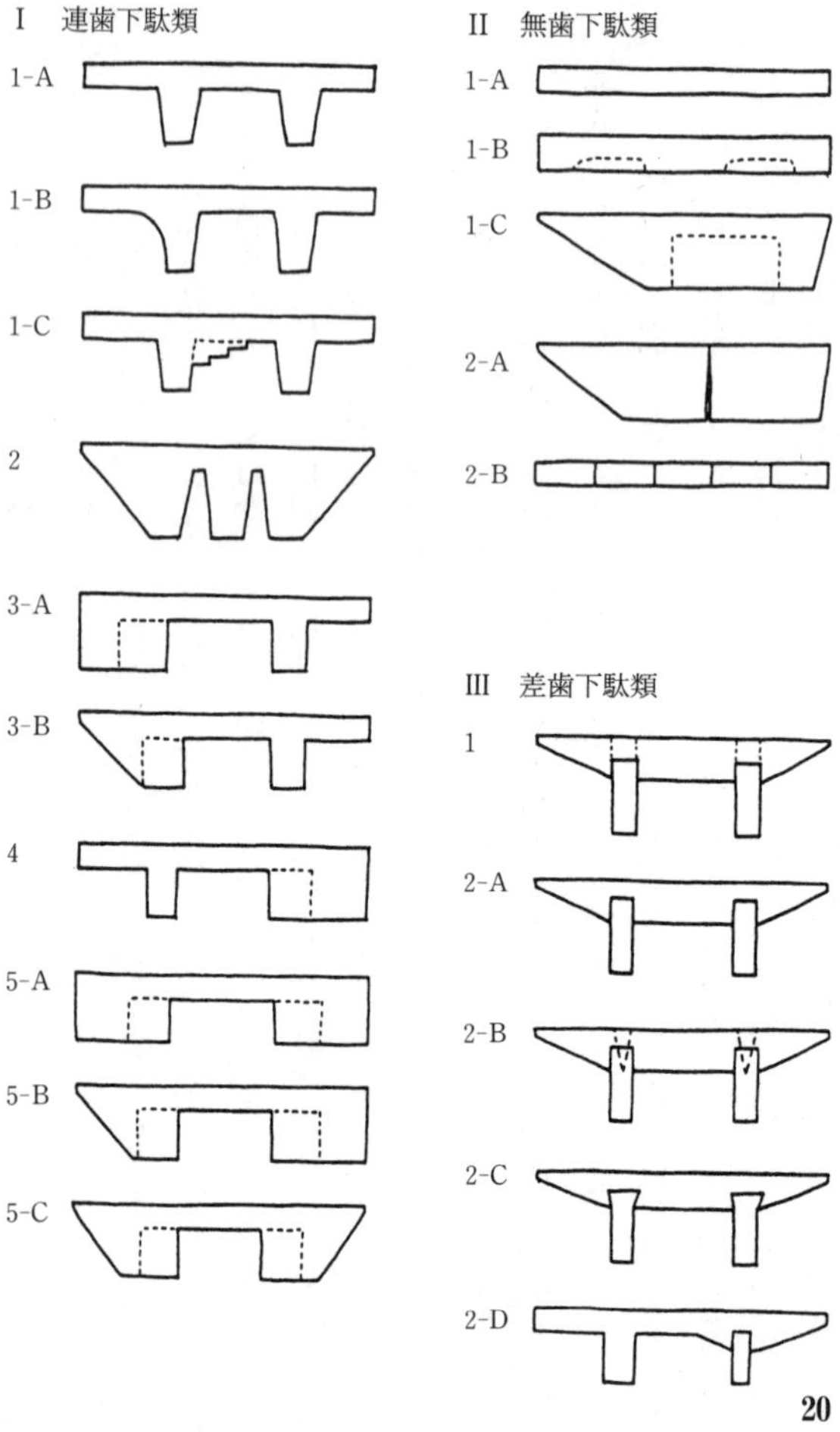

20　下駄の形態分類（『江戸時代の下駄』より）
21　文献資料記載の下駄とその呼称（『江戸時代の下駄』より）

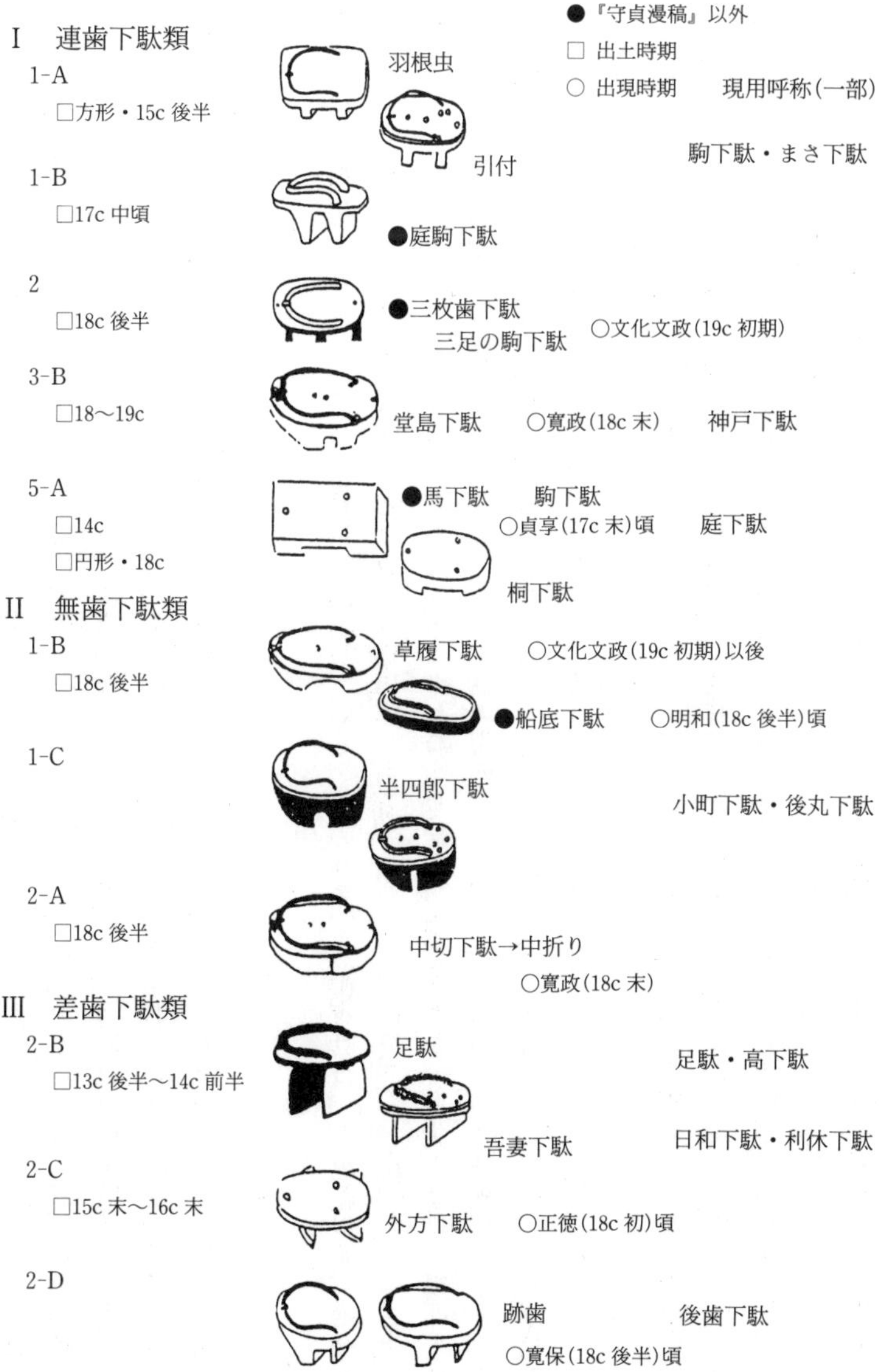
●『守貞漫稿』以外
□ 出土時期
○ 出現時期　　現用呼称（一部）
I　連歯下駄類
1-A
□方形・15c 後半
羽根虫
引付
駒下駄・まさ下駄
1-B
□17c 中頃
●庭駒下駄
2
□18c 後半
●三枚歯下駄
三足の駒下駄
○文化文政（19c 初期）
3-B
□18〜19c
堂島下駄
○寛政（18c 末）
神戸下駄
5-A
□14c
□円形・18c
●馬下駄
駒下駄
○貞享（17c 末）頃
庭下駄
桐下駄
II　無歯下駄類
1-B
□18c 後半
草履下駄
○文化文政（19c 初期）以後
●船底下駄
○明和（18c 後半）頃
1-C
半四郎下駄
小町下駄・後丸下駄
2-A
□18c 後半
中切下駄→中折り
○寛政（18c 末）
III　差歯下駄類
2-B
□13c 後半〜14c 前半
足駄
足駄・高下駄
吾妻下駄
日和下駄・利休下駄
2-C
□15c 末〜16c 末
外方下駄
○正徳（18c 初）頃
2-D
跡歯
後歯下駄
○寛保（18c 後半）頃

21

「草履下駄」という名前がよく出てくるように、無歯下駄類というのはどちらかというと、はきものの本流であった草履に近づける意図があって作られたのではないかとも思われる。江戸の遺跡から出ている1－Cと2－Aのタイプは、高さのない薄いものが多いが、これは無歯下駄類とは異なり、どちらかというと5－Aのタイプに近いものかもしれない。また2－Bは、江戸時代の遺跡からは出ておらず、明治以降になって出てくる木製のものである。民俗例では「八つ割れ」と呼ばれ、草履に分類されている。

連歯下駄と無歯下駄は、すでに五世紀には出土している。このうち、無歯下駄は、九世紀以降、激減するが、江戸時代になって新たな展開をとげることは事実である。しかし、その展開が、市田が述べるように、はきものの主流であった草履を模したものかどうかは今少し検討の余地がある。差歯下駄は、露卯下駄も陰卯下駄もすでに十三世紀には出現している。下駄の復元に取り組んでいる市田の体験談によると、陰卯下駄に比して、露卯下駄の製作は非常に難しいという[22]。にもかかわらず、十九世紀に陰卯下駄が本格的に作られるまで、差歯下駄といえば露卯下駄で、陰卯下駄の出土はきわめて少ない。その理由については十分明らかにしがたい。

下駄の前緒が、出現当初には左右どちらかに片寄って穿たれていたが、八世紀中頃になると中央に穿たれるようになることは先に述べた。これに対して後緒は、出現当初から十六世紀頃まで、後歯の前に穿たれていた。ところが、十七世紀になると、後緒の穴が後歯のうしろに穿たれた下駄が江戸を中心に出土するようになる。後歯のうしろに後緒の穴をあける（後穴式）と鼻緒が長くなるので、その分、足にしっかりと固定して歩きやすくなるとされている[23]。しかし、後穴式の鼻緒が、必ずしも足に固定するものであったかどうかは疑問である。私の経験からすると、後緒が少々緩くても、前緒がしっかりと固定されていれば、歩くのにそれほど影響はないが、前緒が緩いと、歩く際、足と下駄とがチグハグとなり歩きにくい。『我衣』に、「寛保元（一七四一年）より、前緒のうごかぬよふにする」と記されているが[24]、これは、下駄をはく場合、前緒の固定の程度が歩行するのに重要な要素であったことを示すものである。『我衣』のこの記述は、十八世紀中葉頃まで、前緒がゆるゆるで、鼻緒全体がしっかり固定されていず、足をあげてしっかり歩行できなかったことを物語るものと私は考えている。『我衣』の記述には俗説なども記されていて、必ずしも信用できないが、後歯のうしろに後緒を穿った下駄は、西日本ではあまり出土しないことや[25]、江戸でも主流をなすほどの量は出土していないので、後穴式の下駄が、歩きやすさを重視して作られたものかどうかは一考の余地がある。

十六世紀以降の下駄の分類や変遷については、市田以外にも試みられているが、その多くは、みずからが携わった遺跡から出土した下駄を中心としたもので[26]、全国規模における下駄の分類や変遷についての研究はない。十六世紀以降、城下町や近世都市・宿場町などから多数の下駄が出土するが、城下町でも、ファッションの発信地である江戸や京・大坂に近いところと遠いところ、規模の大小、江戸や大坂でも、大名屋敷と大店が集中する町人屋敷、さらには、熊さんや八っつぁんが住む下町、さらには、関東と関西という文化の異なる地域などでは、下駄の形態もその変遷もおなじではない。事実、これまでに試みられた下駄の分類と変遷は、地域や住民の階級・階層によって異なることが指摘されている。今後は、こうした相違の背景を探るとともに、地域や階級・階層を越えた全国的規模での体系的な下駄の分類と変遷が行なわれることが期待される。

十六世紀以降、都市住民のはきものとして普及するにつれ、下駄の種類も増加していった。たとえば、

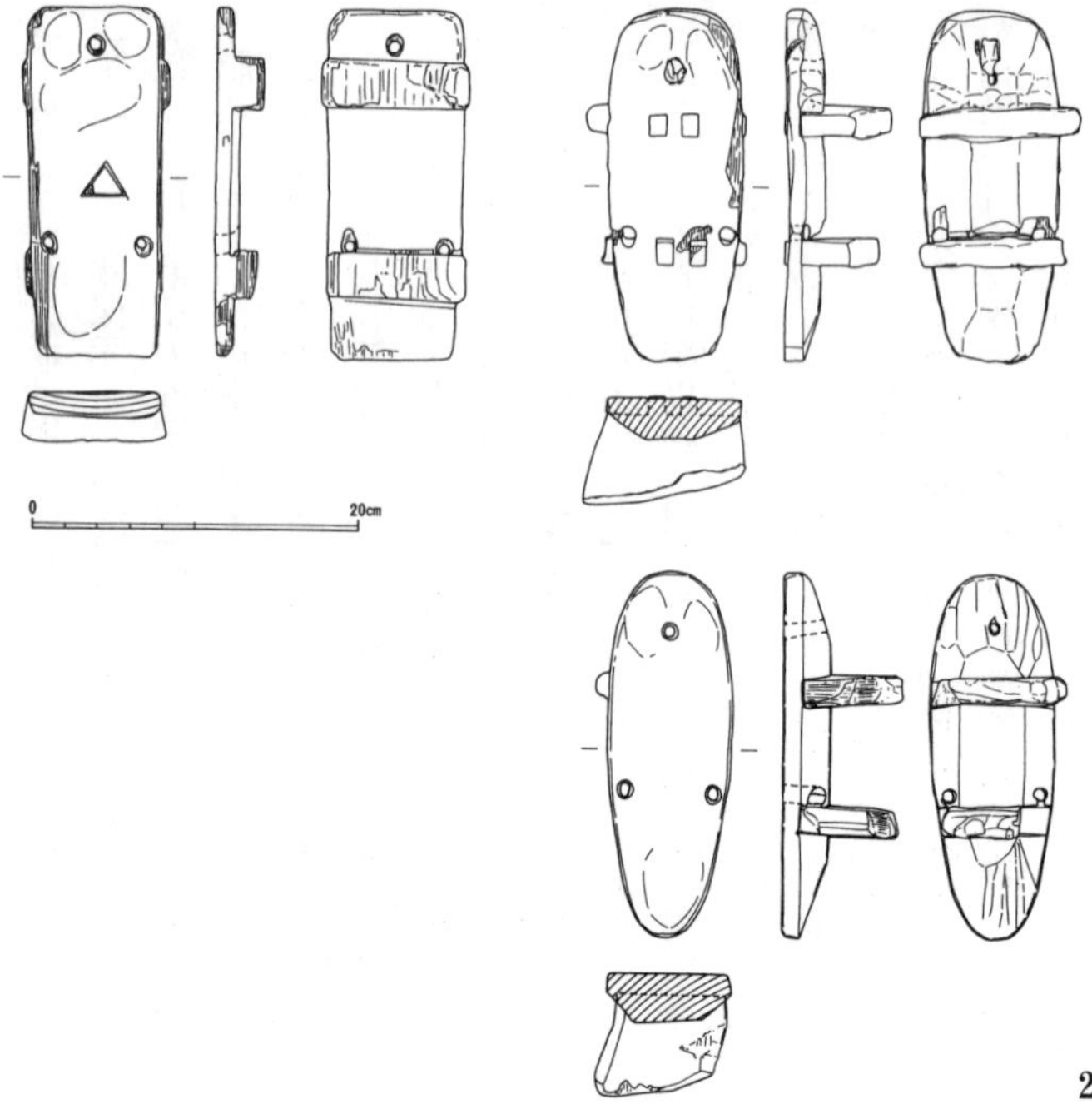

22

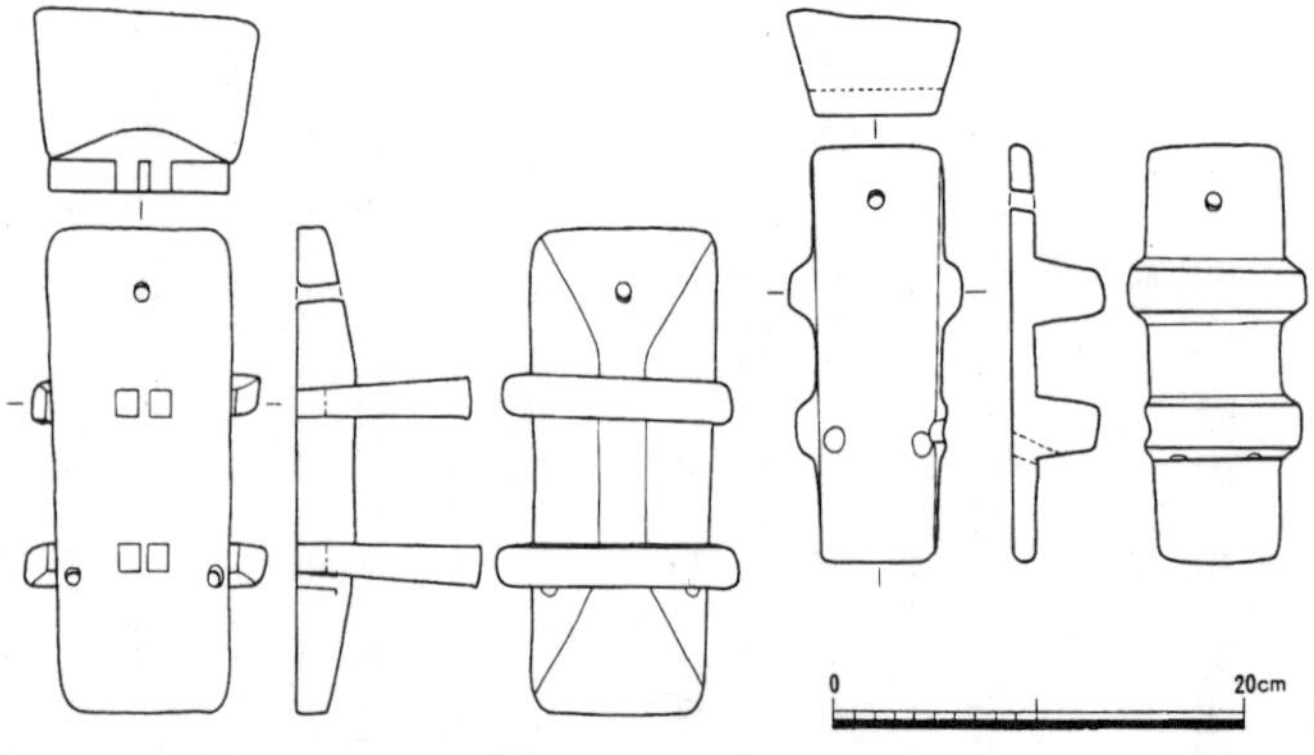

23

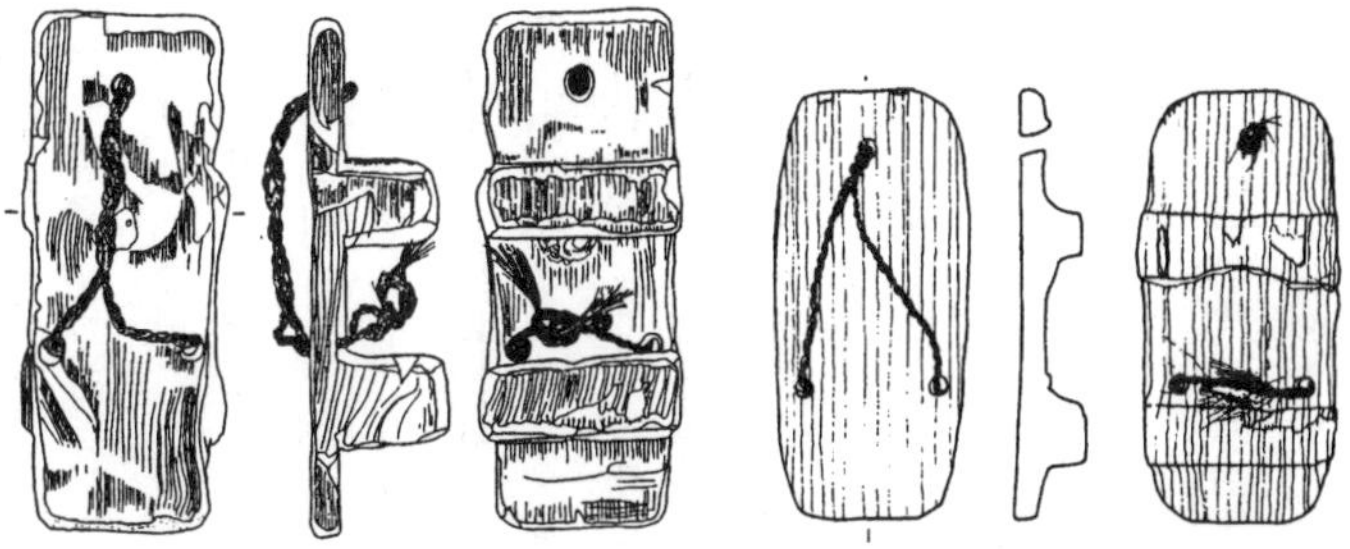

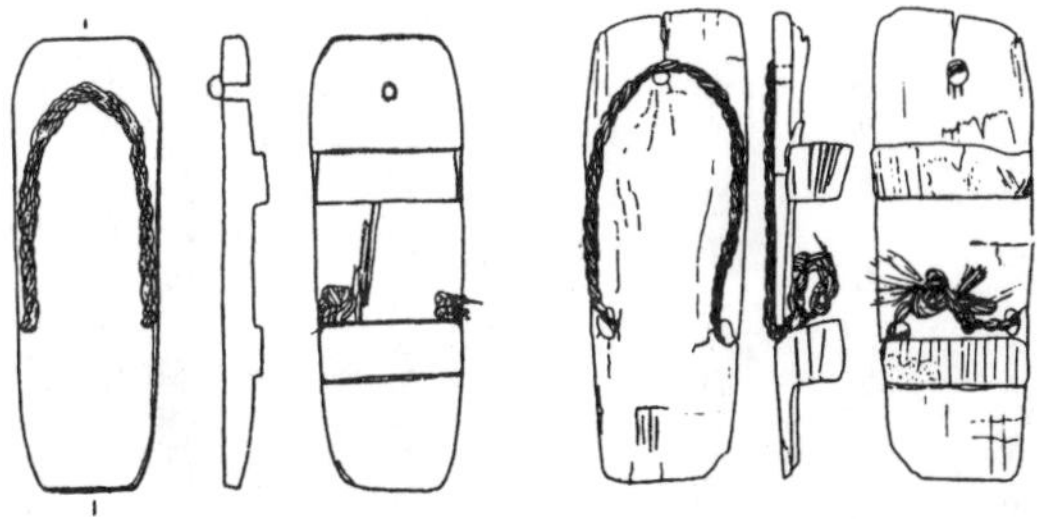

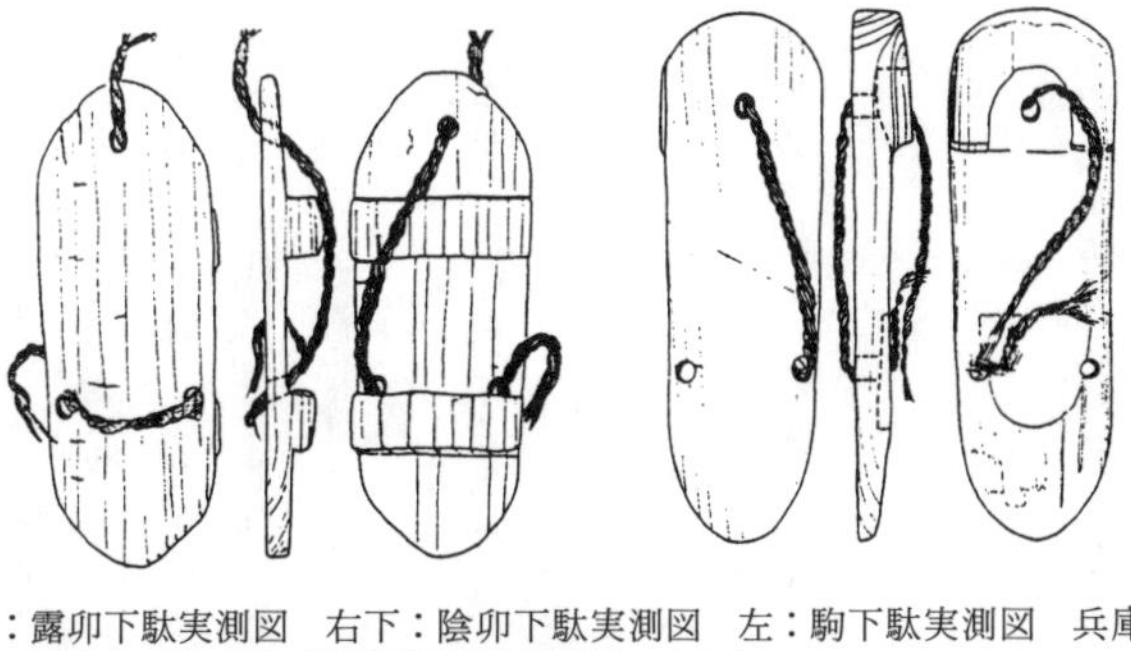

24

22　右上：露卯下駄実測図　右下：陰卯下駄実測図　左：駒下駄実測図　兵庫県明石市・明石城武家屋敷出土（『明石城武家屋敷跡』より）

23　右：後歯のうしろに後緒穴がある駒下駄実測図　（後歯の上方から斜めに穿孔している）左：後歯のうしろに後緒穴がある露卯下駄実測図　東京都港区・増上寺子院跡出土（『増上寺子院群』より）

24　鼻緒が残存して出土した下駄実測図　上は，鼻緒を捩っている．また，前緒を別に付けないで，後緒をそのまま前緒穴に差し込み結んでいる．中は，前緒を別に付けたと思われる下駄．下は，どのように鼻緒を装着したのかが不明の下駄　右上・左中：東京都千代田区・溜池遺跡出土（『溜池遺跡』より），左上：東京都文京区・新諏訪町遺跡出土（『新諏訪町遺跡』より），右中・右下・左下：東京都台東区・白鷗遺跡出土（『白鷗』より）

江戸時代の文学書や読物に記載された下駄の名称には、「馬下駄」・「ぬりぼくり」・「日和下駄」・「駒下駄」・「黒ぬりのあしだ」・「さし下駄」・「こつぽり」・「まさ下駄」・「丸木桐の下駄」・「利久下駄」・「角下駄」・「中折下駄」・「焼桐の丸下駄」・「三足の駒下駄」・「京下駄」・「堂島という駒下駄」などがある。[27] これに、『守貞謾稿』や『我衣』に記載されている「外方下駄」・「庭下駄」・「露地下駄」・「吉原下駄」・「羽根虫」・「引付」・「跡歯」・「草履下駄」・「芝翫下駄」・「家雞《あひる》下駄」・「山下駄」などを加えると、実に二七種にも及ぶのである。これらの下駄のなかには、形態はおなじでも、時代により名称の異なるものもあり、その実態を正確に把握することは困難である。そこで、ここでは、私が注目する二〜三の下駄をとりあげ、若干の説明を加えてみることにする。

江戸時代になって新たに出現する下駄のなかでも、私がとりわけ注目する下駄は、「三枚歯下駄」あるいは、「三足の駒下駄」とよばれる三本歯の下駄である。この下駄は、市田によると、十八世紀後半の出現とされているが、『守貞謾稿』に、

正徳（一七一一〜一五）以来、三歯ノ下駄ヲ造ル。雪駄表ヲ用ヒ、鉄鋲ヲウチ、革緒也。

と記されていること、典拠は示されていないが、宮本常一が、

江戸時代の万治年間（一六五八〜六〇）に、京都の角町の芙蓉という芸妓が三ツ歯下駄をはいたのがその初めという。

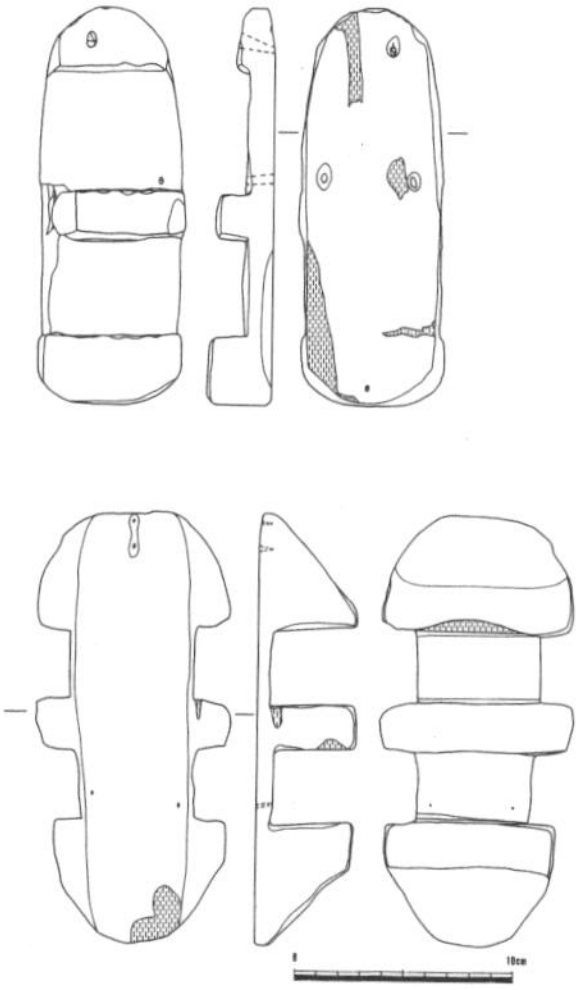

26

25

25 三本歯の下駄をはく花魁と，ぽっくりをはく禿『守貞謾稿』(旅の民俗と歴史 6『旅の民俗 はきものとのりもの』より)
26 三本歯の下駄の実測図 静岡県三島市・鶴喰前田遺跡出土（『御殿川流域遺跡群III』より）

と、三本歯の下駄が、すでに十七世紀中頃には出現していたと述べていることから[28]、おそくとも十八世紀初頭には出現していたと考えられる。また『古今百馬鹿』には、

一体三足の駒下駄はおいらんの道中する時に履いた物だから今ぢや町の女が皆履く様になつた。

と記されていることから[29]、当初は、花魁（大夫）の道中下駄として作られたことが知られる。なぜ、花魁が三本歯の下駄をはいたのか。花魁とは、遊女のなかでも、最高身分の女性である。遊女の出自は、巫女であるから、遊女は、カミの系譜を引く人間ということになる。階級・階層にかかわらず、普通の人間がはく下駄は二本歯の下駄である。これに対して、一本歯の下駄をはくのは異界に住まうカミである天狗、異界とこの世を橋渡しする強力な霊力をもつ修験者、高野行人のように門付けする芸能者であった。三本歯という異端の下駄を、これみよがしに花魁がはいた理由、それは、一万石の格式を有するという花魁の気骨と、カミの系譜を引くという花魁の高貴さを、聖なるはきものである下駄を通して人びとにアピールするためであったと私は考えている。

下駄のなかに、「中切下駄」あるいは「中折り下駄」とよばれる表付きの折り畳み式の無歯の下駄がある。『守貞謾稿』には、

無歯ノ桐台ヲ、半ヨリ二ツニ切リ分ケ、革ヲ以テ継之。

と記されている。市田は、この下駄の出現も、十八世紀後半としているが、仙台城二の丸跡から、元禄年間（一六八八〜一七〇三）の層位から、無歯中折り下駄が出土しているので[30]、この下駄も、すでに十七世紀末には出現していたことが知られる。真中で折るという奇想天外な下駄が、どのような理由で作られるようになったのかは明らかでないが、私は、先に引用した靴と雪踏と下駄の論争から考えて、かさばって懐にも入れられない下駄の弱点を補うため、折り畳めば懐や袂に入る下駄として考案されたのではないかと考えている。

馬下駄は、歩くと馬の足音のような音がするので、その名が生まれたが、馬を駒ともよぶことから、いつしか駒下駄とよばれようになったという。この駒下駄は、下駄の台となる厚板の中央部を刳り抜き、歯を独立して作り出さない下駄が出現当初の形態であった。歯の形状を別にすれば、中刳りという点では、基本的にはポックリと同じ形態といえる。だからこそ、パカパカとかポコポコという馬の足音のような音

29

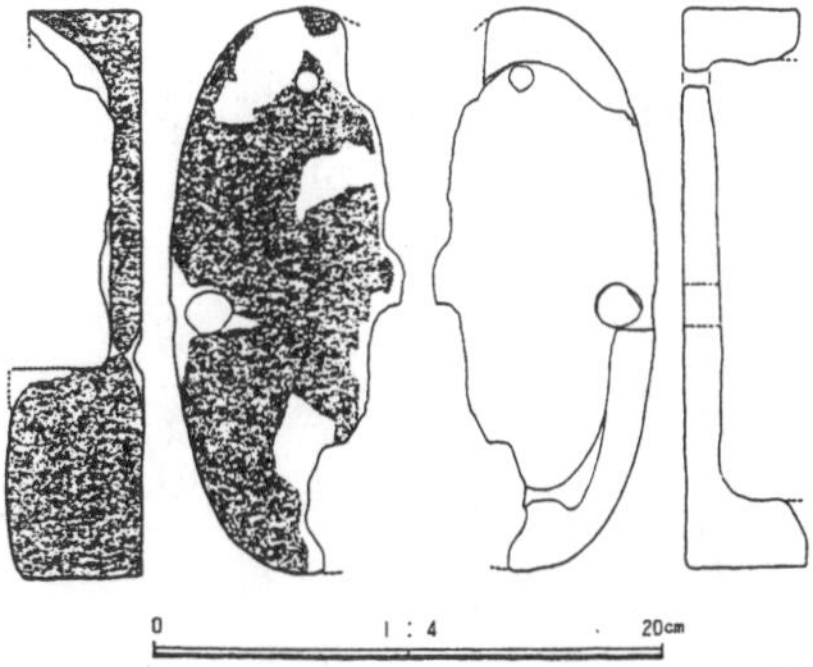

27

28

27　ポックリ実測図　山形県東田川郡藤島町・藤島城跡出土（『藤島城跡　第 2 次発掘調査報告書』より）

28　ポックリ（『日本はきもの博物館総合案内』より）

29　「木履屋」と書いて「げたや」と読ませる店『宝船桂帆柱』（『大江戸ものしり図鑑』より）

がしたのである。この馬下駄（駒下駄）の系譜を引く下駄が、庭下駄・露地下駄である。この下駄は、その名のとおり庭や露地、便所など、ごく短距離の移動の際にはいた下駄で、杉、それも赤杉で作るのが原則であったという。この下駄は、移動する距離が短いため、鼻緒をたてず、前緒の部分にT字状の棒を据え、足指の股で挟んではく「はな棒下駄」とよばれる特別な下駄も考案された。この駒下駄が、いつの頃からか明らかでないが、出現当初から今日まで連綿とはき続けられてきた連歯下駄全体を指す名称となる。なぜ、名称も形態も異なる下駄までもが、駒下駄とよばれるようになったのか、私は、その理由に強い関心をもっている。それは、この問題が、江戸時代における下駄の変遷や使用状況を明らかにする一つのキーワードになるのではないかと考えるからである。しかし、江戸時代の下駄の研究は始まったばかりで、研究者によって大きく意見が異なる点も多々あり、現時点では、私の能力を越える問題であるので、この問題については留保せざるをえない。

近年まで、幼い女の子が、晴れ着を着たときにポックリとよばれる下駄をはく風習があった。ポックリとは厚板の台の底を刳り抜いて空洞とした下駄で、歩くとポッコとかカッポという音がすることからその名称が起きたとされるが、なぜポックリがハレの日のはきものとなったのかは明らかでない。ポックリが、幼い女の子のはきものとなったのは、江戸時代、遊女のお付きをしていた禿《かむろ》とよばれる女児がはいていたことにかかわるのであろう。ポックリは、山形県の藤島城跡の十五〜十六世紀にかけての遺物を出土する井戸から出土しているので、(31)遅くとも、十六世紀前葉にははいていたことになる。第四章でとりあげた『北野社家日記』に記された「ぼくり」が、ポックリを意味するならば、文献上の初見となる。ただ、「木履」と書いてポクリと読むが、江戸時代には「木履」の看板を掲げてゲタと読ませている例もあり、(32)木履が、ポックリを指すかどうかは、検討の余地がある。

下駄材の樹種

江戸時代の書物をみると、下駄の材料としてキリとかスギとかケヤキとかヤナギとかホオノキなどの名前がみられる。現在では、下駄といえばキリというのが常識であるが、実際に下駄の材料として使用されたのは、どのような樹木であったのであろうか。遺跡から出土した下駄のうち、十五世紀末までの遺物については、樹種鑑定された例が少ないので、詳細を明らかにすることはできない。そこで、樹種鑑定資料が比較的まとまっている十六〜十九世紀の下駄材について少しばかり考察を行なってみることにする。[33]

現在では、下駄といえばキリであるが、これまでの樹種鑑定では、中世からキリの下駄は存在するが、出土遺物は、それほど多くない。『我衣』には、差歯下駄の台の材料としてキリの名が頻繁に登場するが、必ずしも高級品とは考えられていなかったことが、文意から読み取れる。キリが下駄の材料に用いられたのは、『我衣』の成立年代から考えて、十九世紀前後とみられるが、下駄といえばキリという概念が定まったのは二十世紀に入ってからではなかろうか。下駄に使用された材料は、ヒノキ・スギ・クリ・マツ・ホオノキ・ネムノキ・コシアブラ・ツガ・ケヤキ・ブナ・モクレン・ハンノキ・トネリコ・ミズキ・オニグルミ・カクレミノ・ヤマナラシ・カエデ・アカガシ・キリ・シイ・カキ・コナラ・カツラ・ヌルデ・コウヤマキ・イヌエンジュなど、針葉樹・広葉樹を問わず多種多様であるが、そのなかでも下駄材として主に使用されている樹木は、ヒノキ・スギ・クリの三種である。この三種は、古代から近世まで一貫して使用されている。

ヒノキとスギは、世界最古の木造建築を有する「木の国」日本の木材の王者として、さまざまな用途に使用されてきたことを考えると、下駄の材料として使用されたとしても別に不思議ではない。ただ、ヒノキで作られた製品は、今日でも高級品とされているように、江戸時代でも経済力のある商人などがはいていたようである。スギ材の下駄は、十六世紀以降の遺跡からもそれなりに出土するが、あえていうならば、十五世紀以前の下駄材として用いられ、十六世紀以降は漸減する傾向にあるようである。その理由は十分明らかでないが、スギは、乾燥させても、樹脂（ヤニ）が滲出して足にへばりつき、はきづらかったためと私は考えている。『守貞謾稿』に、庭下駄は「杉製 蓋赤杉ノミ」と記されているが、これは、ヤニの滲出しない芯材を下駄材として用い、ヤニが滲出しやすい白太の部分を避けるためであったとみてよいであろう。

　下駄材として私が意外に思ったのはクリである。東京都台東区の白鷗遺跡から出土した二九点の下駄のうち、一九点までがクリ材であるというのは例外としても、[34] 江戸時代の遺跡から出土する下駄には必ずといってよいほどクリ材が含まれている。なぜ、クリ材なのか。クリは、すでに縄文時代から半栽培され、実だけでなく、その材も柱として用いられていたことが近年の発掘によって明らかにされている。クリは、「モモ・クリ三年、カキ八年」という諺があるように、成長が早く、しかも鉄道の枕木に用いられていたように腐食しにくい性格を有しているが、クリが下駄材に使用されたのは、そのような理由からではないであろう。クリが使用された理由、それは、クリが、ヒノキやスギとおなじように割裂性に優れていたためであると私は考えている。割裂性とは、クサビを打ち込めば、比較的簡単に長方形の材が得られるということである。切ったり、割ったり、削ったりする道具が限られていた時代、割裂性に優れているという特性は、きわめて重要な問題であった。クリが下駄材に用いられた今一つの理由、それは、クリが、栗園や栗林として各地で人為的に造林されていたため[35]、樹勢が衰えた老木を若木に更新する際などに伐採されたりした古木が出回り、比較的入手しやすかったこともあるのではないかと考えられる。

下駄材として興味あるのは、差歯下駄の台と歯である。台と歯とが同一の材で作られたものもあるが、台と歯とが別の材で作られたものも多い。差歯という下駄の性格上、歯が破損すれば、他の材で歯をすげ替えるということはありうるので、歯が、本来のものかどうかを判別することは事実上不可能である。出土した下駄の樹種から判断すると、差歯の下駄は、木目の美麗な材を台に使用し、破損しにくい広葉樹を歯に使用しているとされている。この使い分けは、『我衣』に、表はキリで、歯はカシの足駄とか、表はヤナギで、歯はホオノキの足駄とか、表はヒノキで、歯はケヤキの足駄という取り合わせが記されていることからも証される。ただ、こうした取り合わせは、下駄の形態によって異なることから、単に、台は木目の通った樹種で、歯は破損しにくい広葉樹というだけの理由ではなく、下駄の見栄えや使用目的なども考慮して組み合わされたものとみなすべきであろう。市田は、江戸時代における下駄の服飾化を強調しているが[36]、その現象は、こうした点にもあらわれている。

文明開化にともなって、レンガを用いた洋風建築が建てられ、ハイカラな靴が紳士・淑女のはきものとして定着すると、高らかな音の鳴り響く下駄は、粗野なはきもの、いわゆる「蛮カラ」な人物のはくはきものとしてさげすまれ、西洋文化を学び・西洋風俗を摂取し、欧米人に負けない近代人にならんとしたサラリーマンの住む都会から、次第にその姿を消していった。そして、いつしか、下駄をはくのは蛮カラな学生だけとなったが、今や、その蛮カラな学生もいなくなり、下駄は、農村の人びとの近所行きのはきものとして、かろうじて、命脈を保っているにすぎなくなっている。このまま下駄は滅び去るのか、それとも、江戸時代のようにファッション化して再生するのか、かつて蛮カラ学生として鳴らした私には気にかかるところである。

注

第一章

（1）和田清・石原道博編訳『隋書倭国伝』岩波書店　一九五一
（2）神奈川県教育委員会『東正院遺跡調査報告書　神奈川県鎌倉市関谷所在の縄文時代遺跡について』一九七二
（3）渡辺誠（考古学シリーズ4『縄文時代の知識』）東京美術　一九八三
（4）長野県（「尾越遺跡」『長野県史　考古資料編　主要遺跡（中・南信）』）一九八三
（5）渡辺誠　注3前掲書
（6）尾関清子『縄文の衣――日本最古の布を復元』学生社　一九九六
（7）渡辺誠　注3前掲書
（8）近藤四郎は、南米最南端の極寒の地フェゴ島に住むオナ族は、数十年前まで、毛皮をはおるだけで、下着ももちいず、履物も使用せず裸足で生活していたと記している。
近藤四郎『ひ弱になる日本人の足』草思社　一九九三
（9）比佐陽一郎「木製履物雑考――福岡市雀居遺跡・那加君休遺跡出土資料の紹介を中心として」『九州考古学　第七二号』一九九七
（10）福岡市教育委員会（福岡市埋蔵文化財調査報告書　第九二集『拾六町ツイジ遺跡』）一九八三
（11）福岡市教育委員会（福岡市埋蔵文化財調査報告書　第一六三集『那珂久平遺跡II』）一九八七
（12）福岡県太宰府市雛川遺跡出土の弥生時代後期の木製品は、片方が尻すぼみになる長円形の左半分のもので、中央やや後ろ寄りの側板に孔が穿たれている。しかし、足先に被甲部が作り出されていた痕跡はまったくなく、はきものとする

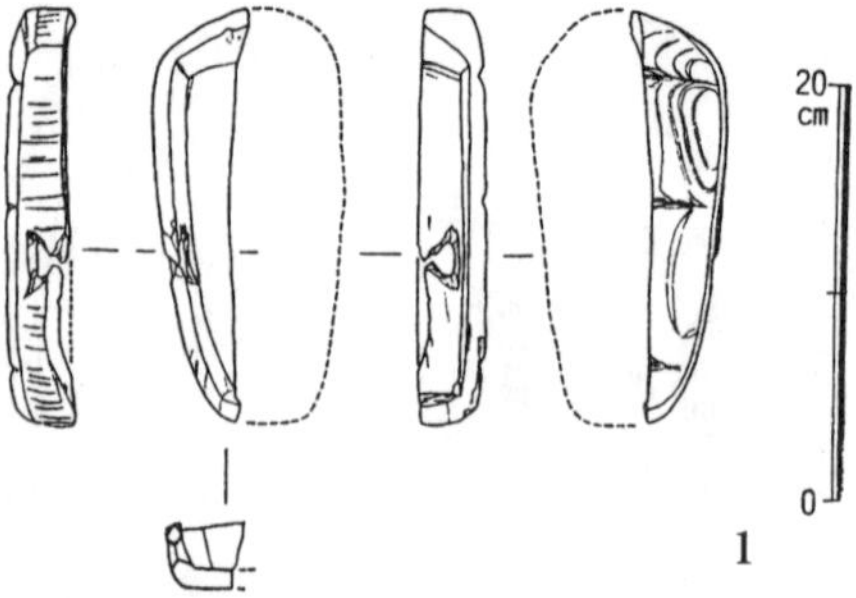

1

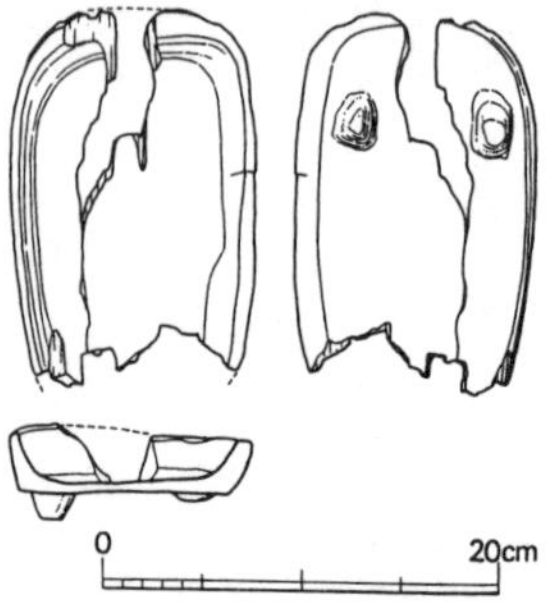

2

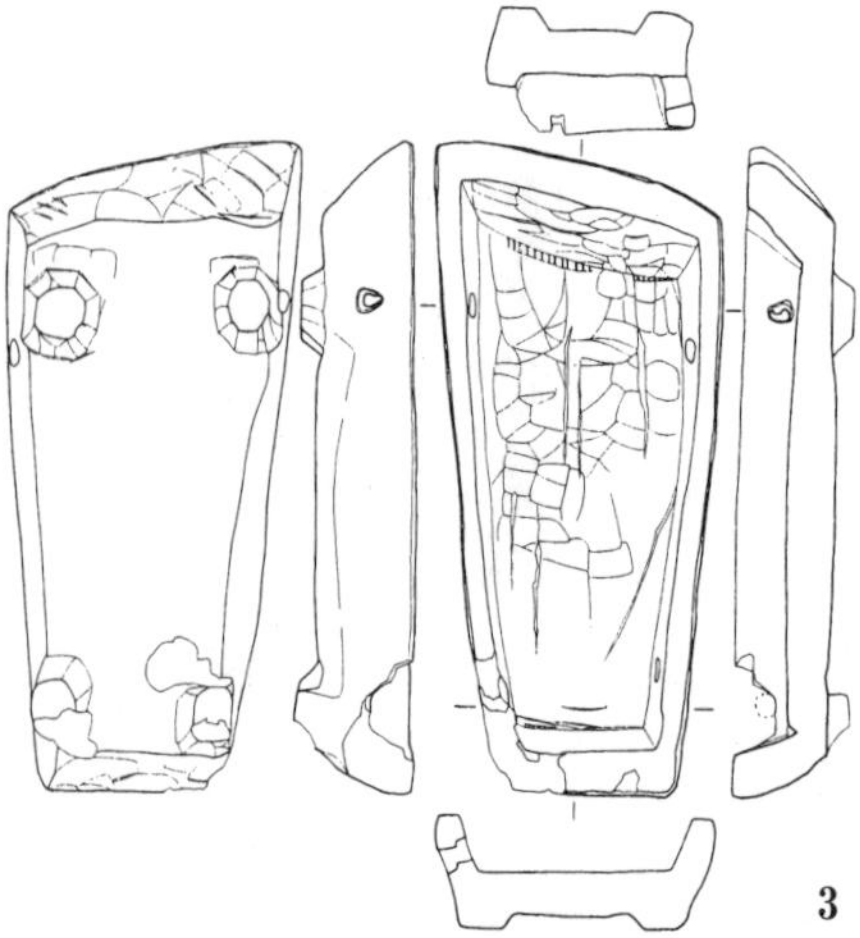

3

1　木沓(?)実測図　福岡県太宰府市・雛川遺跡出土(『太宰府・佐野地区遺跡群VI』より)

2　木沓(?)実測図　福岡県春日市・辻田遺跡出土(『山陽新幹線関係埋蔵文化財調査報告　第12集』より)

3　木沓(?)実測図　千葉県茂原市・国府関遺跡出土(『国府関遺跡群』より)

4　木沓（?）実測図　長野市・榎田遺跡出土（『上信越自動車道埋蔵文化財発掘調査報告書　12』より）

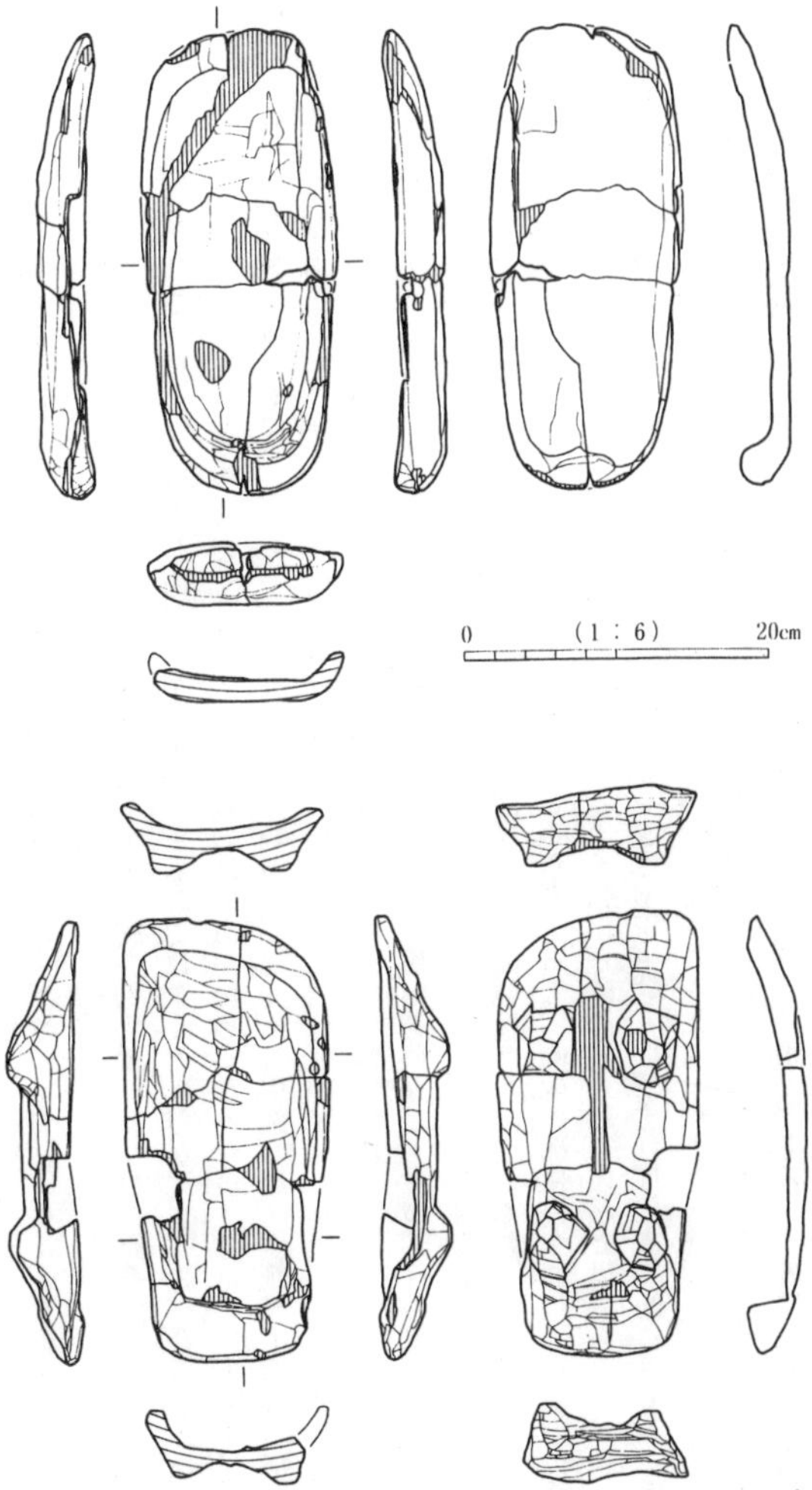

4

には問題がある。また、同県春日市辻田遺跡出土の弥生時代後期の木製品は、外底面に二個の突起をもつ長円形のものであるが、現時点では、長円形のはきもので底面に突起をもつはきものは、神奈川県逗子市池子遺跡群出土の奈良〜平安時代の木沓以外知られていないことや、整ったその形態からみて、報告書に記されているように容器（盤）とみるのが妥当である。

太宰府市教育委員会（太宰府市の文化財　第三一集『太宰府・佐野地区遺跡群VI――雛川遺跡第1次調査』）一九九六

福岡県教育委員会『山陽新幹線関係埋蔵文化財調査報告　第一二集　春日市大字上白水所在辻田遺跡の調査』一九七九

㈶かながわ考古学財団『池子遺跡群　総集編　池子米軍家族住宅建設にともなう発掘調査記録』一九九九

(13) 弥生時代のはきものとしては、長円形の木沓型のはきものではなく、片方が尻すぼみの長方形のはきものの存在が指摘されている。この木製品は、先端部と考えられる幅の広い方が斜めになった尻すぼみの長方形を呈したもので、側板に一〜二対の孔が穿たれている。一見、足の形に似ているが、足先に被甲部がなく、側板上面は水平に整形されている。福岡市雀居遺跡（五次）出土の弥生時代後期の木製品は、底部に突起様の足はもたないが、千葉県茂原市国府関遺跡出土の弥生時代末〜古墳時代初頭の木製品には、突起様の足が前後に二個ずつ作り出されている。なお、国府関遺跡出土品とほぼ同じものが、福岡市那加君休遺跡（七次）や、長野市榎田遺跡などの古墳時代の遺跡からも出土している。この木製品は、側板に孔がなければ盤として問題ないもので、私は、盤の可能性が高いと考えるが、盤とすれば側板の孔の意味を説明できないので、ここではとりあえず、諸氏の言に従いはきものとしておく。問題は、はきものとすれば、どのようなはきものかである。被甲部をもたないことから考えると、側板の孔に紐を通して足の甲に結わえて固定したとみるしかない。とすると、比佐陽一郎が述べているように田下駄の類とみるのが妥当であろう。しかし、たとえ田下駄としても、全国的に普及している板状田下駄やカンジキ型田下駄と比較すれば、機能的にはるかに劣ることを考えると、このような田下駄を実際に必要としたかどうか疑問視せざるをえない。また、底面の突起も、泥離れをよくするためとされているようであるが、このような突起様の足を有するはきものは、古墳に副葬された滑石製模造品の下駄と先述した池子遺跡群出土の木沓以外になく、その意味についても考慮の余地がある。この他にも、未報告のこの種の木製品が何点か存在するようであるが、いずれにしても、本稿では田下駄は取り扱わないので、ここでは問題の指摘にとどめておく。

茂原市教育委員会 ㈶長生郡市文化財センター調査報告 第一五集『国府関遺跡群』) 一九九三

(14) 長野県教育委員会・他 (長野県埋蔵文化財センター発掘調査報告書 三七『上信越自動車道埋蔵文化財発掘調査報告書 一二 榎田遺跡』 一九九九

比佐陽一郎 注9前掲書

(15) 比佐陽一郎は、長円形のこの種のはきものも、長方形のはきものと同じく、被甲部は存在しなかったとみている。

(16) 佐賀県教育委員会 (佐賀県文化財調査報告書 第三五集『石木遺跡』) 一九七六

島根県教育委員会・他『姫原西遺跡――一般国道9号出雲バイパス建設予定地内埋蔵文化財発掘調査報告I』 一九九九

(17) 出版科学総合研究所 (朝鮮考古資料集成 補巻1『古蹟調査報告 昭和九年度 楽浪彩篋塚』) 一九八五

(18) 出版科学総合研究所 (朝鮮考古資料集成 補巻2『古蹟調査報告 昭和十年度 楽浪王光墓』) 一九八五

(19) 注17前掲書の報告文の記載による。

(20) 出版科学総合研究所 (朝鮮考古資料集成 補巻3『古蹟調査概報 昭和八年度/昭和九年度/昭和十年度』) 一九八五

(21) 布目順郎によると、弥生時代、北部九州で出土した国産の絹織物が、楽浪からもたらされたと考えられる三眠蚕の絹で織られていることから、楽浪と北部九州との間に活発な交流を想定している。

布目順郎『倭人の絹――弥生時代の織物文化』小学館 一九九五

(22) 金英淑・孫敬子『朝鮮王朝 韓国服飾図録』臨川書店 一九八四

(23) 金英淑・孫敬子 注22前掲書

(24) 林巳奈夫『漢代の文物』京都大学人文科学研究所 一九七六

潮田鉄雄「東南アジアの鼻緒はきもの」『日本はきもの博物館・日本郷土玩具博物館 年報2』 一九九五

(25) 林巳奈夫 注24前掲書

(26) 林巳奈夫　注24前掲書
(27) ㈶大阪21世紀協会『中国秦・兵馬俑』一九八三
(28) 林巳奈夫　注24前掲書
(29) 布目順郎　注21前掲書
(30) 福岡市教育委員会　注10前掲書
(31) 和田清・石原道博編訳『魏志倭人伝』岩波書店　一九五一
(32) 武田佐知子によると、卑彌呼は、魏から賜与された中国服を着用していたと推測している。もしそれが事実だとすると、はきものも、その衣服に対応したものを賜与され、はいていたことになる。卑彌呼以外の小国家の首長も、その地位に応じて衣服やはきものを、魏より賜与された可能性もある。しかし、これらの衣服やはきものが、古墳時代になってどのような消長をたどったのかは明らかでない。
武田佐知子『衣服で読み直す日本史――男装と王権』朝日新聞社　一九九八
(33) 馬目順一「金銅製飾履」『古墳時代の研究8　古墳II　副葬品』雄山閣　一九九一
(34) 馬目順一　注32前掲書
(35) 日野西資孝（日本の美術26『服飾』）至文堂　一九六八
亀井正道「衣服と装身具」『日本の考古学V　古墳時代（下）』河出書房新社　一九六六
(36) 武田佐知子によると、埴輪に表現されているズボン型の衣服は、乗馬による儀仗のための衣服として中国から導入されたものであったという。埴輪に表現されたはきものの多くは、乗馬とは無縁の浅沓であるから、衣服とはきものがセットでもたらされたとすると、埴輪に表現されているはきものは、乗馬用のズボン型の衣服にともなってもたらされたものでなく、別の衣服にともなってもたらされたことになる。
(37) 武田佐知子によると、推古朝以前の支配階級の衣服は、大陸から導入されたズボン型衣服と、わが国固有の衣服である貫頭衣の流れを汲むスカート型の衣服が併存するか、東国はズボン型、畿内はスカート型と、地域を異にして並行関係にあった可能性を述べているが、そのいずれにせよ、木沓は、乗馬とは無縁のはきものであるから、木沓は、スカート型の衣服にともなって使用されていたことは確実である。また、隋の使節がわざわざ漆塗りの木沓と書き記していることは、木沓が中国では例のないはきもの、すなわち、わが国独自のはきものであったことを示している。
(37) 武田佐知子「推古朝以前の衣服形態」『古代国家の形成と衣服制――袴と貫頭衣』吉川弘文館　一九八四
(38) 松田真一「金銅製飾履の系譜と展開」『橿原考古学研究所論集　第12』吉川弘文館　一九九四
正倉院文書によると、木沓は扉とよばれるぞうりよりも、二～五文高い程度である。扉の材料が明らかでないため、単純に比較できないが、今日の常識からすると、ぞうりよりも、漆塗りの木沓のほうがはるかに高価であるはずである。にもかかわらず、その価格差が意外と小さいのは、木沓が漆塗りでなかったためとみることもできる。しかし、衣服も支給品で制服のようなものであったことからすると、官人の証ともいえる木沓が漆塗りでなかったとはとても考えられない。とすると、その価格差は扉とよばれるぞうりが、材料や手間の関係で割高となったためとみるべきであろう。

関根真隆『奈良朝服飾の研究』吉川弘文館　一九七四
(39) 一九九二年時点の木沓の出土は、木下保明の集計によると一三遺跡三二点であるが、二〇〇一年現在、滋賀県だけでも九遺跡一三点が確認されている。
木下保明「木沓について」『考古学論集　第4集』考古学を学ぶ会　一九九二
(40) 吉田光邦は、「塗るという行為は、価値を転換させることを意味し、変身させることを意味した。その意味で、新しい顔料、塗料を発見して着彩するのは、呪術的な意味をふくんだ重要さをもつものであった」とのべているが、文献や絵巻物からみる限り、木沓も、下駄も、いずれのはきものも、日常使用するものには、かならず漆を塗っていることを考えると、はきものの場合、漆を塗らない素木のものの方が、呪術的・祭祀的性格をおびているとみなさざるをえない。
吉田光邦『工芸の社会史――機能と意味をさぐる』日本放送出版協会　一九八七
(41) 木下保明　注39前掲書
(42) 滋賀県教育委員会・他『矢倉口遺跡発掘調査報告書――国道1号京滋バイパス関連遺跡発掘調査報告書　第3冊』一九八七
(43) わが国の古墳から出土した金銅製飾履のうち、熊本県菊水町江田船山古墳の飾履と、山口県防府市塔の尾古墳の飾履の二点が舶載品とされ、いずれもスパイクを打ちつけている。この二点以外にスパイクを打ちつけたものに、奈良県磯城郡から出土したと伝えられる飾履がある。この伝磯城郡出土品と、塔の尾古墳出土品とは、文様や文様の組み合わせ、配置などが共通すると指摘されていることから、私は、この伝磯城郡出土品も船載品と考えている。

（44）松田真一　注37前掲書

（45）潮田鉄雄（ものと人間の文化史8『はきもの』）法政大学出版局　一九七三

（46）㈶大阪21世紀協会　注26前掲書

（47）沈従文編著・王　増補版著　吉田真一・栗城延江訳『中国古代の服飾研究　増補版』京都書院　一九九五

（48）宮本馨太郎（民俗民芸双書24『かぶりもの・きもの・はきもの』）岩崎美術社　一九六八

（49）沈従文編著・他　注47前掲書

（50）沈従文編著・他　注47前掲書

（51）武田佐知子は、律令体制成立に際し、ステータスシンボルとして導入した大陸の衣服が、法律をもって着用を義務づけられていたにもかかわらず、高温多湿というわが国の気候風土に適合しなかったこともあって、なかなか定着しなかったと指摘しているが、この指摘は、わが国のはきものの出現や展開についてもあてはまることで、興味ある指摘である。

（52）林巳奈夫　注24前掲書

（53）林巳奈夫　注24前掲書

（54）諸橋轍次『大漢和辭典』大修館書店

（55）林巳奈夫　注24前掲書

（56）関根真隆　注38前掲書

（57）林巳奈夫　注24前掲書

（58）宮本馨太郎　注48前掲書

（59）奈良国立文化財研究所（奈良国立文化財研究所史料　第二七冊『木器集成図録　近畿古代編』）一九八五

（60）「草履」『日本国語大辞典』小学館

（61）宮本馨太郎　注48前掲書

（62）東京都教育委員会・他（東京都埋蔵文化財センター調査報告　第五二集『多摩ニュータウン遺跡　先行調査9』）一

九九八
(63) 辰巳和弘『日本の古代遺跡(1) 静岡』保育社 一九八二
(64) 厚木市教育委員会『厚木市文化財調査報告書 第八集』一九六七
(65) 宮本馨太郎 注48前掲書
(66) 嶋倉巳三郎「遺跡から出土する植物炭化物」『橿原考古学研究所論集 第10』吉川弘文館 一九八八
(67) 鈴木徹「古墳時代の力士像と相撲考」『三河考古 第七号』一九九四
(68) 関根真隆 注38前掲書
(69) (大航海時代叢書第1期11 ルイス・フロイス『日欧文化比較』)岩波書店 一九六五
(70) 市川健夫「日本における馬と牛の文化」(日本民俗文化大系6『漂泊と定着——定住社会への道』小学館 一九八四
(71) 黒田日出男「牛の藁沓——荷や人を運ぶ牛や馬の足元」(朝日百科・日本の歴史別冊『歴史を読みなおす10』)朝日新聞社 一九九三
(72) 坂内誠一『碧い目の見た日本の馬』聚海書林 一九八八
(73) 澁澤敬三・神奈川大学日本常民文化研究所編(新版 絵巻物による『日本常民生活絵引』第一巻)平凡社 一九八四
(74) 小松茂美(日本の絵巻2『伴大納言絵詞』)中央公論社 一九八七
(75) 宮本馨太郎 注48前掲書
(76) 宮本馨太郎 注48前掲書
(77) 市田京子「草履状木製品と板草履」『民具マンスリー 第21巻10号』神奈川大学日本常民文化研究所 一九八九

第二章

(1) 林巳奈夫『漢代の文物』京都大学人文科学研究所 一九七六
(2) 大槻文彦『新訂 大言海』冨山房 一九五六
(3) 萩谷朴『枕草子解環』同朋社出版 一九八一

(4) 澁澤敬三・神奈川大学日本常民文化研究所編〔新版 絵巻物による『日本常民生活絵引』第三巻〕平凡社 一九八四
(5) 澁澤敬三・神奈川大学日本常民文化研究所編〔新版 絵巻物による『日本常民生活絵引』第一巻〕平凡社 一九八四
(6) 阪倉篤義「日本語の語源」〔岩波講座『日本語12 日本語の系統と歴史』〕岩波書店 一九七八
(7) 林巳奈夫『中国文明の誕生』吉川弘文館 一九九五
潮田鉄雄「日本文化のルーツを探る 東南アジアの鼻緒はきもの」『日本はきもの博物館・日本郷土玩具博物館 年報2』一九九五
(8) 林巳奈夫 注7前掲書
(9) 潮田鉄雄 注7前掲書
伊藤清司「日本の習俗と信仰」〔新版〔古代の日本〕『第一巻 古代史総論』〕角川書店 一九九三
(10) 〔魅惑の仏像I『阿修羅』〕毎日新聞社 一九八六
(11) 白川静『字訓』平凡社 一九八七
(12) 諸橋轍次『大漢和辭典』大修館書店
(13) 静岡県埋蔵文化財調査研究所〔静岡県埋蔵文化財調査研究所調査報告 第四七集『瀬名遺跡III〔遺物編〕静清バイパス〔瀬名地区〕埋蔵文化財調査報告書3』〕一九九四
(14) 沼津市教育委員会〔沼津市文化財調査報告書 第五一集『雌鹿塚遺跡発掘調査報告書II』〕一九九〇
(15) 静岡県教育委員会・他〔平成九年度「歩き・み・ふれる」ふるさと文化財活用推進事業『静岡の原像をさぐる 発掘調査報告会』〕一九九七
(16) 長野県教育委員会〔長野県埋蔵文化財センター発掘調査報告書 三七『上信越自動車道埋蔵文化財発掘調査報告書一二 榎田遺跡』〕一九九九
(17) 守山市教育委員会関係者の談による。
(18) 滋賀県教育委員会『国道8号線長浜バイパス関連遺跡調査報告II』一九七三
(19) 世田谷区教育委員会・他『野毛大塚古墳――東京都世田谷区野毛一丁目所在の古墳保存整備・発掘調査記録』一九九九

(20) 下村三四吉「山城国大原野村鏡山古墳の発見品」『考古学雑誌　第1巻第4号』　一八九七
(21) 本稿で使用する下駄に関する資料は、滋賀県埋蔵文化財センター、および㈶滋賀県文化財保護協会の所蔵する発掘調査報告書のうち、下駄を出土した古墳時代から江戸時代までの遺跡（報告書で約六〇〇冊）の遺跡名・所在地・時代・遺構の性格・寸法・前壺（前緒穴）の位置・連歯か差歯かの区別・樹種・共伴遺物・その他特記事項を記した一覧表と、その一覧表のうち、下駄が出土した遺構（包含層を含む）の年代と性格、共伴遺物がある程度特定でき、かつ、共伴遺物が比較的まとまって出土した遺跡を再度ピックアップして一覧表としたものを適宜用いた。前者の一覧表は、㈶滋賀県文化財保護協会発行の『紀要　第13号』に所載されているので、それを参照されたい。
(22) 東京国立博物館『東京国立博物館図版目録　古墳遺物編　関東Ⅲ』　一九八六
(23) 後藤守一「古代の下駄」『日本古代文化研究』河出書房　一九四二
(24) 神田孝平『石履の話」『東京人類学会雑誌　第三巻　第二十号』　一八八七
(25) 八木奘三郎「石履の発見地」『東京人類学会雑誌　第十五巻　第百六十七号』　一九〇〇
(26) 群馬県『群馬県史跡名勝天然記念物調査報告　第3輯』　一九三六
(27) 後藤守一　注23前掲書
(28) 群馬県教育委員会『舞台・西大室丸山遺跡――平成二年度荒砥北部遺跡群発掘調査報告』　一九九五
(29) 白石太一郎「神まつりと古墳の祭祀――古墳出土の石製模造品を中心として」『国立歴史民俗博物館研究報告　第7集』　一九八五
(30) 後藤守一　注23前掲書
(31) 高橋健自「古墳発見石製模造器具の研究」『帝室博物館學報　第一冊』　一九一九
(32) 市田京子「出土資料にみる古代の下駄」（日本民具学会論集6『衣生活と民具』）　一九九二
(33) 筆者が確認した限りでは、下駄は滋賀県近江八幡市柿木原遺跡から出土したもの、木沓は神奈川県逗子市池子遺跡群から出土したもののみである。
㈶かながわ考古学財団『池子遺跡群　総集編　池子米軍家族住宅建設にともなう発掘調査記録』　一九九九
(34) 無歯の板下駄は、田下駄として報告されている例が多いので、精査すれば、四〜五世紀代の無歯の下駄も確認できると私は考えている。

(35) 奈良県立橿原考古学研究所編『奈良県遺跡調査概報　一九七八年度』一九七九

(36) 奈良県立橿原考古学研究所編（奈良県史跡名勝天然記念物調査報告　第四六冊『東安堵遺跡』）一九八三

(37) 滋賀県教育委員会『湖西線関係遺跡調査報告書』一九七三

(38) 三浦豊彦『履物と足の衛生』文化出版局　一九七八

(39) 本来は、土器・石製品・金属器・土製品など、下駄とともに出土した遺物すべてを取り上げて考察すべきであるが、出土量が膨大で、かつ、下駄と土器等とを比較研究する方法論を筆者がもたないこと、祭祀品であるか、実用品であるかの区別が困難であることなどから、下駄と同じ材質で、用途を比較的具体的に特定でき、祭祀品であるかどうかを、近年まで使用されてきた民俗資料と比較できる木製品に限定した。

(40) 本書は、日本人のカミ観念を明らかにすることを目的としているうえ、のちにも、木製品個々の聖性を問題とするので、個々の遺物についての概略とその祭祀的性格を、初出時の註において述べておくことにする。これらの解説は、主に次の文献に拠った。

『日本国語大辞典』小学館
『世界大百科事典』平凡社
『國史大辭典』吉川弘文館
金子裕之（日本の美術№３６０『まじないの世界Ｉ（縄文〜古代）』至文堂　一九九六
巽淳一郎（日本の美術№３６１『まじないの世界II（歴史時代）』至文堂　一九九六
金子裕之「古代の木製模造品」『奈良国立文化財研究所学報　第三八冊』一九八〇
金子裕之「武器・武具・農耕具」『古墳時代の研究　第3巻　生活と祭祀』雄山閣　一九九一
金子裕之「楽器・酒造具・紡織具」『古墳時代の研究　第3巻　生活と祭祀』雄山閣　一九九一

(41) 人形には、土製・木製・石製・金属製などがある。土製人形は、小さな粘土の塊に手足を付けたり、手足を引き出して人の形にし、目や鼻を表現したもので、なかには、鏡や玉、武器・武具、農具、機織具、手捏土器などを伴って出土する。主に古墳時代の遺跡から出土する。使用法は、人身御供、いわゆる人柱として神に捧げた鎮めものとされている。

木製人形は、短冊状の薄板を削り欠いて人間を表現したもので、多くの場合、鬼神とされる顔が表現されている。律令体制成立期の七世紀後半頃に道教思想の導入によって出現するが、九世紀に入ると急速に衰退してゆく。罪・穢れ・災いなどを除き祓う「祓具」として使用されたと考えられているが、時には、人を呪い殺すための呪人形や、病気治癒の呪人形として使用されたことが、出土遺物によって知られる。

(42) 刀身が片刃のもので、飾装太刀を模して、刀身と把部を削り出したものと、刀身部のみを模したものなどがある。形代としては早い段階の六世紀代には出現している。切断するという刀の威力によって、悪霊や疫神を遮り、打ち断つことを目的とした呪具。

(43) 刀身が両刃のものを指す。わが国では、剣よりも刀のほうが好まれたため、出土例は比較的少ない。使用法は、刀形と同じ。

(44) 鉄鏃を模したもので、身に茎を作り出したものが多い。鏃は、本来、弓とセットになるものであるが、弓形の出土例はきわめて少ない。実物の弓を代用したのか、鏃で弓矢を表象したのかは明らかでない。弓矢は、実際に矢を空に向けて放ち、悪霊や疫神を威嚇し祓う呪具として用いられたが、単に、弓の弦を引き鳴らし悪霊除けとすることもあった。

(45) 今日のナイフに相当するもので、腰に差して持ち歩き、木簡を削ったり、食べ物を切ったりするなど日常的に使用された。刀形と酷似しているため、その区別は難しい。武器でなく、工具ではあるが、使用法は同じとみてよいであろう。それは、刀子が、死者の枕辺に置かれたり、埋葬の際に副葬されたりすることからも証される。

(46) 馬形には、土製・木製・石製などがある。土馬には、土師質のものと、須恵質(陶馬)のものがある。五世紀中頃にはすでに出現し、形態を変えながら九世紀後半まで用いられた。木製馬形は、横長の薄板を加工して馬の側面形を表現したもので、鞍を作り出した飾馬と裸馬の二種があるが、脚や尻尾をもたないため、一見しただけでは馬と判断するのは難しい。馬形は、溝や自然流路、ときには井戸など、水にかかわる遺構から出土することが多いことや、文献史料に、馬を神に献じて祈雨や止雨を祈願した記述があることから、一般には、雨乞いに使用されたと考えられている。しかし、朝鮮半島では、流行病の防疫祭に動物を生け贄として捧げる風習があることから、疫病を祓う呪具として使用したり、疫病神を追放するために、神の乗り物であり、足の速い馬に、疫病神を乗せて、異界へ送り出す呪具として用いられたとも考えられている。

(47) 船形には、木製のものと、石製のものとがある。木製船形は、すでに早く弥生時代に出現している。船形の使用法については、弥生・古墳時代においては、弥生土器に描かれた鳥装のシャーマンの乗る船の絵や、装飾古墳の壁画に描かれた船などから、死者の霊魂を黄泉国へ運ぶ「天鳥船」としての役割を、律令時代の船形については、祓えによって穢を負った人形を根の国へ運ぶ乗り物としての役割を担っていたとされている。

(48) 陽物形は、縄文時代の石棒もそれと認めれば、縄文時代から江戸時代まで、連綿と作り続けられたことになる。一般には、子孫繁栄、作物の豊饒を祈る呪物として使用されたと考えられている。井戸や湧水池の祭祀遺跡などから出土することから、水とかかわる呪物として用いられたことが知られる。

(49) 細長い薄板の上端を圭頭状に削ったり、両端を小さく斜めに切り落としたり、片側だけ斜めに切り落とし、下端を尖らせた串状の木製品である。このままで使う場合もあるが、側面の相対する位置に切り掛けを数回行ない、切り口を毳立たせるのが一般的である。斎串は、神を招請する依代として、また、地面に挿して神の坐ます神聖な場を区画する呪具として使用されたと考えられているが、なぜ、斎串が神の依代となるかの理由については、明らかにされていない。私は、斎串の先端が尖らされていることから、杖や箸状木製品などと同じく、地面に突き刺すことに意味があったものと考えている。祭祀品としてさまざまな祭祀に使用されたためか、全国各地の遺跡から数多く出土する。五世紀末頃から出土するが、本格的に使用されるのは、七世紀になってからで、一部の地域を除き、ほぼ九世紀後半には使われなくなる。

(50) 道教思想の導入によって、七世紀中頃に出現するもので、紙や、木札や、土器などに、徐災招福・病気平癒・延命長寿・鬼神駆使・魔徐けなどを意味する図形・絵・文字・符録などの呪文・祈願文を書いたりした呪物である。

(51) 都城が置かれた大和・山城では、日常使用する甕形土器よりもひとまわり小さく作られた特別の土器(それ以外の地方では日常使用する土器)の胴部に、人の顔を墨で一～八面(通常は二面)描いたもので、八世紀に入ってから出土するようになる。描かれた顔の表情はさまざまであるが、一般には、口・顎・頬などに髭を生やした怒った顔つきのものが多い。この顔は、疫病神の顔で、多くの人々を死亡させる天然痘やコレラをもたらす疫神を追い払ったり、侵入を防いだりするために用いられたとされている。

(52) 檜扇は、南方産の蒲葵の葉で作られた団扇を檜で模したもので、悪気やけがれをあおぐことによって祓うことができると考えられ、呪具として用いられた。また、あおいで涼をとる実用品としても用いられた。平城京から出土しているので、八世紀中頃には出現していたことが知られる。

(53) 櫛は、縄文時代からすでに作られているが、弥生時代以降の櫛と同じ性格をもつものであったのかどうかは明らかでない。櫛は、縄文時代から古墳時代（五〜六世紀）までは竪櫛で、それ以降は横櫛となる。この変化は、中国や朝鮮半島から伝来した横櫛の影響によるものと考えられている。櫛には強い呪力があり、魔除けの神聖な呪具とみなされてきたが、なぜ、櫛がそのような呪力をもつようになったのかについては、今一つ明確でない。現時点では、櫛は、本来「竹」で作るものであったため、竹の呪力にその淵源をもとめる説が強いようである。材料に呪力が籠ったものを使用すれば、その製品にも呪力が宿ると考えられていたことは認めるが、それだけで櫛の呪力のすべてを説明することには問題がある。

(54) 臼と竪杵は、酒造具ではなく、農具として扱うべきだという意見もあるが、三輪山山麓の山の神遺跡から出土した酒造具のセットとされる土製模造品のなかに、臼と竪杵が含まれていることや、『古事記』に、臼をもって御酒を醸造している記述があること、一般的な農具にしては、その出土数が少ないことから、大がかりで、かつ特別な祭儀に酒造具として使用されたと考えるのが妥当であろう。なお、臼が呪具であることは、民間信仰の例などからも知られる。

(55) 飯や汁などをすくう道具。杓子の別名「杓文字」は、女房言葉である。奈良県桜井市三輪山山麓の山の神遺跡から出土した酒造具の土製模造品のなかに杓子が含まれていることから、蒸したコメをかきまぜる道具として使用されたか、酒を汲むのに使用されたと考えられる。杓子は呪具として、今日も使用されているが、それは、すくいとる頭の部分が窪んでいる、すなわち、中空になっているためである。

(56) ヘラ（篦）は、竹や木・金属などを細長く平らにし、先端部のへりをやや尖らせたもので、折り目や印をつけたり、漆や糊を練ったり塗ったりしたものであるが、ヘラよりも本来はひとまわり小さいものを指す匙（かい）をヘラの一種とするように、ヘラにはものをすくったり、かきまぜたりする杓子と同じ機能を有し、ふるくは杓子をヘラとかカイと呼んでいたとされるように、三種を厳密に区別することは困難である。ヘラを酒造具とみることに疑問を持つ人もあるかもしれないが、以上のような使用法や、出土しているヘラのなかには四〇センチ近くにも及ぶものが数多く出土していることを考えると、蒸したコメをかきまぜる道具として使用された酒造具とみるのが妥当であろう。なお、時代ははるかに下るが、『日葡辞書』には、杓子を匙（かい）と訳し「桶の中で熱くなっている酒醸用の米を、かき混ぜる道具」と解説している。また、ヘラも下駄などと一緒に出土しているが、これは、ヘラも杓子と同じ用途に使用されたため、杓子と同じく呪具として扱われたためである。

(57) 槌の子とは、長円形の中央部を浅く、時にはV字状に深く刳ったもので、莚や俵などを編むときに経糸を巻くのに複数で使用された錘で、木錘とも呼ばれる。農工具や酒造具が七世紀以降、祭祀品として使用されなくなったあとも、紡織・機織具はその種類を大きく減じながらも祭祀品として使用されたようで、中世の遺跡からも出土する。その紡織・機織具のなかでも最も多く出土するのが槌の子である。槌の子に呪具としての性格を認めることはできないので、これは、紡織・機織具の祭祀的表象として用いられたと私は考えている。

(58) 沼津市教育委員会　注14前掲書

(59) 鳥形は、弥生時代にはすでに出土し、古墳時代以降も出土数はすくなくなるものの九世紀頃まで出土する。鳥形は、時代によってその使用法は異なるものの、一般には、穀霊を運ぶ鳥として、あるいは、朝鮮半島にみられるように、集落の出入り口に立てて、災厄の侵入を防ぐ鳥杆（ちょうかん）として、さらには、馬形や船形などと同じように、穢を負った人形を根之国に運ぶ役割を担う乗り物として使用されたと考えられている。

(60) 古代の火起こしは、「きりもみ式」と呼ばれる発火法で、直径〇・八ミリ〜一センチほどの浅い穴をあけ、その穴から下方に細い溝を刻んだ一センチくらいの板（火鑽臼）に、板の穴にこすりつけて摩擦を起こす棒（火鑽杵）を立て、両手で錐をもむように何度も回転させて火種を作るものである。カミマツリを催行するにあたっては、まず清浄な火で神饌を調理したり、灯火をともすことが必要不可欠であることから、現在でも、このようなきりもみ式発火法で祭事の火を起こしている神社もある。また、出土した木製祭祀品のなかには焼け焦げたものがしばしば含まれていることから、祭祀の際に火鑽杵と火鑽臼を使用して火を起こし、なんらかの呪術を行なったことが指摘されている。これらのことから、火鑽臼と火鑽杵は、祭祀に必須の重要な木製祭祀品であったことが知られる。

(61) 静岡県教育委員会・他　注13前掲書

(62) 琴の胴の上に立てて弦を支え、その位置を変えて音調の高低を調節したり、発する音を共鳴胴に伝えるための道具。琴と一緒に出土することもあるが、多くは単独で出土する。神の降臨や饗応の際に用いた祭祀品である琴の表象として用いられたと考えられる。

(63) 京都府埋蔵文化財調査研究センター『京都府遺跡調査報告書　第八冊　石本遺跡』一九八七

(64) ムクロジの実に穴をあけて鳥の羽を差し込んだ羽子を打ち合う柄のついた長方形の板である。羽子板は、「胡鬼板」、羽根突きは「胡鬼子勝負」といわれていたが、これは、胡の国（西域）からわが国にやってきた病気や災をもたらす鬼神（胡鬼の子）が、子供にとりつかないように互いに打ち合って祓う呪いとして正月に行なわれていたためとされている。また、羽根が飛ぶ様子が、蚊を食べる赤トンボににているところから、やがて来る夏に、幼い子供が蚊に刺されないように願う呪いでもあったとされる。このように羽子板は、単なる子供の遊び道具ではなく呪具としての意味を有していた。ただし、出土品のなかには羽子板かどうか問題であるものや、羽子板と思われるものを叩板としている例などもあり、今一度確認の必要性がある。

水野正好「招福・除災――その考古学」『国立歴史民俗博物館研究報告　第七集』一九八五

広島県立歴史博物館『遊・戯・宴――中世生活文化のひとこま』一九九三

(65) 独楽廻しは、駒に鞭打ち「胡魔」を祓う呪いから始まったとされているように、当初は呪具であった。

水野正好　注64前掲書

広島県立歴史博物館　注64前掲書

(66) 箸の形態をした棒状の細い木製品である。この木製品は、多くの場合、一遺跡で数十点ほど出土するが、ときには数百点、いちじるしい場合は三千点を越えるおびただしい量が出土し、食事に用いられた一般的な箸とみるには、あまりにも量が多過ぎること、地域的にも、一遺跡内でも、明確な規格性がなく、箸とするには躊躇されること、多くの場合、祭祀遺跡や、祭祀品とともに出土すること、突き立てたり、敷き詰めたり、遺物を覆うようにして使用されている例があること、斎串の使用が衰退していく九世紀頃に出現し、斎串にとってかわるように全国的に普及していくことなどから、現在では、祭祀品の可能性が強いとされている。なお、正倉院文書では、箸は竹製と記されている。

㈶静岡県埋蔵文化財調査研究所（静岡県埋蔵文化財調査研究所調査報告　第四四集『御殿川流域遺跡群　Ⅰ』）一九九三

(67) 兵庫県教育委員会（兵庫県文化財調査報告書　第七五冊『山垣遺跡――「里長」関連遺構の調査　発掘調査報告書』）

一九九〇

(68) 木製の柄に獣毛などを束ね、先端を切り揃えたもので、漆や糊などを塗るのに使用された。漆が付着した刷毛は、漆のもつ毒性に意味があり、刷毛は付随的なものであるが、漆が付着していない刷毛の場合は、どのような意味をもつのかは今一つ明らかでない。あえてその理由を求めるとすれば、霊魂を掃き集める重要な呪具である箒木の代用品と考えるしかない。

(69) 奈良国立文化財研究所(『木器集成図録　近畿古代編』付表1　木器出土遺構一覧表)一九八五

(70) 檜や杉などを柾目に沿って剝ぎ、薄く削ったものを円形あるいは楕円形に曲げて底板を取り付けた容器である。両端の合わせ目、および、側と底板は、桜あるいは白樺の皮を薄く細く帯状にしたもので縫い合わせる。五世紀代には、すでに曲物底板が出土していることから、古墳時代中頃には出現していたことが知られるが、出土量が増大するのは八世紀以降である。曲物は、水や食物を入れる容器として日常的に使用されたため、出土した曲物の用途を特定するのはきわめて困難である。たとえば、苧桶として使用されたとみれば紡織・機織具であり、水桶として使用されたとみれば、酒造具の可能性がある。また、面桶や御供櫃とすれば供膳具となるという具合である。ただ、曲物が出土するのが、祭祀形態が大きく変化する八世紀以降であることから、私は、御供米や供物を入れる容器、すなわち、供膳具として使用されたものと考えている。

(71) 岩井宏實「曲物の用途」『大阪市立博物館　研究紀要　第一〇冊』一九七八

飲食具を載せる饗応用の食台。檜を薄く削った片木とよばれる板に縁を付けた方形の盆で、清浄簡易な曲物として、広く使用された。現在でも、祝儀事や神事などに、漆を塗らない素木の折敷が膳や盆として使用されているように、祭祀用の道具として重要な役割を果たしている。

(72) 漆塗の椀や皿が出土するのは七世紀後半頃からである。これらの椀・皿は、おそらく、供膳具として使用されたと考えられるが、現在でも神事そのものには曲物や土師器が中心で、木製の椀や皿は、神事のあとの直会などに使用されることが多く、はたして、祭祀具としてよいのかどうかや、祭祀具ならば、なぜ、下駄や木沓と同じく素木でなく、漆塗りであるのかという疑問が残る。これらの椀や皿が祭具、ないしは呪具であったことは、漆塗の椀や皿が、木地の椀や皿に比してきわめて高価な食器であり、簡単に廃棄される性格のものではないこと、井戸の底に未使用と思われる完形の漆塗の椀が納置されていた例が知られること、祭祀的性格の濃い井戸や、一括して祭祀品を廃棄したと考えられる溝や土坑から出土することなどを考えれば、首肯せざるをえないであろう。とすると、漆塗の椀や皿が祭祀に用いられた理由は、なんであったのかということになる。考えられることは、ただ一つ、椀や皿に塗られた漆と赤色が、悪霊除けの意味をもっていたためである。とりわけ、漆の木（ヌルデ）は、現在でも神事に使用されているように、悪霊除けの意味をもってさまざまな祭具として用いられている。祭祀遺物と思われる一括遺物のなかに、しばしば、漆の付着した刷毛やヘラなど漆関係の木製品が揃って出土することがあるが、これは、漆工人が不要品を廃棄したというものではなく、悪霊除けに、わざわざ漆の付着した木製品を、祭具として使用したものと私は考えている。

(73) 轆轤鉋を用いて製作された椀や鉢などを指す。挽物の多くは円形であるため、丸物ともよばれている。弥生時代の遺跡である奈良県唐古遺跡から轆轤成形によるとみられる高坏や鉢が出土しているが、現時点では、轆轤を使用した挽物の起源は明確でない。挽物という場合は、木地のままで漆を塗らないものを指す。供膳具として使用されたものと考えられる。

(74) 刀子や鑿などで刳ったり、削ったりして作った木工品である。挽物と同じく供膳具として使用されたものと考えられる。

(75) 中国からもたらされたもので、本来は「かひ」と呼ばれ、盛った飯をすくいとるのに用いられたが、のちに、茶をすくいとる用具「茶（さ）匙（じ）」として盛んに用いられたため、「さじ」と呼ばれるようになったとされる。一般には、同じ用途の杓子よりも小さいものを指す。その用途からみて、供膳具の一種として用いられたと考えられるが、「かひ」は、貝、卵、殻（穂のついたままの稲）など、いわゆるカミが籠る祭祀容器を指す言葉でもあることから、供膳具ではなく、なにか別の意味をこめた祭具として使用された可能性もある。その意味で注目されるのは、船を漕ぐ櫓である櫂が、しばしば祭祀品と一緒に出土することである。「かひ」と櫂が音通であることから貝や卵や殻の代用品として用いられたとも考えられる。とすると、その具体的な用途は明らかにしえないが匙も、櫂と同じように用いられた可能性もある。

(76) 栓とは、容器などの口に差し込んで、中身が漏れないようにするものであるが、なぜ、このようなものが祭祀品と一緒に出土するのかは明確でない。あえて、理由を求めるとすれば、カミの籠る容器である瓢簞や水桶に使用されていたものが廃棄後にはずれ本体との関係がわからなくなって栓のみがピックアップされることになったか、そのような容器を表象するものとして栓だけを廃棄したかのどちらかと考えるしかない。すでに早く弥生時代から出土している。

(77) 楔は、ものを割ったり、間隔を広げたりするだけでなく、衲穴に差し込んで、物と物とをつなぎ合わせる役目ももつ。楔が祭祀品などとともに出土するのは、つなぎ合わせるということに、なんらかの意味を求めたものと考えられるが、今一つ明確ではない。これも栓と同じく弥生時代から出土している。

(78) 毬杖（ぎっちょう）とは、長柄の先端に横木をつけた槌で、丸く削った木の毬を打つ正月の遊戯である。現在のホッケーに似た遊びと考えればよい。毬杖に使う木毬は、中国の黄帝が、鬼神である蚩尤（しゆう）の頭に見立てて打ったとされるように、悪霊除けの意味をもっていた。また、この毬杖を青竹に三本結び、これに短冊や吉書などを添えて焼いたものが三毬杖（左義長）であるが、これも「散鬼杖」と記されることがあるように、本来は、鬼を散らさんとした行事であった。遺跡からは、毬杖だけでなく木毬も出土している。

広島県立歴史博物館　注64前掲書

(79) 仏像のように立体的な人形である。報告書などでは人形と表現されているが、人形とは、偏平な板状のものを指すことから、ここでは、偏平な人形と立体的な人形とを区別するため、立体的な人形を彫像と表現した。

(80) 塔婆とは、元来、釈迦の仏舎利を埋納する建造物を指すが、ここでは、供養のために墓に立てた板塔婆や、「こけら」とよばれる薄板に経文を書写した柿経、あるいは柿経とよく似ているが頂部が五輪塔状の笹塔婆とよばれるものを指す。仏教関係の遺品であるが、信仰にかかわるものであり、呪具として使用されることもあることから、ここでは「祭祀具」として取り扱う。なお、これらの塔婆をカミ観念的な面からあえて解釈すると、いずれも先端が尖っていて、地面に刺すことができ、また、実際に地面に突き刺して使用することから考えると、杖や斎串・箸状木製品などと同じような心意のもとに使用された可能性がある。

(81) 鹿苑寺「特別史跡特別名勝　鹿苑寺（金閣寺）庭園」『京都市埋蔵文化財研究所調査報告　第一五冊』一九九七

(82) 音を発するための装置を施した矢で、狩猟の際に獲物を射すくめる目的で使用されていたが、転じて悪霊払いや合戦開始の際に相手を威嚇し、勝利をもたらすことを願って使用されたりするようになった。

(83) 「さしがさ」は傘、「かぶりがさ」は笠で、大笠に長柄をつけたものが傘であるとされている。傘轆轤は、轆轤を使って傘を自由に開閉できるようにしたもので、通説では十六世紀末に伝来したとされているが、本遺跡からの出土によって、すでに十五世紀には伝来していたことが知られ注目される。笠は、カミのかぶりものであり、蓋は、貴人にさしかける儀式用具と、いずれも祭祀にかかわるものであり、祭祀具として使用されたことは疑いえない。

(84) 巨石などの重量物を運搬するのに用いられた橇状のもの。祭祀具であるかどうか不明であるが、これを一種の船とみなす見解に従うならば祭祀の要素を含むことになる。

(85) 愛知県埋蔵文化財センター(愛知県埋蔵文化財センター調査報告 第二八集『朝日西遺跡』) 一九九二

(86) 穀類を粉状にする先の丸い棒。山椒の木で作ったものがよいとされていることから、その独特の臭いを重視して、悪霊除けの呪具として使用したと考えられる。

(87) 死者の俗名や戒名を書いて仏壇にまつるもの。位牌の起源にはいくつかの説があるが、わが国では、死者の霊はヒモロギを立てて斎い祀るので、イワイ(斎)木から生じたものと考えられている。十四世紀後半以降に出現したとされる。

第三章

(1) 堀大介「井戸の成立とその背景」『古代学研究 146』 一九九九

(2) 池上曽根遺跡史跡指定20周年記念事業実行委員会『弥生の環濠都市と巨大神殿』 一九九六

(3) 宇野隆夫「井戸」『弥生時代の研究 第7巻』雄山閣 一九九三

(4) 柏原市立歴史資料館『井戸の中をのぞいてみよう』 一九九七

(5) 柏原市立歴史資料館 前掲書4
宇野隆夫 注3前掲書

(6) 宇野隆夫「井戸考」『史林 第65巻第5号』 一九八二

(7) 川端豊彦「べんじょ」『國史大辭典13』吉川弘文館 一九九一

(8) 兼康保明「井戸における斎串使用の一例――滋賀県高島郡高島町鴨遺跡の井戸」『古代研究 19』 一九八〇
駒見和夫「井戸をめぐる祭祀――地域的事例の検討から」『考古学雑誌 第77巻第4号』 一九九二

篠原豊一「平城京の井戸とその祭祀」『奈良市埋蔵文化財調査センター紀要　一九九〇』
奈良国立文化財研究所『平城京左京四条二坊一坪』一九八七
日色四郎『日本上代井の研究』一九六七
(9) 秋田裕毅「全国出土下駄一覧」『紀要　第一三号』(財)滋賀県文化財保護協会　二〇〇〇
(10) 保立道久「娘の恋と従者たち――『粉河寺縁起』を読む」『中世の愛と従属　絵巻の中の肉体』平凡社　一九八六
(11) 勝浦令子『女の信心――妻が出家した時代』平凡社　一九九五
(12) 絵巻物に描かれた井戸の多くは、その光景から、京都などの都市の路上の共同井戸と考えられる。共同井戸を使用する都市民が、婢女を雇い入れるような経済力をもっているとは思えないから、家族の洗濯は、その家の女性が行なっていたとせざるをえない。とすると、武士や長者などの屋敷で洗濯する女性は婢女であるとしても、共同井戸で洗濯する女性は、必ずしも婢女とは限らず、一般庶民の女性である可能性が高いことになる。
(13) 三品彰英「銅鐸小考」(三品彰英論文集　第5巻『古代祭政と穀霊信仰』)平凡社　一九七三
(14) 西郷信綱「地下世界訪問譚」『古代人と死――大地・葬り・魂・王権』平凡社　一九九九
(15) 西郷信綱「三輪山神話の構造」注14前掲書
(16) 黒田日出男「〔荒野〕と〔黒山〕――中世の開発と自然」『境界の中世――象徴の中世』東京大学出版会　一九八六
(17) 横井清は、井戸は、異界とこの世を直接結ぶ「通路」であるとみている。井戸を異界とこの世とを結ぶ双方向の通路とみなす研究者は少なく、注目すべき見解である。また横井は、井戸の掘鑿や井戸浚え・埋井を、河原者とかキヨメとよばれる賎民が行なっていたと述べているが、これら賎民が、カミや天皇と深くかかわる存在であったことを考えると、ここでも、井戸が聖なる場であることを示している。
横井清「遊戯の深層」(週刊朝日百科日本の歴史10『悪党と飛礫・童と遊び』)朝日新聞社　一九八六
横井清「いちばん小さな『中世部落史』」『光あるうちに――中世文化と部落問題を追って』阿吽社　一九九〇
(18) 徳網克己「井戸の埋没について」『中主町文化財調査報告書　第四四集』一九九五
(19) 兼康康明「湖西高島の低地における井戸掘りと埋め戻し」『民俗文化　第192号』一九七九
日色四郎　注8前掲書

(20) 大阪府教育委員会・他『長原　近畿自動車道天理〜吹田線建設に伴なう埋蔵文化財発掘調査概要報告書』一九七八

(財)岩手県文化振興事業団埋蔵文化財センター（岩手県文化振興事業団埋蔵文化財調査報告署　二二八集『柳之御所』）一九九五

水野正好「金貴大徳と埋井の呪儀」『草戸千軒　No.58』のなかに、京都市埋蔵文化財研究所の永田信一の談として、京都市内でも竹を埋めた平安時代後期の井戸が検出されていることが所載されている。

(21) 日色四郎　注8前掲書

(22) 水野正好「竹筒をのこした一井とその秘呪」『草戸千軒　No.36』一九七六

(23) 高橋康夫「道とくらし」『洛中洛外——環境文化の中世史』平凡社　一九八八

(24) 一般に、この僧は、便所から出てきたとされているが、たまたま便所の前を通りかかっただけとみることもできる。なぜ、この僧が便所からでてきたと判断できるのか、その理由を明確に述べたものはない。『弘願寺本法然上人絵伝』に「厠の念仏」とよばれる場面が描かれている。この場面をよくみると、便所の上方に取り付けられた竿に僧衣が掛けられている。便所に入るときには僧衣や手拭いを竿（後架）にかけることは、道元の著した『正法眼蔵』に記されており、僧が便所に入るときの作法であったことが知られる。このことから推測すると、便所の前で後ろを振り返る僧は、便所に取り付けられていた後架に掛けておいた僧衣をそのまま肩に掛けて便所から出てきたことになり、便所とこの僧との関係が明瞭になる。

(25) 真保亨編（日本の美術95『法然上人絵伝』）一九七四

保立道久「文献と絵画史料からみたトイレ」『月刊文化財　No.３５０』一九九二

(26) 福井県教育委員会朝倉氏遺跡調査研究所『特別史跡一乗谷朝倉氏遺跡VII——昭和55年度発掘調査整備事業概報』一九八一

小野正敏「この穴は何？——便所の発見」（よみがえる中世6『実像の戦国城下町一乗谷』）一九九〇

(27) 大田区立郷土博物館『トイレの考古学』一九九六

(28) 大田区立郷土博物館　注27前掲書

(29) 渡辺信一郎『江戸の女たちのトイレ——絵図と川柳にみる排泄文化』ＴＯＴＯ出版　一九九三

(30) 大田区立郷土博物館　注27前掲書
汐留地区遺跡調査会『汐留遺跡――汐留遺跡埋蔵文化財発掘調査報告書』一九九六
(31) 汐留地区遺跡調査会　注30前掲書
(32) 黒崎直・松井章・金原正明「科学的に解明された古代宮都のトイレ」『月刊文化財　№350号』一九九二
(33) 便所の形式分類については、大田区立博物館の『トイレの考古学』に拠った。
(34) 大塚民俗学会編『日本民俗事典』弘文堂　一九七二
(35) 大塚民俗学会編　注34前掲書
(36) 山本明「マス・コミの発達と変遷」(週刊朝日百科日本の歴史117『ジャーナリズムと大衆文化』)朝日新聞社　一九八八
(37) 木下忠(考古学選書18『埋甕――古代の出産習俗』)雄山閣　二〇〇〇
(38) 宮田登『神の民俗誌』岩波書店　一九七九
(39) 渡辺誠(考古学シリーズ4『縄文時代の知識』)東京美術　一九八三
渡辺は、埋甕に葬られたのは死産児としているが、死産児を、「再生」という概念で把えるのは問題がある。それよりも、無事生まれてきた子供の霊魂の籠もる胞衣(後産)を丁寧に埋納し、その霊魂が再び女性の胎内に入り再生、すなわち、再び子供が生まれてくるように願ったとみるほうがより合理的である。

渡辺誠「再生の祈り――祭りと装飾」『縄文の神秘』学習研究社　一九八九
(40) セッチン参りの際、赤子に糞便をつける真似をすることや、昔話では、黄金と糞便とが常に表裏の関係で語られていること、他人の便所に落ちた子供は「福を持って帰ってきた」として喜ぶ地方があること、一遍聖の小便を飲んだり、眼を洗ったりしていること、また、ヨーロッパでも、糞は古来災害除けの効果をもつとされていること、糞と深くかかわるゴミを、大地の泥と水とが混じりあった聖なるものと考えられていることなど、糞尿やゴミを必ずしも不浄視していない例が数多く知られる。
飯島吉春『竈神と厠神――異界と此世の境』人文書院　一九八六
黒田日出男「『天狗草紙』における一遍」『姿としぐさの中世史　絵図と絵巻の風景から』平凡社　一九八六

(41) 阿部謹也『中世を旅する人びと』平凡社　一九八七
網野善彦『無縁・公界・楽――日本中世の自由と平和』平凡社　一九七八
網野善彦「〈公界〉と公界寺」(仏教民俗学大系3『聖地と他界観』) 名著出版　一九八七
戸田芳実編 (週刊朝日百科日本の歴史58『境・峠・道』朝日新聞社) 一九八七
笹本正治『辻の世界――歴史民俗学的考察』名著出版　一九九一
(42) 西垣晴次「民衆の精神生活――穢と路」『歴史公論　101号』一九八四
丹生谷哲一『検非違使　中世のけがれと権力』平凡社　一九八六
(43) 石井進「都市としての鎌倉」(よみがえる中世3『武士の都　鎌倉』) 一九八九
丹生谷哲一　注42前掲書
(44) (大航海時代叢書第1期11　ルイス・フロイス『日欧文化比較』) 岩波書店　一九六五
(45) 高橋康夫　注23前掲書
(46) 谷直樹・遠州敦子 (物語ものの建築史『便所のはなし』) 鹿島出版会　一九八六
(47) ルイス・フロイス　注44前掲書
(48) 高橋康夫　注23前掲書
(49) 小西優美「歯のすり減った下駄――出土したはきもの」(よみがえる中世2『本願寺から天下一へ大坂』) 一九八九
佐久間貴士「ゴミ穴を読む――都市の生活」(よみがえる中世2『本願寺から天下一へ大坂』) 一九八九

第四章

(1) 本稿では、次の刊行物を使用した。『日本の絵巻』・『続日本の絵巻』・『続々日本の絵巻』中央公論社
(2) 網野善彦「中世の旅人たち」(日本民俗文化体系　第6巻『漂泊と定着――定住社会への道』小学館) 一九八四
(3) 赤坂憲雄「琵琶法師または境の神の司祭者」『境界の発生』砂子屋書房　一九八九
(4) 石田豊尚 (日本の美術№132『職人尽絵』) 至文堂　一九七七

（5） 黒田日出男「修行者たちの旅」（朝日百科日本の歴史別冊　歴史を読みなおす10『中世を旅する人々『一遍聖絵』とともに』）朝日新聞社　一九九三
（6） 黒田日出男　注5前掲書
（7） 黒田日出男「『天狗草紙』における一遍」『姿としぐさの中世史　絵図と絵巻の風景から』平凡社　一九八六
（8） 『日本随筆大成』吉川弘文館　一九七九
（9） 郡司正勝『おどりの美学』演劇出版社　一九五九
（10） 網野善彦「〈公界〉と公界寺」（仏教民俗大系3『聖地と他界観』）名著出版　一九八七
（11） 黒田日出男「旅と社会を物語る杖」（朝日百科日本の歴史別冊　歴史を読みなおす10『中世を旅する人々『一遍聖絵』とともに』）朝日新聞社　一九九三
（12） 網野善彦「童形・鹿杖・門前――『絵引』を読んで」『新版　絵巻物による『日本常民生活絵引』総索引』平凡社　一九八四
（13） （日本古典文學大系1『古事記・祝詞』）岩波書店　一九五八
（14） 佐野大和『呪術世界と考古学』続群書類従完成会　一九九二
（15） 黒田日出男　注11前掲書
（16） 奈良国立文化財研究所（奈良国立文化財研究所史料　第二七冊『木器集成図録　近畿古代編』）一九八五
なお、吉野裕子は、この檜扇を、開閉できない扇とみなしているが、それは、扇の中央やや上方にあけられている綴穴を見落しているためである。
（17） 宮本延人「うちわ」『世界大百科事典』平凡社　一九七二
（18） 服部幸雄『江戸歌舞伎の美意識』平凡社　一九九六
（19） 郡司正勝　注9前掲書
（20） 江上綏（日本の美術No.319『扇面画』〈古代編〉）至文堂　一九九二
（21） 宮島新一（日本の美術No.320『扇面画』〈中世編〉）至文堂　一九九三
（22） 吉野裕子『扇――性と古代信仰』人文書院　一九八四

(23) 高良倉吉『琉球王国』岩波書店　一九九三
(24) 国分直一「びろう」『世界大百科事典』平凡社　一九七二
(25) 古代大和王権と海人族たる隼人との関係の深さについては、さまざまな人が、さまざまな角度から意見を述べている。なお、『令義解』には、隼人司で竹笠を製作している記述があり、注目される。
(26) ある宗教教団では、少しくぼめた手のひらには、霊（カミ）が宿ると説かれている。
(27) 時宗の僧が持つ持蓮華には、蓮の花ビラ一弁を表現したものがある。
時宗の美術と文芸展実行委員会『時宗の美術と文芸　遊行聖の世界』東京美術　一九九五
(28) 郡司正勝『風流の図像誌』三省堂　一九八七
(29) 埴輪のなかに、笠形埴輪、あるいは、帽子形埴輪とよばれ、笠だけを表現した埴輪があるが、これは、笠が聖なるかぶりものであったことを端的に物語るものであり、注目される。なお、人物埴輪のなかに、鍬を肩にかつぎ、笠をかぶった「農夫」埴輪とよばれる埴輪があるが、埴輪に農民が表現されたかどうか疑問であり、笠の意味を検証するうえでも、今一度、検討されるべきであろう。
(30) 服部幸雄「歌舞伎／傘がひらく宇宙」（イナックス・ブックレット『傘』）一九九五
(31) 服部幸雄『花道のある風景——歌舞伎と文化』白水社　一九九六
(32) 郡司正勝　注28前掲書
(33) （日本古典文學大系67『日本書紀　上』）岩波書店　一九六七
(34) 服部幸雄　注30前掲書
(35) 郡司正勝　注28前掲書
(36) 笹本正治『辻の世界——歴史民俗学的考察』名著出版　一九九一
(37) 武田佐知子「笠の山——境界をめぐる一試論」『一遍聖絵と中世の光景』ありな書房　一九九三
(38) 武田佐知子　注37前掲書
(39) 鈴木敬三「市女笠」（『國史大辭典』吉川弘文館）より引用　一九七九
(40) 網野善彦　注11前掲書の注34

(41) 歓喜光寺本と御影堂本の異同については、武田佐知子の論文に掲載された図版写真に拠った。
(42) 網野善彦「女性の無縁性」『無縁・公界・楽――日本中世の自由と平和』平凡社　一九七八
(43) 沖浦和光『竹の民俗誌』岩波書店　一九九一
(44) 横井清「隠喩としての〔七〕〔裸足〕〔皮買はふ時〕」『光あるうちに――中世文化と部落問題を追って』阿吽社　一九九〇

第五章

(1) 秋田裕毅「全国出土下駄一覧」『紀要　一三号』(財)滋賀県文化財保護協会　二〇〇〇
(2) 高取正男『日本的思考の原型　民俗学の視角』講談社　一九七五
(3) 蒲生郷昭「太鼓」『國史大辭典』吉川弘文館　一九八七
(4) 白川静『字訓』平凡社　一九八七
(5) (日本古典文學大系1『古事記・祝詞』) 岩波書店　一九五八
(6) (群書類従　雑部四百四十六『古語拾遺』) 続群書類従完成会　一九八〇
(7) 国立歴史民俗博物館『日本楽器の源流――コト・フエ・ツヅミ・銅鐸』一九九五
(8) 石塚尊俊『鑪と刳船』慶友社　一九九六
萩原秀三郎は、「槽は臼であり、丸木を横にして刳ったもので、西南中国の少数民族はこれに稲籾を入れて両側に数人ずつ分かれて杵で搗く。葬式の際には、この臼を鎮魂の目的で太鼓のように鳴らしながら大勢で搗く。臼が木鼓となり銅鼓に変わるのは自然の勢いというものだろう」と、槽を長大な臼とみている。

萩原秀三郎『地下他界――蒼き神々の系譜』工作舎　一九八五
(9) 白川静　注4前掲書
(10) 金子裕之(日本の美術№.360『まじないの世界I (縄文〜古代)』) 至文堂　一九九六
(11) 鈴木徹「古墳時代の力士像と相撲考」『三河考古　第七号』一九九四

(12) 蒲生美津子「踏歌」『國史大辭典』吉川弘文館　一九八九
(13) 倉林正次「反閇」『國史大辭典』吉川弘文館　一九九一
(14)「方相氏」『日本国語大辞典』小学館
(15) 五来重『宗教民俗集成5　芸能の起源』角川書店　一九九五
(16) 五来重　注15前掲書
(17) 郡司正勝『おどりの美学』演劇出版社　一九五九
(18) 中村義雄「追儺」『國史大辭典』吉川弘文館　一九八八
(19) 市田京子「草履状木製品と板草履」『民具マンスリー　第21巻10号』神奈川大学日本常民文化研究所　一九八九
(20) 五来重『宗教民俗集成4　庶民信仰の諸相』角川書店　一九九五
(21) 五来重「天狗と庶民信仰」(新修日本絵巻物全集第27巻『天狗草紙・是害房絵』) 角川書店　一九七八
(22) 岡見正雄「天狗説話展望――天狗草紙の周邊」(新修日本絵巻物全集　第27巻『天狗草紙・是害房絵』) 角川書店　一九七八
(23) 宮本袈裟雄『天狗と修験者――山岳信仰とその周辺』人文書院　一九八九
(24) 五来重『宗教民俗集成3　異端の放浪者たち』角川書店　一九九五
(25) 日光二荒山神社『日光男体山――山頂遺跡発掘調査報告書』名著出版　一九九一
上北山村教育委員会「天ケ瀬組　笙ノ窟の銅造不動明王立像」『上北山村文化財調査報告　二』一九九七
國學院大學考古資料館「白山山頂学術調査報告」『國學院大學考古資料館紀要　第四輯』一九八八
立山町教育委員会「芦峅寺室堂遺跡――立山信仰の考古学的研究」『立山町文化財調査報告書　第一八冊』一九九四
(26) 奈良国立文化財研究所「平城京左京七条一坊十五・十六坪発掘調査報告」『奈良国立文化財研究所学報　第五六冊』一九九七
(27) 飯田道夫『サルタヒコ考　猿田彦信仰の展開』臨川書店　一九九八
(28)「一足」『日本国語大辞典』小学館
(29) 注28前掲書

(30) (日本古典文學大系67『日本書紀　上』) 岩波書店　一九六七
(31) 「侏儒」(『日本国語大辞典』小学館) より引用
(32) 『病草紙』の侏儒の詞書は次の通りである (新修日本絵巻物全集　第7巻『地獄草紙・餓鬼草紙・病草紙』) 角川書店　一九七六
「侏儒ときどきいでく、食をこひて京都をありく、わらはベシリにつきてわらひのる、みかへりてはらだちいへども、いよいよおこつきわらふ」
(33) 郡司正勝「侏儒考」『童子考』白水社　一九八四
(34) 白川静　注4前掲書
(35) 黒沢幸三 (「巨人と小さ子——ふみし跡をめぐつて」『講座　日本の古代信仰　第4巻　呪禱と文学』学生社) より引用　一九七九
(36) 郡司正勝「笛吹き童子」『童子考』白水社　一九八四
(37) 郡司正勝　注36前掲書
(38) 郡司正勝　注36前掲書
(39) 五来重　注15前掲書
(40) 五来重　注15前掲書
(41) 戸板康二・郡司正勝『歌舞伎——その歴史と様式』日本放送出版協会　一九六五

第六章

(1) 美々8遺跡に関する記述は、左記の報告書に拠っている。
(財)北海道埋蔵文化財センター (北海道埋蔵文化財センター調査報告書　第八三集『美沢川流域の遺跡群XVI——新千歳空港建設用地内埋蔵文化財発掘調査報告書』) 一九九一
(財)北海道埋蔵文化財センター (北海道埋蔵文化財センター調査報告書　第一〇二集『美沢川流域の遺跡群XVIII』) 一

九九五

(2) ㈶北海道埋蔵文化財センター『調査年報5』一九九三

(3) アイヌ民族博物館監修『アイヌ文化の基礎知識』草風館 一九九三

(4) ヤン・ハヴラサ著 長與進訳『アイヌの秋――日本の先住民族を訪ねて』未来社 一九八八

(5) 中川裕『アイヌ語千歳方言辞典』草風館 一九九五

(6) 宮本常一(旅の民俗と歴史6『旅の民俗――はきものとのりもの』八坂書房 一九八七

(7) 和田清・石原道博編訳『魏志倭人伝』岩波書店 一九五一

(8) 武田佐知子『衣服で読み直す日本史 男装と王権』朝日新聞社 一九九八

(9) 佐藤泰子『日本服装史』健帛社 一九九三

(10) 谷田閲次・小池三枝『日本服飾史』光生館 一九八九

(11) 宮本馨太郎「傘」『國史大辭典』吉川弘文館 一九八三

(12) 宇杉和夫『日本住宅の空間学〈ウラとオモテ〉〈ウチとソト〉のスペースオロジー』理工図書 一九九七

(13) 大岡敏昭『日本の風土文化とすまい すまいの近世と近代』相模書房 一九九九

(14) 竹内利美「銭湯」『世界大百科事典』平凡社 一九七二

(15) 西山松之助「風呂屋」『國史大辭典』吉川弘文館 一九九一

(16) 本史料は、左記の論文より引用した。

伊藤隆三(「宿場町(富山県桜町遺跡)」『考古学』第13号)雄山閣出版 一九八五

(17) 本史料は、左記の書籍より引用した。

畑中敏之『雪踏をめぐる人びと 近世はきもの風俗史』かもがわ出版 一九九八

(『日本庶民生活史料集成』第十五巻)三一書房 一九七一

『守貞謾稿』には、柾目の精製上品の下駄をつくる下駄屋の下駄には、瓢箪をかたどった極印がうたれていたとか、芝居茶屋の客の下駄には、その店の焼印を押していたとする記述がみられる。このことから、江戸時代末期には、下駄の台に、ブランド品であることを示す印や所有者をあらわす印を押す風習が存在したことが知られる。

(18) 沢田由治（陶磁大系7『常滑 越前』）平凡社 一九八九
(19) 小野瀬順一（「×のデザイン」『日本のかたち縁起 その隠された意味』）彰国社 一九九八
(20) 市田京子「江戸時代の下駄」『江戸文化の考古学』吉川弘文館 二〇〇〇
(21) 市田京子 注20前掲書
(22) 市田京子 注20前掲書
(23) 市田京子 注20前掲書
(24) 『類聚 近世風俗志』東京堂出版 一九四九
(25) 堺市教育委員会『堺市文化財調査報告 第一五集』一九八三
兵庫県教育委員会（兵庫県文化財調査報告 第一〇九集『明石城武家屋敷跡――山陽電鉄連続立体交差事業に伴う発掘調査報告』）一九九二
(26) 岩田隆「中世遺跡出土の下駄」（『朝倉氏遺跡資料館紀要』一九八五）
古泉弘『江戸を掘る』柏書房 一九八三
東京都港区教育委員会『増上寺子院群 光学院・貞松院跡 源興院跡』一九八八
文京区遺跡調査会・他（文京区埋蔵文化財調査報告書第九集『諏訪町遺跡――鹿島建設㈱自社ビル等建設に伴う埋蔵文化財調査報告書』）一九九六
東北大学埋蔵文化財調査研究センター『東北大学埋蔵文化財調査年報九』一九九八
㈶静岡県埋蔵文化財調査研究所（静岡県埋蔵文化財調査研究所調査報告 第四四集『御殿川流域遺跡群Ｉ』）一九九三
(27) 市田京子「『近世日本履物史の研究』を読む」『日本はきもの博物館・日本郷土玩具博物館 年報6』一九九九
(28) 宮本常一 注5前掲書
(29) 本史料は、左記のパンフレットから引用した。

日本はきもの博物館・日本郷土玩具博物館（二〇〇〇秋の企画展『江戸のはきもの――ファッションの芽ばえ』）二〇〇〇
(30) 東北大学埋蔵文化財調査委員会『東北大学埋蔵文化財調査年報六』一九九三
(31) 山形県教育委員会（山形県埋蔵文化財調査報告　第一五九集『藤島城跡　第2次発掘調査報告書』）一九九〇
なお、岩手県和賀郡江釣子村の下谷地B遺跡から、九～十世紀のポックリが出土していると報告されているが、混入品である可能性が高い。

㈶岩手県埋蔵文化財センター（岩手県文化財調査報告書　第七二集『東北縦貫自動車道関係埋蔵文化財調査報告書XⅢ』）一九八二
(32) 花咲一男監修『大江戸ものしり図鑑』主婦と生活社　二〇〇〇
(33) 樹種に関する資料は左記の報告書に拠った。
飯田町遺跡調査会『飯田町遺跡』一九九五
石川県立埋蔵文化財センター『金沢城跡石川門土橋（通称石川橋）発掘調査報告書Ⅱ』一九九八
七尾市教育委員会（七尾市埋蔵文化財調査報告　第一五集『七尾城下町遺跡　七尾城跡シッケ地区遺跡発掘調査報告書』）一九九二
兵庫県教育委員会　注25前掲書
広島県教育委員会『草戸千軒町遺跡――第一一～一四次発掘調査概要』一九七六
(34) 都立学校遺跡調査会『白鷗』一九九〇
(35) 網野善彦「中世の百姓と建築」『建築史の回り舞台――時代とデザインを語る』彰国社　一九九九
(36) 市田京子　注20前掲書

あとがき

私が、下駄をカミのはきものではないかと考えるようになったきっかけ、それは、今から約三十年ほど前、ある発掘現場を訪れて、祭祀品とおぼしき木製品と一緒に出土していた下駄をみたときである。それ以降、気をつけて報告書などを読み、下駄の出土や遺構についての情報を収集したが、資料が思うように集まらなかったうえ、下駄をカミのはきものとするキーワードを打ち立てることができなかったため、無為無策のまま二十数年の歳月が経過した。そうした閉塞状況を打ち破ったのが、勤務先の移動であった。

新しい勤務地の敷地内には、県立図書館と近代美術館があった。私は、往復一時間の通勤電車のなかを書斎がわりにして、さまざまな分野の本を読みあさった。乱読ともいえるその読書を通して、これまで疑問を抱きつつも、明確な問題意識にまで高めることができなかったさまざまな問題が、縦・横に織りなされ、しだいに焦点を結ぶようになっていった。もちろん、そのなかに下駄の問題も含まれていた。これまでの研究結果から、下駄そのものをいくら考察しても、下駄をカミのはきものとする仮説は証明できないと判断した私は、下駄が出土する遺構や共伴する遺物など、いわゆる外堀を埋めながら本丸を攻略することにした。その第一弾として取りあげたのが、下駄や木沓をしばしば出土する井戸であった。

私は、昼食を、近代美術館のレストランでとっているが、その際、美術館の学芸員と同席し、会話を交わすことが定例となっている。あるとき、井戸から下駄が出土することを話題にしたところ、日本絵画が専門の岩田由美子さんから、『扇面古写経』に、井戸端で下駄をはいている女性が多数描かれていること、『慕帰絵詞』に、便所から下駄をはいて出てくる僧が描かれていることを教えられた。井戸と便所、それこそ、下駄がカミのはきものであることを証明するカギになると直感した私は、それを解くキーワードをもとめて無い知恵を絞ることになった。いつ、どういう状況のもとであったかは忘れたが、井戸と便所は、家のなかでは、ともにカミを祀る聖なる場所であるという事実にフッと気づいた。下駄が、カミを祀る聖なる場所から出土したり、そのような場ではかれたりするということは、下駄がカミのはきものであることを証明するものであると、そのとき私は確信した。そこで、さまざまな角度から井戸と便所について考察を進めた。

その考察の過程で、従来の日本人のカミ観念の理解に問題があるのではないかと思うようになった。すなわち、従来の解釈は、カミは天上他界に住まいし、山や樹木や柱など、天に向かって聳え立つものを依代としてこの世に顕現するというものである。しかし、私は、井戸と便所について研究するにつれ、日本人は、カミは、地下他界に住まいし、中が空洞となったものを通路（依代）として、この世に顕現すると考えていたのではないかと思うようになった。そこで、日本人のカミ観念を根底から見直すべく、下駄を含め、さまざまな分野から、日本人のカミ観念について考察を行なった。その結果、日本人の基層信仰は、天上他界観念ではなく、地下他界観念であるとの結論に達したのである。

私は、そうしたカミ観念の実態を明らかにすべく、あらゆる機会をとらえて、カミ観念に関する研究を行なった。「最近、秋田さんはカミ懸っている」と揶揄されながら、ようやく左記の三部におよぶ全体構想を立てるまでに至ったのである。すなわち、

第一部　下駄――カミのはきもの

第二部　カミの籠る容器《うつわ》——中空構造にみる日本人のカミ観念

第三部　神奈備《かんなび》・磐座《いわくら》・窟《いわや》——神と仏の山

の三部である。本書は、いうまでもなく、その第一部である。第二部・第三部は、これから執筆することになるが、いまだ解けない問題もあり、いまのところ、いつ完結するかは、まさにカミのみが知るところである。

それはともかく、本書を書き始める前は、下駄だけで一冊の本になるとは想像もしなかった。それが、原稿を書きすすめると、次々と疑問や問題が湧き出し、あれやこれやと調べるうちに、いつのまにか一冊の本になるくらいの分量に膨らんでしまった。下駄だけでなく、はきものにかかわる研究がほとんどないなか、悪戦苦闘の連続で、結局は、何も明らかにできなかったのではないかという思いが今も強い。しかし、独断と偏見に満ちたものではあるが、考古学だけでなく、民俗学や歴史学に対して、一定の問題提起はできたのではないかと自負している。はきものに興味をもたない人にとっては、ダサイ下駄であるかもしれないが、人一倍下駄に愛着をもつ私にとって、下駄の研究は、「たかが下駄、されど下駄」と言えるほど、奥深いものであった。下駄の問題だけでなく、日本人のカミ観念をも含めた忌憚のない御批判・御叱正を賜れば幸甚である。

最後に、各種の資料を提供していただいた市田京子さん、常に的確な助言をいただいた小松葉子さん、資料の収集とリストの作成に協力していただいた澤井美野さん、いつもながら、無理を聞いてくれた写真家・寿福滋氏、本書の刊行に尽力していただいた編集部の松永辰郎氏に厚く御礼申しあげる。

二〇〇一年七月一日

秋　田　裕　毅

著者略歴

秋田裕毅（あきた　ひろき）

1943年生まれ．立命館大学大学院修士課程修了．日本文化史専攻．現在，（財）滋賀県文化財保護協会勤務．
著書：『開かれた風景――近江の風土と文化』『安土――ふるさとの伝説と行事』『織田信長と安土城』『神になった織田信長』『びわ湖湖底遺跡の謎――びわ湖１万年の水位変動』
編集：『安土町史　史料編』１・２．
論文：「信楽窯の歴史と流通について」「信楽古壺大成」

ものと人間の文化史　104・下駄　神のはきもの

2002年３月１日　初版第１刷発行

発行所　財団法人　法政大学出版局
〒102-0073　東京都千代田区九段北3-2-7
電話03(5214)5540／振替00160-6-95814
印刷／平文社　製本／鈴木製本所

Printed in Japan

ISBN4-588-21041-6　C0320

ものと人間の文化史

★第9回梓会出版文化賞受賞

文化の基礎をなすと同時に人間のつくり上げたもっとも具体的な「かたち」である個々の「もの」について、その根源から問い直し、「もの」とのかかわりにおいて営々と築かれてきたくらしの具体相を通じて歴史を捉え直す

1 船　須藤利一編

海国日本では古来、漁業・水運・交易はもとより、大陸文化も船によって運ばれた。本書は造船技術、航海の模様の推移を中心に、漂流、船霊信仰、伝説の数々を語る。四六判368頁・'68

2 狩猟　直良信夫

人類の歴史は狩猟から始まった。本書は、わが国の遺跡に出土する獣骨、猟具の実証的考察をおこないながら、狩猟をつうじて発展した人間の知恵と生活の軌跡を辿る。四六判272頁・'68

3 からくり　立川昭二

〈からくり〉は自動機械であり、驚嘆すべき庶民の技術的創意がこめられている。本書は、日本と西洋のからくりを発掘・復元・遍歴し、埋もれた技術の水脈をさぐる。四六判410頁・'69

4 化粧　久下司

美を求める人間の心が生みだした化粧—その手法と道具に語らせた人間の欲望と本性、そして社会関係。歴史を遡り、全国を踏査して書かれた比類ない美と醜の文化史。四六判368頁・'70

5 番匠　大河直躬

番匠はわが国中世の建築工匠。地方・在地を舞台に開花した彼らの造型・装飾・工法等の諸技術、さらに信仰と生活等、職人以前の独自で多彩な工匠的世界を描き出す。四六判288頁・'71

6 結び　額田巌

〈結び〉の発達は人間の叡知の結晶である。本書はその諸形態および技法を作業・装飾・象徴の三つの系譜に辿り、〈結び〉のすべてを民俗学的・人類学的に考察する。四六判264頁・'72

7 塩　平島裕正

人類史に貴重な役割を果たしてきた塩をめぐって、発見から伝承・製造技術の発展過程にいたる総体を歴史的に描き出すとともに、その多彩な効用と味覚の秘密を解く。四六判272頁・'73

8 はきもの　潮田鉄雄

田下駄・かんじき・わらじなど、日本人の生活の礎となってきた伝統的はきものの成り立ちと変遷を、二〇年余の実地調査と細密な観察・描写によって辿る庶民生活史　四六判280頁・'73

9 城　井上宗和

古代城塞・城柵から近世代名の居城として集大成されるまでの日本の城の変遷を辿り、文化の各領野で果たしてきたその役割を再検討。あわせて世界城郭史に位置づける。四六判310頁・'73

10 室井綽
竹
食生活、建築、民芸、造園、信仰等々にわたって、竹と人間との交流史は驚くほど深く永い。その多岐にわたる発展の過程を個々に辿り、竹の特異な性格を浮彫にする。四六判324頁・'73

11 宮下章
海藻
古来日本人にとって生活必需品とされてきた海藻をめぐって、その採取・加工法の変遷、商品としての流通史および神事・祭事での役割に至るまでを歴史的に考証する。四六判330頁・'74

12 岩井宏實
絵馬
古くは祭礼における神への献馬にはじまり、民間信仰と絵画のみごとな結晶として民衆の手で描かれ祀り伝えられてきた各地の絵馬を豊富な写真と史料によってたどる。四六判302頁・'74

13 吉田光邦
機械
畜力・水力・風力などの自然のエネルギーを利用し、幾多の改良を経て形成された初期の機械の歩みを検証し、日本文化の形成における科学・技術の役割を再検討する。四六判242頁・'74

14 千葉徳爾
狩猟伝承
狩猟には古来、感謝と慰霊の祭祀がともない、人獣交渉の豊かで意味深い歴史があった。狩猟用具、巻物、儀式具、またけものたちの生態を通して語る狩猟文化の世界。四六判346頁・'75

15 田淵実夫
石垣
採石から運搬、加工、石積みに至るまで、石垣の造成をめぐって積み重ねられてきた石工たちの苦闘の足跡を掘り起こし、その独自な技術の形成過程と伝承を集成する。四六判224頁・'75

16 高嶋雄三郎
松
日本人の精神史に深く根をおろした松の伝承に光を当て、食用、薬用等の実用の松、祭祀・観賞用の松、さらに文学・芸能・美術に表現された松のシンボリズムを説く。四六判342頁・'75

17 直良信夫
釣針
人と魚との出会いから現在に至るまで、釣針がたどった一万有余年の変遷を、世界各地の遺跡出土物を通して実証しつつ、漁撈によって生きた人々の生活と文化を探る。四六判278頁・'76

18 吉川金次
鋸
鋸鍛冶の家に生まれ、鋸の研究を生涯の課題とする著者が、出土遺品や文献・絵画により各時代の鋸を復元・実験し、庶民の手仕事にみられる驚くべき合理性を実証する。四六判360頁・'76

19 飯沼二郎／堀尾尚志
農具
鍬と犂の交代・進化の歩みとして発達したわが国農耕文化の発展経過を世界史的視野において再検討しつつ、無名の農具たちによる驚くべき創意のかずかずを記録する。四六判220頁・'76

20 額田巖
包み
結びとともに文化の起源にかかわる〈包み〉の系譜を人類史的視野において捉え、衣・食・住をはじめ社会・経済史、信仰、祭事などにおけるその実際と役割とを描く。四六判354頁・'77

21 阪本祐二
蓮
仏教における蓮の象徴的位置の成立と深化、美術・文芸等に見る人間とのかかわりを歴史的に考察。また大賀蓮はじめ多様な品種とその来歴を紹介しつつその美を語る。四六判306頁・'77

22 小泉袈裟勝
ものさし
ものをつくる人間にとって最も基本的な道具であり、数千年にわたって社会生活を律してきたその変遷を実証的に追求し、歴史の中で果たしてきた役割を浮彫りにする。四六判314頁・'77

23-Ⅰ 増川宏一
将棋Ⅰ
その起源を古代インドに、我国への伝播の道すじを海のシルクロードに探り、また伝来後一千年におよぶ日本将棋の変化と発展を盤、駒、ルール等にわたって跡づける。四六判280頁・'77

23-Ⅱ 増川宏一
将棋Ⅱ
わが国伝来後の普及と変遷を貴族や武家・豪商の日記等に博捜し、遊戯者の歴史をあとづけると共に、中国伝来説の誤りを正し、将棋宗家の位置と役割を明らかにする。四六判346頁・'85

24 金井典美
湿原祭祀 第2版
古代日本の自然環境に着目し、各地の湿原聖地を稲作社会との関連において捉え直して古代国家成立の背景を浮彫にしつつ、水と植物にまつわる日本人の宇宙観を探る。四六判410頁・'77

25 三輪茂雄
臼
臼が人類の生活文化の中で果たしてきた役割を、各地に遺る貴重な民俗資料・伝承と実地調査にもとづいて解明。失われゆく道具のなかに、未来の生活文化の姿を探る。四六判412頁・'78

26 盛田嘉徳
河原巻物
中世末期以来の被差別部落民が生きる権利を守るために偽作し護り伝えてきた河原巻物を全国にわたって踏査し、そこに秘められた最底辺の人びとの叫びに耳を傾ける。四六判226頁・'78

27 山田憲太郎
香料 日本のにおい
焼香供養の香から趣味としての薫物へ、さらに沈香木を焚く香道へと変遷した日本の「匂い」の歴史を豊富な史料に基づいて辿り、我国風俗史の知られざる側面を描く。四六判370頁・'78

28 景山春樹
神像 神々の心と形
神仏習合によって変貌しつつも、常にその原型=自然を保持してきた日本の神々の造型を図像学的方法によって捉え直し、その多彩な形象に日本人の精神構造をさぐる。四六判342頁・'78

29 増川宏一
盤上遊戯
祭具・占具としての発生を『死者の書』をはじめとする古代の文献にさぐり、形状・遊戯法を分類しつつその〈進化〉の過程を考察。〈遊戯者たちの歴史〉をも跡づける。四六判326頁・'78

30 田淵実夫
筆
筆の里・熊野に筆づくりの現場を訪ねて、筆匠たちの境涯と製筆の由来を克明に記録しつつ、筆の発生と変遷、種類、製筆法、さらには筆塚、筆供養にまで説きおよぶ。四六判204頁・'78

31 橋本鉄男
ろくろ
日本の山野を漂移しつづけ、高度の技術文化と幾多の伝説とをもたらした特異な旅職集団＝木地屋の生態を、その呼称、地名、伝承、文書等をもとに生き生きと描く。四六判460頁・'79

32 吉野裕子
蛇
日本古代信仰の根幹をなす蛇巫をめぐって、祭事におけるさまざまな蛇の「もどき」や各種の蛇の造型・伝承に鋭い考証を加え、忘れられたその呪性を大胆に暴き出す。四六判250頁・'79

33 岡本誠之
鋏（はさみ）
梃子の原理の発見から鋏の誕生に至る過程を推理し、日本鋏の特異な歴史的位置を明らかにするとともに、刀鍛冶等から転進した鋏職人たちの創意と苦闘の跡をたどる。四六判396頁・'79

34 廣瀬鎮
猿
嫌悪と愛玩、軽蔑と畏敬の交錯する日本人とサルとの関わりあいの歴史を、狩猟伝承や祭祀・風習、美術・工芸や芸能のなかに探り、日本人の動物観を浮彫りにする。四六判292頁・'79

35 矢野憲一
鮫
神話の時代から今日まで、津々浦々につたわるサメの伝承とサメをめぐる海の民俗を集成し、神饌、食用、薬用等に活用されてきたサメと人間のかかわりの変遷を描く。四六判292頁・'79

36 小泉袈裟勝
枡
米の経済の枢要をなす器として千年余にわたり日本人の生活の中に生きてきた枡の変遷をたどり、記録・伝承をもとにこの独特な計量器が果たした役割を再検討する。四六判322頁・'80

37 田中信清
経木
食品の包装材料として近年まで身近に存在した経木の起源を、こけら経や塔婆、木簡、屋根板等に遡って明らかにし、その製造・流通に携った人々の労苦の足跡を辿る。四六判288頁・'80

38 前田雨城
色 染と色彩
わが国古代の染色技術の復元と文献解読をもとに日本色彩史を体系づけ、赤・白・青・黒等におけるわが国独自の色彩感覚を探りつつ日本文化における色の構造を解明。四六判320頁・'80

39 吉野裕子

狐 陰陽五行と稲荷信仰

その伝承と文献を渉猟しつつ、中国古代哲学＝陰陽五行の原理の応用という独自の視点から、謎とされてきた稲荷信仰と狐との密接な結びつきを明快に解き明かす。　四六判232頁・'80

40-I 増川宏一

賭博I

時代、地域、階層を超えて連綿と行なわれてきた賭博。──その起源を古代の神判、スポーツ、遊戯等の中に探り、抑圧と許容の歴史を物語る。全III分冊の〈総説篇〉。　四六判298頁・'80

40-II 増川宏一

賭博II

古代インド文学の世界からラスベガスまで、賭博の形態・用具・方法の時代的特質を明らかにし、夥しい禁令に賭博の不滅のエネルギーを見る。全III分冊の〈外国篇〉。　四六判456頁・'82

40-III 増川宏一

賭博III

聞香、闘茶、笠附等、わが国独特の賭博を中心にその具体例を網羅し、方法の変遷に賭博の時代性を探りつつ禁令の改廃に時代の賭博観を追う。全III分冊の〈日本篇〉。　四六判388頁・'83

41-I むしゃこうじ・みのる

地方仏I

古代から中世にかけて全国各地で作られた無銘の仏像を訪ね、素朴で多様なノミの跡に民衆の祈りと地域の願望を探る。宗教の伝播、文化の創造を考える異色の紀行。　四六判256頁・'80

41-II むしゃこうじ・みのる

地方仏II

紀州や飛驒を中心に草の根の仏たちを訪ねて、その相好と像容の魅力を探り、技法を比較考証して仏像彫刻史に位置づけつつ、中世地域社会の形成と信仰の実態に迫る。　四六判260頁・'97

42 岡田芳朗

南部絵暦

田山・盛岡地方で「盲暦」として古くから親しまれてきた独得の絵解き暦を詳しく紹介しつつその全体像を復元する。その無類の生活暦は、南部農民の哀歓をつたえる。　四六判288頁・'80

43 青葉高

野菜 在来品種の系譜

蕪、大根、茄子等の日本在来野菜をめぐって、その渡来・伝播経路、品種分布と栽培のいきさつを各地の伝承や古記録をもとに辿り、畑作文化の源流とその風土を描く。　四六判368頁・'81

44 中沢厚

つぶて

弥生投弾、古代・中世の石戦と印地の様相、投石具の発達を展望しつつ、願かけの小石、正月つぶて、石こづみ等の習俗を辿り、石塊に託した民衆の願いや怒りを探る。　四六判338頁・'81

45 山田幸一

壁

弥生時代から明治期に至るわが国の壁の変遷を壁塗＝左官工事の側面から辿り直し、その技術的復元・考証を通じて建築史・文化史における壁の役割を浮き彫りにする。　四六判296頁・'81

46 小泉和子
簞笥（たんす）
★第II回江馬賞受賞

近世における簞笥の出現＝箱から抽斗への転換に着目し、以降近現代に至るその変遷を社会・経済・技術の側面からあとづける。著者自身による簞笥製作の記録を付す。四六判378頁・'82

47 松山利夫
木の実

山村の重要な食糧資源であった木の実をめぐる各地の記録・伝承を集成し、その採集・加工における幾多の試みを実地に検証しつつ、稲作農耕以前の食生活文化を復元。四六判384頁・'82

48 小泉袈裟勝
秤（はかり）

秤の起源を東西に探るとともに、わが国律令制下における中国制度の導入、近世商品経済の発展に伴う秤座の出現、明治期近代化政策による洋式秤受容等の経緯を描く。四六判326頁・'82

49 山口健児
鶏（にわとり）

神話・伝説をはじめ遠い歴史の中の鶏を古今東西の伝承・文献に探り、特に我国の信仰・絵画・文学等に遺された鶏の足跡を追って、鶏をめぐる民俗の記憶を蘇らせる。四六判346頁・'83

50 深津正
燈用植物

人類が燈火を得るために用いてきた多種多様な植物との出会いと個個の植物の来歴、特性及びはたらきを詳しく検証しつつ「あかり」の原点を問いなおす異色の植物誌。四六判442頁・'83

51 吉川金次
斧・鑿・鉋（おの・のみ・かんな）

古墳出土品や文献・絵画をもとに、古代から現代までの斧・鑿・鉋を復元・実験し、労働体験によって生まれた民衆の知恵と道具の変遷を蘇らせる異色の日本木工具史。四六判304頁・'84

52 額田巖
垣根

大和・山辺の道に神々と垣との関わりを探り、各地に垣の伝承を訪ねて、寺院の垣、民家の垣、露地の垣など、風土と生活に培われた生垣の独特のはたらきと美を描く。四六判234頁・'84

53-I 四手井綱英
森林I

森林生態学の立場から、森林のなりたちとその生活史を辿りつつ、産業の発展と消費社会の拡大により刻々と変貌する森林の現状を語り、未来への再生のみちをさぐる。四六判306頁・'85

53-II 四手井綱英
森林II

森林と人間との多様なかかわりを包括的に語り、人と自然が共生するための森や里山をいかにして創出するか、森林再生への具体的な方策を提示する21世紀への提言。四六判308頁・'98

53-III 四手井綱英
森林III

地球規模で進行しつつある森林破壊の現状を実地に踏査し、森と人が共存する日本人の伝統的自然観を未来へ伝えるために、いま何が必要なのかを具体的に提言する。四六判304頁・'00

54 酒向昇
海老（えび）
人類との出会いからエビの科学、漁法、さらには調理法を語り、めでたい姿態と色彩にまつわる多彩なエビの民俗を、地名や人名、詩歌・文学、絵画や芸能の中に探る。四六判428頁・'85

55-I 宮崎清
藁（わら）I
稲作農耕とともに二千年余の歴史をもち、日本人の全生活領域に生きてきた藁の文化を日本文化の原型として捉え、風土に根ざしたそのゆたかな遺産を詳細に検討する。四六判400頁・'85

55-II 宮崎清
藁（わら）II
床・畳から壁・屋根にいたる住居における藁の製作・使用のメカニズムを明らかにし、日本人の生活空間における藁の役割を見なおすとともに、藁の文化の復権を説く。四六判400頁・'85

56 松井魁
鮎
清楚な姿態と独特な味覚によって、日本人の目と舌を魅了しつづけてきたアユ――その形態と分布、生態、漁法等を詳述し、古今のアユ料理や文芸にみるアユにおよぶ。四六判296頁・'86

57 額田巌
ひも
物と物、人と物とを結びつける不思議な力を秘めた「ひも」の謎を追って、民俗学的視点から多角的なアプローチを試みる。『結び』、『包み』につづく三部作の完結篇。四六判250頁・'86

58 北垣聰一郎
石垣普請
近世石垣の技術者集団「穴太」の足跡を辿り、各地城郭の石垣遺構の実地調査と資料・文献をもとに石垣普請の歴史的系譜を復元しつつ石工たちの技術伝承を集成する。四六判438頁・'87

59 増川宏一
碁
その起源を古代の盤上遊戯に探ると共に、定着以来二千年の歴史を時代の状況や遊び手の社会環境との関わりにおいて跡づける。逸話や伝説を排して綴る初の囲碁全史。四六判366頁・'87

60 南波松太郎
日和山（ひよりやま）
千石船の時代、航海の安全のために観天望気した日和山――多くは忘れられ、あるいは失われた船舶・航海史の貴重な遺跡を追って、全国津々浦々におよんだ調査紀行。四六判382頁・'88

61 三輪茂雄
篩（ふるい）
臼とともに人類の生産活動に不可欠な道具であった篩、箕(み)、笊(ざる)の多彩な変遷を豊富な図解入りでたどり、現代技術の先端に再生するまでの歩みをえがく。四六判334頁・'89

62 矢野憲一
鮑（あわび）
縄文時代以来、貝肉の美味と貝殻の美しさによって日本人を魅了し続けてきたアワビ――その生態と養殖、神饌としての歴史、漁法、螺鈿の技法からアワビ料理に及ぶ。四六判344頁・'89

63 むしゃこうじ・みのる
絵師
日本古代の渡来画工から江戸前期の菱川師宣まで、時代の代表的絵師の列伝で辿る絵画制作の文化史。前近代社会における絵画の意味や芸術創造の社会的条件を考える。四六判230頁・'90

64 碓井益雄
蛙（かえる）
動物学の立場からその特異な生態を描き出すとともに、和漢洋の文献資料を駆使して故事・習俗・神事・民話・文芸・美術工芸にわたる蛙の多彩な活躍ぶりを活写する。四六判382頁・'89

65-I 竹内淳子
藍（あい）I 風土が生んだ色
全国各地の〈藍の里〉を訪ねて、藍栽培から染色・加工のすべてにわたり、藍とともに生きた人々の伝承を克明に描き、風土と人間が生んだ〈日本の色〉の秘密を探る。四六判416頁・'91

65-II 竹内淳子
藍（あい）II 暮らしが育てた色
日本の風土に生まれ、伝統に育てられた藍が、今なお暮らしの中で生き生きと活躍しているさまを、手わざに生きる人々との出会いを通じて描く。藍の里紀行の続篇。四六判406頁・'99

66 小山田了三
橋
丸木橋・舟橋・吊橋から板橋・アーチ型石橋まで、人々に親しまれてきた各地の橋を訪ねて、その来歴と築橋の技術伝承を辿り、土木文化の伝播・交流の足跡をえがく。四六判312頁・'91

67 宮内悊 ★平成三年度日本技術史学会賞受賞
箱
日本の伝統的な箱（櫃）と西欧のチェストを比較文化史の視点から考察し、居住・収納・運搬・装飾の各分野における箱の重要な役割とその多彩な文化を浮彫りにする。四六判390頁・'91

68-I 伊藤智夫
絹I
養蚕の起源を神話や説話に探り、伝来の時期とルートを跡づけ、記紀・万葉の時代から近世に至るまで、それぞれの時代・社会・階層が生み出した絹の文化を描き出す。四六判304頁・'92

68-II 伊藤智夫
絹II
生糸と絹織物の生産と輸出が、わが国の近代化にはたした役割を描くと共に、養蚕の道具、信仰や庶民生活にわたる養蚕と絹の民俗、さらには蚕の種類と生態におよぶ。四六判294頁・'92

69 鈴木克美
鯛（たい）
古来「魚の王」とされてきた鯛をめぐって、その生態・味覚から漁法、祭り、工芸、文芸にわたる多彩な伝承文化を語りつつ、鯛と日本人とのかかわりの原点をさぐる。四六判418頁・'92

70 増川宏一
さいころ
古代神話の世界から近現代の博徒の動向まで、さいころの役割を各時代・社会に位置づけ、木の実や貝殻のさいころから投げ棒型や立方体のさいころへの変遷をたどる。四六判374頁・'92

71 樋口清之
木炭
炭の起源から炭焼、流通、経済、文化にわたる木炭の歩みを歴史・考古・民俗の知見を総合して描き出し、独自で多彩な文化を育んできた木炭の尽きせぬ魅力を語る。四六判296頁・'93

72 朝岡康二
鍋・釜（なべ・かま）
日本をはじめ韓国、中国、インドネシアなど東アジアの各地を歩きながら鍋・釜の製作と使用の現場に立ち会い、調理をめぐる庶民生活の変遷とその交流の足跡を探る。四六判326頁・'93

73 田辺悟
海女（あま）
その漁の実際と社会組織、風習、信仰、民具などを克明に描くとともに海女の起源・分布・交流を探り、わが国漁撈文化の古層としての海女の生活と文化をあとづける。四六判294頁・'93

74 刀禰勇太郎
蛸（たこ）
蛸をめぐる信仰や多彩な民間伝承を紹介するとともに、その生態・分布・捕獲法・繁殖と保護・調理法などを集成し、日本人と蛸との知られざるかかわりの歴史を探る。四六判370頁・'94

75 岩井宏實
曲物（まげもの）
桶・樽出現以前から伝承され、古来最も簡便・重宝な木製容器として愛用された曲物の加工技術と機能・利用形態の変遷をさぐり、手づくりの「木の文化」を見なおす。四六判318頁・'94

76-I 石井謙治
和船I
★第49回毎日出版文化賞受賞

江戸時代の海運を担った千石船（弁才船）について、その構造と技術、帆走性能を綿密に調査し、通説の誤りを正すとともに、海難と信仰、船絵馬等の考察にもおよぶ。四六判436頁・'95

76-II 石井謙治
和船II
★第49回毎日出版文化賞受賞

造船史から見た著名な船を紹介し、遣唐使船や遣欧使節船、幕末の洋式船における外国技術の導入について論じつつ、船の名称と船型を海船・川船にわたって解説する。四六判316頁・'95

77-I 金子功
反射炉I
日本初の佐賀鍋島藩の反射炉と精練方＝理化学研究所、島津藩の反射炉と集成館＝近代工場群を軸に、日本の産業革命の時代における人と技術を現地に訪ねて発掘する。四六判244頁・'95

77-II 金子功
反射炉II
伊豆韮山の反射炉をはじめ、全国各地の反射炉建設にかかわった有名無名の人々の足跡をたどり、開国か攘夷かに揺れる幕末の政治と社会の悲喜劇をも生き生きと描く。四六判226頁・'95

78-I 竹内淳子
草木布（そうもくふ）I
風土に育まれた布を求めて全国各地を歩き、木綿普及以前に山野の草木を利用して豊かな衣生活文化を築き上げてきた庶民の知られざる知恵のかずかずを実地にさぐる。四六判282頁・'95

78-II　竹内淳子

草木布（そうもくふ）II

アサ、クズ、シナ、コウゾ、カラムシ、フジなどの草木の繊維から、どのようにして糸を採り、布を織っていたのか――聞書きをもとに忘れられた技術と文化を発掘する。四六判282頁 '95

79-I　増川宏一

すごろくI

古代エジプトのセネト、ヨーロッパのバクギャモン、中近東のナルド、中国の双陸などの系譜に日本の盤雙六を位置づけ、遊戯・賭博としてのその数奇なる運命を辿る。四六判312頁 '95

79-II　増川宏一

すごろくII

ヨーロッパの鵞鳥のゲームから日本中世の浄土双六、近世の華麗な絵双六、さらには近現代の少年誌の附録まで、絵双六の変遷を追って時代の社会・文化を読みとる。四六判390頁 '95

80　安達巖

パン

古代オリエントに起ったパン食文化が中国・朝鮮を経て弥生時代の日本に伝えられたことを史料と伝承をもとに解明し、わが国パン食文化二〇〇〇年の足跡を描き出す。四六判260頁 '96

81　矢野憲一

枕（まくら）

神さまの枕・大嘗祭の枕から枕絵の世界まで、人生の三分の一を共に過す枕をめぐって、その材質の変遷を辿り、伝説と怪談、俗信と民俗、エピソードを興味深く語る。四六判252頁 '96

82-I　石村真一

桶・樽（おけ・たる）I

日本、中国、朝鮮、ヨーロッパにわたる厖大な資料を集成してその豊かな文化の系譜を探り、東西の木工技術史を比較しつつ世界史的視野から桶・樽の文化を描き出す。四六判388頁 '97

82-II　石村真一

桶・樽（おけ・たる）II

多数の調査資料と絵画・民俗資料をもとにその製作技術を復元し、東西の木工技術を比較考証しつつ、技術文化史の視点から桶・樽製作の実態とその変遷を跡づける。四六判372頁 '97

82-III　石村真一

桶・樽（おけ・たる）III

樹木と人間とのかかわり、製作者と消費者とのかかわりを通じて桶樽と生活文化の変遷を考察し、木材資源の有効利用という視点から桶樽の文化史的役割を浮彫にする。四六判352頁 '97

83-I　白井祥平

貝I

世界各地の現地調査と文献資料を駆使して、古来至高の財宝とされてきた宝貝のルーツとその変遷を探り、貝と人間とのかかわりの歴史を「貝貨」の文化史として描く。四六判386頁 '97

83-II　白井祥平

貝II

サザエ、アワビ、イモガイなど古来人類とかかわりの深い貝をめぐって、その生態・分布・地方名、装身具や貝貨としての利用法などを豊富なエピソードを交えて語る。四六判328頁 '97

83-Ⅲ　白井祥平
貝Ⅲ
シンジュガイ、ハマグリ、アカガイ、シャコガイなどをめぐって世界各地の民族誌を渉猟し、それらが人類文化に残した足跡を辿る。参考文献一覧／総索引を付す。　四六判392頁・'97

84　有岡利幸
松茸（まつたけ）
秋の味覚として古来珍重されてきた松茸の由来を求めて、稲作文化と里山（松林）の生態系から説きおこし、日本人の伝統的生活文化の中に松茸流行の秘密をさぐる。　四六判296頁・'97

85　朝岡康二
野鍛冶（のかじ）
鉄製農具の製作・修理・再生を担ってきた農鍛冶の歴史的役割を探り、近代化の大波の中で変貌する職人技術の実態をアジア各地のフィールドワークを通して描き出す。　四六判280頁・'98

86　菅　洋
稲　品種改良の系譜
作物としての稲の誕生、稲の渡来と伝播の経緯から説きおこし、明治以降主として庄内地方の民間育種家の手によって飛躍的発展をとげたわが国品種改良の歩みを描く。　四六判332頁・'98

87　吉武利文
橘（たちばな）
永遠のかぐわしい果実として日本の神話・伝説に特別の位置を占めて語り継がれてきた橘をめぐって、その育まれた風土とかずかずの伝承の中に日本文化の特質を探る。　四六判286頁・'98

88　矢野憲一
杖（つえ）
神の依代としての杖や仏教の錫杖に杖と信仰とのかかわりを探り、人類が突きつつ歩んだその歴史と民俗を興味ぶかく語る。多彩な材質と用途を網羅した杖の博物誌。　四六判314頁・'98

89　渡部忠世／深澤小百合
もち（糯・餅）
モチイネの栽培・育種から食品加工、民俗、儀礼にわたってそのルーツと伝承の足跡をたどり、アジア稲作文化という広範な視野からこの特異な食文化の謎を解明する。　四六判330頁・'98

90　坂井健吉
さつまいも
その栽培の起源と伝播経路を跡づけるとともに、わが国伝来後四百年の経緯を詳細にたどり、世界に冠たる育種と栽培・利用法を築いた人々の知られざる足跡をえがく。　四六判328頁・'99

91　鈴木克美
珊瑚（さんご）
海岸の自然保護に重要な役割を果たす岩石サンゴから宝飾品として知られる宝石サンゴまで、人間生活と深くかかわってきたサンゴの多彩な姿を人類文化史として描く。　四六判370頁・'99

92-Ⅰ　有岡利幸
梅Ⅰ
万葉集、源氏物語、五山文学などの古典や天神信仰に表れた梅の足跡を克明に辿りつつ日本人の精神史に刻印された梅を浮彫にし、梅と日本人の二〇〇〇年史を描く。　四六判274頁・'99

92-II 有岡利幸
梅II
その植生と栽培、伝承、梅の名所や鑑賞法の変遷から戦前の国定教科書に表れた梅まで、梅と日本人との多彩なかかわりを探り、桜との対比において梅の文化史を描く。 四六判338頁・'99

93 福井貞子
木綿口伝（もめんくでん） 第2版
老女たちからの聞書を経糸とし、厖大な遺品・資料を緯糸として、母から娘へと幾代にも伝えられた手づくりの木綿文化を掘り起し、近代の木綿の盛衰を描く。増補版 四六判336頁・'00

94 増川宏一
合せもの
「合せる」には古来、一致させるの他に、競う、闘う、比べる等の意味があった。貝合せや絵合せ等の遊戯・賭博を中心に、広範な人間の営みを「合せる」行為に辿る。 四六判300頁・'00

95 福井貞子
野良着（のらぎ）
明治初期から昭和四〇年までの野良着を収集・分類・整理し、それらの用途と年代、形態、材質、重量、呼称などを精査して、働く庶民の創意にみちた生活史を描く。 四六判292頁・'00

96 山内昶
食具（しょくぐ）
東西の食文化に関する資料を渉猟し、食法の違いを人間の自然に対するかかわり方の違いとして捉えつつ、食具を人間と自然をつなぐ基本的な媒介物として位置づける。 四六判290頁・'00

97 宮下章
鰹節（かつおぶし）
黒潮からの贈り物・カツオの漁法から鰹節の製法や食法、商品としての流通までを歴史的に展望するとともに、沖縄やモルジブ諸島の調査をもとにそのルーツを探る。 四六判382頁・'00

98 出口晶子
丸木舟（まるきぶね）
先史時代から現代の高度文明社会まで、もっとも長期にわたり使われてきた刳り舟に焦点を当て、その技術伝承を辿りつつ、森や水辺の文化の広がりと動態をえがく。 四六判324頁・'01

99 有岡利幸
梅干（うめぼし）
日本人の食生活に不可欠の自然食品・梅干をつくりだした先人たちの知恵に学ぶとともに、健康増進に驚くべき薬効を発揮する、その知られざるパワーの秘密を探る。 四六判300頁・'01

100 森郁夫
瓦（かわら）
仏教文化と共に中国・朝鮮から伝来し、一四〇〇年にわたり日本の建築を飾ってきた瓦をめぐって、発掘資料をもとにその製造技術、形態、文様などの変遷をたどる。 四六判320頁・'01

101 長澤武
植物民俗
衣食住から子供の遊びまで、幾世代にも伝承された植物をめぐる暮らしの知恵を克明に記録し、高度経済成長期以前の農山村の豊かな生活文化を愛惜をこめて描き出す。 四六判348頁・'01

102 向井由紀子／橋本慶子

箸（はし）

そのルーツを中国、朝鮮半島に探るとともに、日本人の食生活に不可欠の食具となり、日本文化のシンボルとされるまでに洗練された箸の文化の変遷を総合的に描く。　四六判334頁・'01

103 赤羽正春

採集　ブナ林の恵み

縄文時代から今日に至る採集・狩猟民の暮らしを復元し、動物の生態系と採集生活の関連を明らかにしつつ、民俗学と考古学の両面から山に生かされた人々の姿を描く。　四六判298頁・'01